上海市金山區博物館 編

金山人文叢書·新守山閣

湖樓校書記：守山閣學案

李天綱 蔣志明 編撰

復旦大學出版社

總　　序

李天綱

　　金山，地處松江、嘉興、蘇州、湖州交界區，有前京、柘湖、康城等古稱。春秋時，吳越間風俗略有差異，兩國爭霸，在此地區拉鋸，歷代史家稱之爲"吳根越角"；秦始皇二十五年（前222），海鹽邑城曾設於境內，比唐代天寶年間在本地區西北設立的華亭縣早了五百多年，是今天上海市境内的最早縣治。此後，金山地區曾歸入鹽官、華亭、婁縣等縣境，至雍正四年（1726）獨立建縣。初期縣治疊設於金山衛城，乾隆二十五年（1760）遷至朱涇鎮。金山縣轄境内的鄉村鎮市，在唐以後歸屬華亭。清代建縣之後，金山脱離華亭、婁，有了自己的文廟、書院、義田和學額，童生舉子參加江南鄉試，士大夫科舉及第後，開始以本籍登録，於是清代登科録上頻頻出現"金山"之名。1949年5月后，中央在江蘇省劃分行政轄區，金山縣歸屬蘇南行政區松江專區；1958年3月改隸蘇州專區，當年11月即劃歸直轄市上海至今。

"金山"之名,得之於境内的兩座山峰——大、小金山,其中大金山103米(103.7米),是今天上海市境内海拔最高點。據紹熙《雲間志》記載,大、小金山在南宋年間仍在陸地。按正德《金山衛志》,由於海潮沖刷,岸線坍塌,山陸之間出現一條巨大海槽,大、小金山在淳熙與紹熙年間逐漸陷於杭州灣水域。金山地區開發很早,傳説"周康王東游,築城鎮海。其後宋武帝(裕)、吴越王鏐亦嘗城於兹。"雖説是春秋時期已經築城,然而清代建縣之前,金山作爲地名首先是用於"金山衛"。明洪武十九年(1386),朝廷在松江府華亭縣東南,杭州灣北岸設立衛所。因衛城"隱然與海中金山相直,故名金山衛"[1]。後世將金山衛與鎮海衛、威海衛和天津衛並列爲"明代四大衛"。先有金山衛,後有金山縣,因地處要津,控海扼江,數度抵禦倭寇入犯,金山在建縣之前已名聞海内。

　　《尚書・禹貢》傳説大禹在長三角治水,"三江既入,震澤底定"。太湖流域安然,爲三角洲四五千年的富庶奠定了自然地理基礎。十八世紀法國哲學家孟德斯鳩(Montesquieu,1689—1755)在《論法的精神》中提到"……中國的江南和浙江這兩個美麗的省份、埃及和荷蘭。……這兩個省份的土地肥沃異常,因此給歐洲人一個印象,仿佛這個大國到處都是幸福的"[2]。衆所周知,古代埃及處在尼羅河三角洲,近

---
[1]〔明〕王鏊:《正德金山衛志序》,明刻本,傳真社影印。
[2](法)孟德斯鳩著,張雁深譯:《論法的精神》上,商務印書館,2020年,第337—338頁。

代荷蘭位於萊茵河三角洲,它們和太湖流域一起,構成了世界文明史上最爲繁榮的三個三角洲。確實,岡身内外,河湖港汊密集,江浦海洋交會,本地區水利完備,交通便捷,不但農桑事業興盛,更兼擅漁鹽之利。地處"吴根越角"的金山地區,除了倭寇之類的外敵襲擾,改朝换代時的内戰動盪,安寧富庶畢竟是常態,學文習禮,人才輩出也是自然而然。

金山地區歷史悠久,人文底藴深厚,當得起今所謂"人文大區"的稱譽。僅舉張堰鎮爲例,按《重輯張堰志》統計,該鎮在明清兩代就出過23位進士,55位舉人,恐爲上海全市之最。張堰鎮王氏爲清朝名宦,王廣心(1610—1691)和他的兒子鴻緒、頊齡、九齡先後及第,其中王頊齡(1642—1725)爲工部尚書,有《世恩堂集》;王鴻緒(1645—1723)爲户部尚書,爲《明史》總纂。清初學者葉夢珠在《閲世編》中説:"一家父子四登科,三入詞林,亦吾郡近來科名最盛者。"世人品評明末清初江南望族,有太倉王氏(錫爵)"祖孫宰相,兩世鼎甲"、海寧陳氏(元龍)"一門三閣老",與張堰鎮王氏"一門四進士,同室兩尚書"的説法並稱爲三。[1]

張堰鎮人文薈萃的現象從明末清初延續到清末民初,期間發生了一種明顯的"近代轉型",即江南地區士大夫研習的傳統經學知識,在"中西會通"的環境下,轉化爲一種

---

[1] 見楊鍾羲:《雪橋詩話全編》,人民文學出版社,2011年。

普遍形態的近代科學知識。1835年，張堰錢熙祚（1801—1844）出資刊刻《守山閣叢書》，聚集了本邑顧觀光（1799—1863）、南匯張文虎（1808—1885）、海寧李善蘭（1811—1882）等一批布衣學者，將明末出版的"西學"著作《職方外紀》《簡平儀説》《渾蓋統憲圖説》《天步真原》《奇器圖説》《地球圖説》等精校精刻，傳習並發展西方"文藝復興"以後興起的早期自然科學。1843年上海開埠以後，金山張堰的"算學"群體來到租界。李善蘭、顧觀光、韓應陛（1800—1860）等學者和英國傳教士偉烈亞力（Alexander Wylie，1815—1887）合作，將利瑪竇、徐光啟未完成翻譯的《幾何原本》（1607）後九卷續成了。隨後，這一群體翻譯西書，刊刻叢書，興辦學堂，乃至李善蘭主持京師同文館算學館（1861）、張文虎掌學江陰南菁書院（1882），成爲當時中國兩位最優秀的"西學"專家。張堰鎮在近代以後持續出現了一批批"新學"人物，如張堰鎮高旭（1877—1925）、高吹萬（1878—1958）、姚光（1891—1945）發起組織新式團體"南社"；高平子（1888—1970）中國近代天文學事業的開拓者之一；白蕉（1907—1969）最終成爲近代著名的書畫文史大家；高錕（1933—2018）則在2009年獲得諾貝爾物理學獎。

中國近代知識轉型中的"張堰現象"，並非金山文化的偶例，楓涇、朱涇、亭林、呂巷、衛城……，都積累了豐富的鄉鎮文化資源。江南經濟繁榮的基礎在鄉鎮，文人樂於鎮居，在此生活，在此創作，不以爲鄙陋。那些心懷"蓴鱸之思"，乃至"九鹿回頭",辭官返鄉的朝官也多有躲避官場,居住在湖山之間的市鎮。大隱隱於市,是那種既不荒蕪,又不喧囂的鎮市。明白了江南文化的根基在鎮鄉的道理,學者們的文獻調研和學術研究就應該走出國家、省市一級圖書館。也不應止步於州縣範圍,還需要進一步下沉到鎮鄉一級。情況真是如此,借助這些年來古鎮人士對於文旅資源的開發,我們在金山另一名鎮楓涇能夠遇到的名人就有唐代宰相陸贄(754—805)、南宋狀元許克昌(紹興年間)、明代御醫陳以誠(永樂年間)、清代大學士謝墉(1719—1795)、狀元蔡以台(1722—1780)。他們有的是土著,有的是流寓,有的只是保留了原籍,但都在鎮上留下了獨特的筆墨與文心。進入近代,楓涇籍名人有圍棋大師顧水如(1892—1971)、全國人大常委會副委員長朱學范(1905—1996)、漫畫家丁聰(1906—2009)、國畫家程十發(1921—2007)。亭林鎮的文化資源同樣豐饒,有顧野王(519—581)遺存的"讀書堆",趙孟頫(1254—1322)手書的"松雪碑"。鎮有松隱庵,著名畫家張大千(1899—1983)成名之前在庵裡留下了十幾幅書畫作品。"文革"餘燼中搶出的15幅,松隱庵逐級上交,如今收藏在金山區博物館。

歷史上的金山文化之強,強在其根基牢牢地紮在鎮鄉。明清江南文化的根基在鎮鄉,這種情況不只是金山的現象,江南和長三角地區普遍都是這樣。費孝通(1910—2005)先生早就點明了這種情況,他說:"以太湖流域的情況說,我的故鄉吳江縣的縣城在商業上遠不及縣境裏的鎮,好像震澤、同里都比吳江縣城爲發達。"[1]費孝通按江南的情況,區分"城""市""鎮"的概念。在清代,江南的許多市鎮上的工商業,乃至文化生活都超過了縣城。青浦(中心市場在朱家角、七寶、金澤鎮,不在青浦城廂鎮)、崑山(中心市場在周莊、千燈、錦溪鎮,不在崑山城廂鎮)、嘉定(中心市場在南翔、黃渡、安亭鎮,不在嘉定城廂鎮)、寶山(中心市場在羅店、大場、江灣鎮,不在寶山城廂鎮)、吳興(中心市場在南潯鎮,不在吳興城廂鎮)、嘉興(中心市場在王江涇鎮,不在嘉興城廂鎮)都是這種情況。[2]

鎮鄉經濟持續活躍,文化生活隨之繁榮,職此之故,金山地區積累了豐厚的宋、元、明、清文化遺產,這在經濟文化發達的長三角地區也是非常突出的。金山在江南的突出地位,清末最重要的文人雅集團體"南社"是一個證明。據金山區博物館"南社紀念館"的研究,"金山擁有 65 名南社、新南社紀念會成員,是全國南社社友第二多的縣級單位,僅次於吳江"[3]。另外,南社主要發起人高旭,南社第二任主任姚光,還有同盟會江蘇省主盟人、江蘇省省長的陳陶遺(1881—1946),都是金山人;辛亥革命前後,南社許多重要的雅集、盟會和組織活動的中心地點,都在張堰鎮。金山文化底蘊豐厚,還有一個經常會提及的例證,就是在大量古籍

---

[1] 費孝通:《鄉土中國 生育制度 鄉土重建》,商務印書館,2011 年,第 363 頁。
[2] 參見拙著《金澤:江南民間祭祀探源》中"市場圈和祭祀圈"的論證(生活・讀書・新知三聯書店,2017 年)。
[3]《金山報》,2020 年 2 月 28 日。

捐獻給江蘇省、上海市和復旦大學及國家圖書館之後,金山區圖書館藏綫裝書(包括大量珍本、善本)的數量,在上海地區仍然僅次於上海圖書館,排名各區縣第一。

列數了金山地區的經濟、文化和學術的千年源流,以及在此過程中積累起來的豐富遺産,自然就懂得新編一部地方文獻叢書的重要意義。近代以來,江南人士多有編輯地方文獻叢書的做法,通過發掘鄉邦文獻,傳承文化遺産,建立文化自信。太平天國運動結束後,文獻蕩然,江南各地紛紛興辦書局,刊刻舊籍。孫衣言(1815—1894)編《永嘉叢書》十五種,開了近代地方文獻整理出版的先例,"於是温人始復知有永嘉之學"[1]。改革開放以來,隨著地方經濟能力的提升,地方政府紛紛出資編輯叢書,如《嶺南叢書》(廣州)、《山東文獻集成》(濟南)、《江蘇地方文獻叢書》(南京)、《八閩文庫》(福州)、《廈門文獻叢刊》(廈門)等,都成爲當地最重要的文化基礎建設工程。完成之後,爲擴展社會資源,理解本土文化,發揮地方優勢,吸引内外投資,都起到了積極的作用。

如上所述,金山區在明清時期隸屬松江府,其經濟重要性與鄰郡蘇州府並列,有稱"蘇松熟,天下足"。經濟登峰造極、文化底藴深厚,金山地區薈萃了"江南文化"的不少精華。近代以來,金山人文趨勢轉向崛起的上海,與國際大都市的文明形態交融匯通,助推了"海派文化"的發生與發展。

---

[1] 宋恕:《宋恕集》,中華書局,1993年,第325頁。

太平天國佔據松江期間，金山學人到上海租界躲避戰禍，促成了張堰鎮"守山閣"學人群體與英國倫敦會"墨海書館"知識群體的合作。1857年，他們一起翻譯出版了《幾何原本》後九卷，明代"利徐之學"在250年後的近代得以重光。正是在徐光啟、李善蘭等人的接力之下，明清兩代以"四書"爲教材的科舉體系，終於在近代自然科學知識體系的衝擊下崩潰，於1905年被廢除。另外，金山地區在辛亥革命，中共建黨初期，第一、二次國內革命，抗日戰爭和解放戰爭中，留下了大量歷史文獻。2018年，上海市政府提出要規劃研究本地傳統的"紅色文化""海派文化"和"江南文化"，金山區在這三種文化遺產的整理和研究方面，條件兼備，大有可爲，而最爲基礎的一項，就是著手編輯一套地方文獻叢書。於是，《金山人文叢書》就是放在我們面前的一個重要任務。

2020年，金山區文旅局與復旦大學中華文明國際研究中心、復旦大學出版社協商出版一套以"新守山閣"爲名的文獻叢書。各方按擬定的方案，復旦大學和金山區的學者開始從事第一批的文獻整理。2022年，原方案得到中共金山區委宣傳部的全力支持，因而擴大規模，正式啟動《金山人文叢書》的編撰。經金山區委宣傳部調整後的新方案，擬定出版的《金山人文叢書》是一整套學術研究與文化普及的系列讀物，即在叢書之下再分爲"新守山閣"和"看見金山"兩個系列，分別出版歷史文獻和通俗教育作品。

"新守山閣"系列與"看見金山"系列各有分工，定位爲專門從事地方文獻編輯、整理和出版。叢書名從本區張堰

總　　序

鎮錢氏在清代所建"守山閣"而來。錢氏"守山"，守的是當地的一座不足二十米高的小小秦山。道光年間，海塘潰敗，官府發起建造海塘，計畫要採光秦山的全部石材。錢熙祚兄弟爲保秦山，自捐鉅資到外地購買石料。事後爲了紀念這次善舉，錢氏共建了一座"守山閣"，作爲讀書、藏書、刻書和講學之所。1835 年，錢氏決計校刻叢書，便以"守山"爲名，而有《守山閣叢書》。"守山"之誓，表現了金山人守自然之山，守知識之山，守人才之山的卓絕精神。《守山閣叢書》傳承利瑪竇、徐光啟的"西學"，繼往開來，在鴉片戰爭之前就提倡研究科學知識。先於林則徐、魏源等人"開眼看世界"，金山地區已經湧現了顧觀光、張文虎、李善蘭、韓應陛等一批"數學家"。"守山閣"學人群體，在太平天國運動後進入曾國藩、李鴻章、張之洞的幕府，成爲"變法"事業的棟樑之才。在明清"江南文化"向近代"海派文化"轉型的過程，他們是一批無可替代的典型人物。

"金山人文叢書·新守山閣"系列將以歷史文獻工作整理爲主，在上海和全國範圍內，尤其注重在區縣、鎮鄉的基層收集重要文獻，加以標點、整理、刊印和出版。這一工作將使深藏於博物館、圖書館、檔案館內的典籍"活化"起來，爲金山當前的文化事業做出貢獻。當代的金山學人群體，採用"新守山閣"這一名字，寄予一份新的希望。從復旦大學和金山區博物館、圖書館、檔案館聚集在一起的學者們，決心爲金山本地文化添磚加瓦，建造一座當得起"守山閣"傳統的文化新廈。當前金山區的經濟、文化正處於新的轉型階段，任務光榮而艱巨。上海市政府提出了"南北轉型"的任務，要求金山"全力塑造城市新形象，建成打響上海製造品牌的重要承載區，實施鄉村振興戰略的先行區，長三角一體化發展的橋頭堡，成爲虹橋國際開放樞紐南向拓展帶的重要節點和上海南部經濟發展新的增長極"。經過多年實踐，我們認識到"綠水青山，也是金山銀山"；文化遺產不是負擔，而是有待開發的礦產，是難能可貴的無形資產。美麗鄉村建設，文旅融合事業，都需要用上文化遺產。對於"金山人文叢書・新守山閣"系列的地位和作用，我們深懷信心。

目　　録

守山閣學人群體的崛起與明清"西學"的延續性：
　以《幾何原本》爲例（代序）　　　　　　　　　／1

錢熙祚：《守山閣叢書》識　　　　　　　　　　　／1
錢熙祚：西湖雜詩　　　　　　　　　　　　　　／3
錢熙祚：《曉庵新法》序　　　　　　　　　　　　／4
錢熙祚：《珠塵別錄》序　　　　　　　　　　　　／6
錢熙祚：《五星行度解》跋　　　　　　　　　　　／7
錢熙祚：書沈退甫　　　　　　　　　　　　　　／9
錢熙祚：復胡竹村農部書（二通）　　　　　　　　／10
錢熙祚：復蔣生沐　　　　　　　　　　　　　　／12
錢熙祚：復王硯農　　　　　　　　　　　　　　／13
錢熙泰：西泠校書記　　　　　　　　　　　　　／14
顧觀光：與張文虎書　　　　　　　　　　　　　／35
張文虎：湖樓校書記　　　　　　　　　　　　　／41
張文虎：湖樓校書餘記　　　　　　　　　　　　／53
張文虎：西泠續記　　　　　　　　　　　　　　／60
張文虎：蓮庵尋夢記　　　　　　　　　　　　　／81
張文虎：孤麓校書圖記　　　　　　　　　　　　／95

張文虎：十三間樓校書圖記 / 96
張文虎：《讀有用書齋雜著》序 / 98
張文虎：愚庵錢公家傳 / 100
張文虎：《金山錢氏家刻書目》序 / 101
張文虎：顧尚之別傳 / 103
張文虎：復阮相國（甲辰） / 109
張文虎：上阮相國（甲辰） / 111
張文虎：《守山閣賸稿》序 / 113
胡培翬：《守山閣叢書》序 / 115
阮元：《守山閣叢書》序 / 117
凌堃：錢雪枝小傳 / 119

附錄 / 122
  《守山閣叢書》目錄 / 122
  《珠塵別錄》叢書目錄 / 128
  《指海》叢書目錄 / 130
  《墨海金壺》叢書目錄 / 140
  清末各家評《守山閣叢書》 / 146

李天綱：從江南文化到海派文化 / 155
蔣志明：《幾何原本》後九卷續譯記 / 164
李天綱：金山錢氏《守山閣叢書》與它的時代 / 169

跋 / 181

守山閣學人群體的崛起與明清"西學"的延續性：以《幾何原本》爲例（代序）

李天綱

一般認爲明末清初利瑪竇、徐光啟引進"西學"以後，"利徐之學"在清代曾經中斷。作爲一個整體判斷或許不錯，但有些學者或以爲"鴉片戰爭"後，晚至"戊戌"時期的康、梁一輩學者，才重新開始"西學"啟蒙運動，這很有疑問。例如《劍橋中國晚清史》提出："在1895年開始的教育改革以前，西學在書院的課程中總的來説是被禁止的。"作者説："甚至在（十九世紀七十年代的）二十年後，（一個從日本到中國的美國人）訪問一所典型的中國書院時，他也幾乎不能發現任何表明西方影響的證據。"[1]研究"鴉片戰爭"後"中國近代史"學者常有類似的誤判。馬士、蔣廷黻、費正清的"衝擊-反應論"，順著"從鴉片戰爭到五四運動"中的中外衝突，來敘述中國近代史。這種敘述模式不利于反映戰前人

---

[1] [美] 費正清編：《劍橋中國晚清史·思想的變化和維新運動》（下卷），中國社會科學出版社1985年版，第316頁。

物與後來事件的聯繫,容易導致一些"斷裂性"的誤解,無法照顧到的一些事實,諸如:十九世紀七十年代以前中國通商口岸的"西學"翻譯能力和理解水準仍然領先日本,[1]而上海廣方言館(1863)、龍門書院(1865)、求志書院(1876)、梅溪書院(1878)、格致書院(1874)、中西書院(1881),以及江陰的南菁書院(1882)中有一批中外教師努力傳授西方"天文、曆算、地理"之學,這批人的"西學"知識就是從明末清初"利徐之學"延續下來的。

一、守山閣:"西學"在清代江南的傳承

"鴉片戰爭"之前,江南地區有一個繼承明末"西學",研讀"利徐之學"的群體。這個群體的活動區域在蘇州、松江、嘉興府附近,聚集在金山縣張堰鎮錢氏《守山閣叢書》的校勘事業的周圍。道光、咸豐年間江南地區傳承的"利徐之學",是同治、光緒"西學"的本土化資源,也是它的直接來源。金山"算學"群體,與開埠後上海租界的"墨海書館""亞洲文會""廣學會"等新教教士翻譯事業合流,是晚清科學啟

---

[1] 十九世紀七十年代以前,日本學者仍然藉助漢籍翻譯學習"西學"是一個明顯現象。實藤惠秀持論日本人的開化早于清國,但他却説:"西洋人出版各種洋書的漢譯本,目的是向中國人灌輸近代文化。但是,新文化的種子在中國被埋葬了,到了日本才發芽、開花。"([日]實藤惠秀:《中國人留學日本史》,生活·讀書·新知三聯書店1983年版,第5頁)則中國士人與歐洲學者合譯的漢字"西學",與日本本土"蘭學"同爲日本明治維新的思想資源,可定作事實。直到1879年,王韜携《普法戰紀》(1871)東游日本,啟蒙學者中村正直(1832—1891)稱王韜是"身未至而大名先聞,既至而傾動都邑,如先生之盛者,未之有也"。(王韜:《〈扶桑游記〉序》,《漫游隨錄·扶桑游記》,湖南人民出版社1982年版,第176頁)其他學者如重野安繹、龜谷行、平安西尾、岡千仞等,均以一瞻華容,得獲"親炙"爲幸。

蒙的主要來源之一。關于道、咸間的江南"西學",梁啟超在《清代學術概論》《中國近三百年學術史》中有所描述,他熟悉梅文鼎、戴震、錢大昕、阮元、汪萊、李鋭、顧觀光、張文虎、李善蘭等人的"數學",評價説:"道光末葉,英人艾約瑟、偉烈亞力先後東來。約瑟與張南坪、張嘯山(文虎)、顧尚之最善,約爲算友。"[1]梁啟超閲讀乾嘉著作,知道近代"算學"的來龍去脈,但受康有爲今文經學的影響,他仍然把"算學"列作"小學""考據"之具,附驥于清學,對其重要性估計不足。從金山錢氏《守山閣叢書》校勘事業,轉道來到上海墨海書館的李善蘭,于咸豐五年(1855)與偉烈亞力(Alexander Wylie, 1815—1887)一起,續譯了利瑪竇、徐光啟翻譯的《幾何原本》(1607),以其後九卷的篇章,補齊了明譯前六卷。續譯《幾何原本》于1858年由松江韓應陛出資印行,近代變法思想家王韜(1828—1897)稱"功亦不在徐、利下"[2]。

"戊戌變法"之前上海和江、浙地區的"算學"群體,在同光時期的變法運動中起著重要作用。對此,當時學者對《守山閣叢書》評價頗高。阮元(1764—1849)《〈守山閣叢書〉序》稱:"錢氏薈萃群書,津逮後學,其志深可嘉尚。"[3]張之洞(1837—1909)在《書目答問》中説"天文演算法家"是"經濟之學"的基礎,以爲:"算學以步天爲極工,以制器爲實用,

---

[1] 梁啟超:《中國近三百年學術史》,復旦大學出版社2016年版,第397頁。
[2] 王韜:《與韓緑卿孝廉》,《弢園尺牘新編》,上海古籍出版社2020年版,第63頁。李善蘭、偉烈亞力譯《幾何原本》後九卷,張之洞《書目答問》列爲:"新譯《幾何原本》十三卷,續補二卷,李善蘭譯,上海刻本。"
[3] 阮元:《〈守山閣叢書〉序》,光緒乙丑年(1889),上海嘉平月鴻文書局石印本。

性與此近者,能加研求,極有益于經濟之學。"[1]張之洞和清末學界對孕育了清末算學群體的《守山閣叢書》讚美有加,稱:"刻書之人終古不泯,如歙之鮑,吴之黄,南海之伍,金山之錢,可决其五百年中必不泯滅。"[2]以《孟子》"五百年必有王者興"的説法來隱喻"守山閣""海山仙館"等叢書提倡的"經世之學",其内衷可想而知,其評價不可謂不高。

金山縣張堰鎮錢熙祚(1801—1844)及其兄弟、子侄們累世藏書、校書、刻書,精選"經世之書",細刻傳世善本。隨着校勘事業擴大,人手不足,錢熙祚、錢熙泰兄弟還邀請同好者顧觀光(1799—1862,金山錢圩人)、張文虎(1808—1885,南匯周浦人)和李善蘭(1811—1882,海寧硤石人)一起參與。《守山閣叢書》的編纂起因于錢熙祚輾轉購入常熟(海虞)張海鵬(1755—1816)"借月山房"《墨海金壺》叢書過火後的餘板,賫志編出一套能够馳譽江南的善本叢書。[3]"曩閲昭文張若雲氏海鵬《墨海金壺》,依四庫體例整齊,頗多密軼刊行,無何遽毁于火。"錢熙祚服膺張氏"藏書不如讀書,讀書不如刻書。讀書只以爲己,刻書可以澤人"的名言,

---

[1] 張之洞撰、范希曾補正:《書目答問補正》,上海古籍出版社2001年版,第176頁。
[2] 張之洞撰、范希曾補正:《書目答問補正》,上海古籍出版社2001年版,第256頁,"勸刻書説"。柳詒徵説,"文襄之書(《書目答問》),故繆藝風(荃孫)師代撰,葉郋園氏亟稱之"(《〈書目答問補正〉序》)。
[3] 常熟張氏《墨海金壺》和《借月山房匯抄》殘板在松江各藏家輾轉過程,見田雨:《錢熙祚藏書與刻書考述》(《地方文化研究》,2017年第6期,第68—74頁)考訂。張海鵬去世後,書板被上海藏書家陳璜購得,經補訂後,改名爲《澤古叢鈔》。道光中葉,錢熙祚從上海陳氏購得常熟張氏書版,大肆增補,刊刻《守山閣叢書》《珠塵別録》《指海》。

更佩服《墨海金壺》用《四庫全書》體例校書。但是，到手後發現《墨海金壺》擇本和校勘有不少問題，故決定重新編訂。"然所採既駁，校讎未精，竊嘗糾其魯魚，幾于累牘。脫文錯簡，不可枚舉。遂擬刊訂，重爲更張。二三同人，慨焉稱善，叢書之舉，爰始于此。"[1]參加叢書編輯的人員除他自己和顧、張、李三位算學家之外，還有"嘉善妹婿程君蘭川文榮、平湖族弟即山熙鹹，暨從兄漱六熙經、胞兄湛園熙恩、鼎卿熙輔、舍弟葆堂熙哲、鱸香熙泰，同志參校，不憚往復"。[2]

道光十五年（乙未，1835）秋，錢氏熙祚、熙泰兄弟邀請顧觀光、張文虎、李善蘭，一起到西湖西泠橋畔，孤山之麓的文瀾閣校書，此即錢熙泰所稱"西泠校書"，張文虎所稱"湖樓校書""孤麓校書"。此後，道光十九年（乙亥，1839）、道光二十年（庚子，1840），張文虎、錢熙泰又二度、三度同赴文瀾閣抄書、補書、校書，"皆寓湖上彌勒院之十三間樓"[3]，故又稱"十三間樓校書"。值得注意的是，錢氏三度發起校書，皆在"鴉片戰爭"發生之前。因此，這個"算學"群體的學術活動是出于自主和自發，而不能以"堅船利炮"衝擊後的被動反應來解釋。錢氏兄弟，以及三位算學家前往文瀾閣校書，要在"選"和"校"兩個標準上超過《墨海金壺》。阮元評價《守山閣叢書》"採擇、讎校之精，迥出諸叢書之上矣"[4]。胡培翬

---

[1][2] 錢熙祚：《〈守山閣叢書〉識》，光緒乙丑年（1889），上海嘉平月鴻文書局石印本。
[3] 白蕉：《〈錢鱸香先生筆記〉序》，上海圖書館藏《錢鱸香先生筆記》稿本，蒙陳超館長批準提供。本文採用的其他金山地方文獻，又蒙任雅君、梁穎、柴志光、蔣志明、陳吉等提供，一並在此感謝。
[4] 阮元：《〈守山閣叢書〉序》，光緒乙丑年（1889），上海嘉平月鴻文書局石印本。

(1782—1849)説編刻叢書，須"擇之精而校之審，蓋亦難矣"，《守山閣叢書》"採擇之精，校讎之審，過若雲氏，奚止倍蓰？"[1]這裏講"採擇"，是選擇何種類型的圖書收入叢書，以表達治學傾向；"校讎"，則是編者貫通書中内容，校勘出一個善本，讓同好學者讀懂吃透，並最終接受這種學問。

從"採擇"和"校讎"這兩個標準來看，"守山閣叢書"學人確有貢獻。清末學人將金山錢氏"守山閣"與番禺潘氏"海山仙館"相提並論，但這兩套叢書的意義並不相同。《〈守山閣叢書〉識》在"鴉片戰争"之前就以罕見的卓識講求"算學"重啓了明末以來中斷了的"西學"；《海山仙館叢書》則是在1849年倉促刊刻，確實是受了"堅船利炮"的刺激。《守山閣叢書》于1835年開始編輯，1844年（道光二十四年）雕版刻成，共110種，665卷。錢熙祚在張堰鎮秦山腳下的錢氏宗祠後面，專門建造一座四層書閣，儲版藏書。書樓和叢書均以"守山"之訓命名，此即爲清末士人熟悉的金山"守山閣"和《守山閣叢書》。錢氏刻書，除《守山閣叢書》之外，還有《指海》（1836）20集，138種，236卷；《珠叢別録》（1845）28種，82卷；《式古居彙鈔》（1846）49種，135卷；《小萬卷樓叢書》（1854）17種，堪稱道光年間江南藏書、刻書界的後起之秀。

按張之洞、梁啓超等人的定位，《守山閣叢書》是一套講求"經世學"的叢書，天文、地理、音韻、考據、游歷，都是清代

---

[1] 胡培翬：《〈守山閣叢書〉序》，光緒乙丑年（1889），上海嘉平月鴻文書局石印本。

代　序

學術特徵，素以"乾嘉之學"來概括。"經世""考據""樸學"是乾嘉時期的治學風氣，張海鵬編《墨海金壺》提倡"實學"，"張海鵬，字若雲，號子瑜，仁濟次子。清昭文（常熟）人。年二十一補博士弟子員，決意名場，篤志墳素。君考訒齋公，與伯先靜谷公皆好藏書。家多宋元舊刻，于治經之暇，以剞劂古書爲己任，刊《學津討原》……又擇四部中有關實學而傳本將絶者，梓《墨海金壺》七百餘卷。"[1]《墨海金壺》依《四庫全書》體例，分經、史、子、集四部，共收117種，722卷。張氏擇本標準，一爲珍奇，收羅《四庫全書》未録版本[2]；二爲"實學"，採擇于士大夫治生有用之書。然而，雖以"實學"爲主，《墨海金壺》收入與西洋耶穌會士相關的著書只有艾儒略《職方外紀》一種，"算學"傾向微弱，"西學"特徵更渺。[3]

《守山閣叢書》收入110種圖書，尤爲突出的是收録了多達15種天文、輿地、曆法、算學著作，都與明末"利徐之學"直接有關，突破了清代"經世學"的一般格局。按統計，叢書中如下書籍：明姚虞《嶺海輿圖》一卷，明艾儒略《職方外紀》五卷，宋蘇頌《新儀象法要》三卷，明熊三拔《簡平儀説》一卷，明李之藻《渾蓋通憲圖説》二卷，明李之藻《圜容較

---

[1] 楊立誠、金步瀛：《中國藏書家考略》，上海古籍出版社1987年版，第201頁。
[2] 阮元《〈守山閣叢書〉序》："《大金弔伐録》原書已佚，惟有《四庫全書》從《永樂大典》録出之本。而若雲據所謂超然堂吳氏本者，脱文錯簡更不可枚舉。"（上海鴻文書局石印本）《墨海金壺》所收《大金弔伐録》超然堂本發現不易，可補充《永樂大典》《四庫全書》本，但錯訛太多。
[3] 參見上海圖書館編《中國叢書綜録》（上海古籍出版社1982年版，第160—162頁）所收《墨海金壺》書目，民國十年（1922）上海博古齋影印清嘉慶中海虞張氏刊本目録。

義》一卷,清王錫闡《曉庵新法》六卷,清王錫闡《五星行度解》一卷,清江永《數學》九卷,清江永《推步法解》五卷,清穆尼閣《天步真原》三卷,明鄧玉函《奇器圖説》三卷,明王徵《新製諸器圖説》一卷[1],"算學"和"西學"傾向十分明顯。道光年間,江南家刻叢書間有收入"西學"著作的,如儀徵阮亨編《文選樓叢書》,收蔣友仁《地球圖説》一卷,吳興淩氏編《傳經堂叢書》,收利瑪竇《經天該》一卷。但是,像《守山閣叢書》這樣,以一成三的比例收入天文、與地、曆算之書,署名耶穌會士和天主教徒者也有七種,這在江南私家刻書目錄中是僅見的。相較而言,廣東番禺潘仕成《海山仙館叢書》刊刻利瑪竇、徐光啟《幾何原本》《測量法義》,利瑪竇、李之藻《同文算指》《圜容較義》,徐光啟《測量異同》《勾股義》,湯若望《火攻挈要》,馬起士《新釋地理備考全書》,合信《全體新論》等書,都是在道光二十七年(1847)以後。因臨時收羅,校勘不精,以曾國藩名義發表的《〈幾何原本〉序》評:"近時廣東海山仙館(《幾何原本》)刻本紕繆實多,不足貴重。"[2]

二、延續性:明清"西學"的"內在理路"

自萬曆年間"西學"入華,其學在清代學術史中曾經中

---

[1] 參見上海圖書館編《中國叢書綜錄》(上海古籍出版社1982年版,第176—179頁)所收《守山閣叢書》書目。
[2] 曾國藩:《〈幾何原本〉序》,[古希臘] 歐幾里得著,張卜天譯:《幾何原本》,商務印書館2020年版,第938頁。

斷,這個判斷固然不錯。但是,我們就此推斷"鴉片戰爭"以後的"西學"與明末"利徐之學"並無關係,這是誤判。明末"西學"之所以在清中葉變成了一股潛流,首先是因爲江南士大夫爲維護儒家傳統地位與之競爭,以"漢學"排拒"西學";[1]其次是康熙年間"中國禮儀之爭"惡化之後,中西禮儀、思想、文化、外交和體制衝突,在華傳播的歐洲文化難以爲繼。[2]我們承認,明、清"西學"確有不同,例如,明末清初的翻譯由天主教耶穌會士主導,清末民初的譯介改由英美新教傳教士主導;還有,參與明末"西學"翻譯的多爲天主教徒,清代研究"算學"的多爲儒生經學家。但《守山閣叢書》卻是一個明末"利徐之學"在江南艱難傳承的例子。明萬曆三十五年(1607),利瑪竇(Matteo Ricci,1552—1610)和徐光啟(1562—1633)翻譯並出版了《幾何原本》(前六卷);清咸豐五年(1855),偉烈亞力(Alexander Wylie,1815—1887)和李善蘭續譯了《幾何原本》(後九卷)[3],1858年由松江韓應陛資助出版。從《幾何原本》250年的全譯和刊刻過程來看,"利徐之學"代代相傳,"惟精惟一",是明清"西

---

[1] 參見朱維錚:《"西學"與漢學"》,《走出中世紀》,上海人民出版社1987年版。
[2] 參見李天綱:《中國禮儀之爭:歷史、文獻和意義》,上海古籍出版社1998年版;中國人民大學出版社2019年版。
[3] [古希臘]歐幾里得《幾何原本》(*Euclid's Elements*)共十三卷,有公元四世紀亞歷山大城的西翁(Theon of Alexandria)希臘文本和1808年在梵蒂岡圖書館發現的十世紀希臘文鈔本,至二十世紀初整理出版。利瑪竇、徐光啟翻譯的《幾何原本》採用了利瑪竇老師克拉維烏斯(Clavius)整理的拉丁文本,偉烈亞力、李善蘭續譯的《幾何原本》採用了1570年比林斯利(Billingsley)整理的英文本。偉烈亞力、李善蘭譯本合共有十五卷,其中第14、15卷爲後人增補。參見劉鈍:《讓幾何學精神在中國大地生根》,歐幾里得著,張卜天譯:《幾何原本》,商務印書館2020年版。

學"延續性的一個標誌。如此,我們便不能簡單地以"鴉片戰爭"——中國近代史分期作區隔,無視明清"西學"的延續性。

十六世紀以後,隨著歐洲天主教會的"遠方傳教"事業開展,東、西方之間的不同文化在全球範圍内傳播。十七、十八世紀以後,江户政權和滿清朝廷相繼排教,"西學"傳播發生斷裂。然而,日本學者研究德川家康迫教期間的教會生存,中國學者研究清中葉雍乾年代的教會傳承。[1] 這些都表明全球化進程中近三百年的"西學",既有"斷裂",也有傳承。研究"斷裂",讓人們發現文化交流的艱難;研究"傳承",更可以證明文化互鑒的重要。清中葉以後,江南地區傳承"利徐之學",這已經阮元《疇人傳》(1799)等著作顯現。但繼戴震(1724—1777)、錢大昕(1728—1804)、焦循(1763—1820)、阮元(1764—1849)、汪萊(1768—1813)、李鋭(1769—1817)之後,《守山閣叢書》及其"算學"群體卻没有得到足夠的研究,[2] 以致給人造成了"斷裂"的印象。

《守山閣叢書》群體由出資人錢熙祚及其兄弟熙輔、熙泰、熙載、熙哲、熙經,子姪培讓、培傑,平湖族弟熙咸等人發起,受邀學者顧觀光、張文虎、李善蘭爲核心。這個"算學"群體幾乎人人都有"算學"著作,從松江、金山、嘉興等江南

---

[1] 禁教期間日本幕府、中國清朝的天主教教會活動延續性的研究,可參見戚印平:《日本早期耶穌會史研究》,商務印書館 2003 年版;吴旻、韓琦編校:《歐洲所藏雍正乾隆朝天主教文獻匯編》,上海人民出版社 2008 年版。
[2] [美]艾爾曼著,原祖傑等譯:《科學在中國(1550—1900)》(中國人民大學出版社 2016 年版)是近年來最爲詳盡的科學通史專著,提及了顧觀光、李善蘭等學者,但對金山《守山閣叢書》的貢獻仍無描述。

"乾嘉之學"中脫穎而出。這個群體的週邊,還有陳奐(1786—1863,碩甫)、徐君青(1800—1860,有壬)、俞樾(1821—1907,曲園)、王韜(1828—1897)、戴望(1837—1873,子高)等名聲更大的學者。錢熙祚因捐建海塘,到北京領受通判頭銜,偶感風寒去世。"癸卯(1843)冬,入都待選,感疾卒于京寓。"[1]此後,顧觀光、張文虎繼續刊刻事業,十年內尚能維持。"太平天國"動亂毀滅了錢氏家產,叢書無力續刻。群體解散後,張文虎等人到上海租界謀生。湘、淮軍人治蘇伊始,張文虎加入了曾國藩幕府(1863),主持金陵書局局務;[2]張之洞、黃體芳籌建江陰南菁書院,他又出掌爲首任山長(1883)。李善蘭先入墨海書館校書(1852),與王韜、蔣敦複並稱"海天三友";後與張文虎一起加入曾幕,繼又獲聘京師同文館算學館教習(1868),輔佐總教習丁韙良(William Alexander Parsons Martin,1827—1916)。[3]金山"算學"群體的學術造詣爲曾國藩、李鴻章、張之洞等人賞識,滬、京教士也讚譽有加。這些學者矢志科學,不事科舉,數十年

---

[1] 阮元:《〈守山閣叢書〉序》,光緒乙丑年(1889),上海嘉平月鴻文書局石印本。另見凌堃《錢雪枝小傳》:"適以海疆捐輸,叙選通判。抵京師,銓有日矣,乃遘微疾,卒廣齋,年四十有四。"(《金山錢氏家刻書目》卷二)
[2] 張文虎進入曾國藩幕府的直接原因,便是金陵書局同治四年校刻《史記》,要採用《守山閣叢書》本。(王永吉:《〈張文虎日記〉中所記金陵書局本〈史記〉之刊刻》,《南京師範大學文學院學報》,2014年第2期)
[3] 張文虎、李善蘭在曾幕中力主"算學"和"西學",他們爲幕府引進容閎(1828—1912)充當説客,事見周振鶴《同時代的人對容閎的看法:析張文虎贈容閎詩二首》(《浙江社會科學》,1999年第6期)和容閎《西學東漸記》記載:"(李善蘭)信中説,他曾在總督面前提到我,並説我受過西洋教育……他説總督將委我以重任。"(中國人民大學出版社2011年版,第79頁)

湖樓校書記：守山閣學案

聚集在金山張堰鎮"守山閣"，成爲中國第一批近代"數學家"。

清代的"利徐之學"，梅文鼎時期在徽州，錢大昕時期在蘇州，阮元時期在揚州傳授。嘉道年間，"算學"又回到了它的發源地松江，核心就是金山《守山閣叢書》"算學"群體。應該再一次強調的是，錢熙祚、顧觀光、張文虎、李善蘭的"算學"造詣，都是在"乾嘉之學"內部習得。首先，金山學者對于徐光啟《幾何原本》的研究，早在道光初年就已經開始。道光十六年（1836），即首次"湖樓校書"的次年，錢熙祚刊刻《指海》，收錄了徐光啟的著作《測量法義》《測量異同》《勾股義》。這是《四庫全書》收入《天學初函》，"利徐之學"一度被打入冷宮之後，其學再次成規模地現身江南，也是"守山閣"學者研究"算學"之始。我們發現，錢熙祚本人對"算學"極感興趣，實是"守山閣"學術群體的發動者。道光十七年（丁酉，1837）夏，"震澤沈君子綏攜（王錫闡《曉庵新法》）舊抄諸本見示，乃參合校勘，更據文瀾閣本正之"[1]。錢熙祚親校《曉庵新法》，作序並非泛泛，表明他對"算學"有深入研究。顧觀光、張文虎、李善蘭受邀來張堰鎮校書，開始了志同道合的"算學"事業，聲譽隆起。顧觀光是金山錢圩人，他的"算學"知識正是在張堰鎮錢家研習的，"鄉錢氏多藏書，恒往假，恣讀之。遂博通經傳史子百家，尤究古今中西天文、曆算之術"[2]。其

---

[1] 錢熙祚：《〈曉庵新法〉序》，光緒乙丑年（1889），上海嘉平月鴻文書局《守山閣叢書》石印本。

[2] 張文虎：《顧尚之別傳》，《舒藝室雜著甲編》，上海周浦歷史文獻叢刊編輯委員會2018年影印光緒己卯（1879）自刻本，第155頁。

代　序

時或早在嘉慶年間。從 1836 年起，顧觀光有算學著作《算賸初編》《算賸續編》《算賸餘稿》《九數存古》《九數外錄》《六曆通考》《九執曆解》《回回曆解》《推步解法》[1]。張文虎自"癸巳(1833)以來，錢君招同商訂《守山閣叢書》"，此前張文虎在本鄉研習"算學"，時間當在道光初年。"既而，讀近儒江、惠、戴、錢諸家書，乃悟其本不立，無以爲言，始從事于形聲、訓詁、名物、度數之學。"[2]張文虎是清末江南的著名算學家，李善蘭譯《幾何原本》《重學》都經他校訂。相對而言，李善蘭雖"年十五時，讀(《幾何原本》)舊譯六卷，通其義"[3]，但他的數學造詣是在"守山閣"期間，經顧、張兩位兄長指點後進步，至"墨海書館"時期與偉烈亞力等人切磋而有所成就。而所謂"算學"還包含在"乾嘉之學"之内，也與松、嘉、湖學者是以蘇郡"吴學"爲淵源有關。1839 年，張文虎、錢鱸香等人第二次"湖樓校書"，與寓居在杭州的陳奂結識，過從甚密。陳奂(1786—1863，碩甫)，長洲人，師從段玉裁之經學。錢塘算學家戴煦(1806—1860，艾約瑟曾和他談對數，將其文章譯成英語)亦師從陳奂，與李善蘭交往。

其次，金山學者以不同方式關注《幾何原本》的續譯工

---

[1] 顧觀光算學與重學(力學)著述目録，參見王燮山：《中國近代力學的先驅顧觀光及其力學著作》，《物理》，1989 年，第 18 卷第 1 期。張文虎：《顧尚之別傳》，《舒藝室雜著甲編》，上海周浦歷史文獻叢刊編輯委員會 2018 年影印光緒己卯(1879)自刻本，第 155 頁。

[2] 張文虎：《上阮相國》(甲辰)，《舒藝室尺牘偶存》，上海周浦歷史文獻叢刊編輯委員會 2018 年影印光緒己卯(1879)自刻本，第 31 頁。

[3] 李善蘭：《〈幾何原本〉續譯序》，[古希臘]歐幾里得著，張卜天譯：《幾何原本》，商務印書館 2020 年版，第 934 頁。

作,它是一部凝聚著多人心血的群體之作。李善蘭經海寧藏書家蔣光煦推薦來金山,治學方向鎖定在"算學"。當他入"墨海書館"翻譯《幾何原本》後,顧觀光作《幾何原本六合六較綫解》,張文虎作《幾何原本序》,韓應陛作《題幾何原本續譯本後》,他們在背後和周圍支持這項事業,修改、校訂、續作和刊刻。稱他們與李善蘭的交誼亦師亦友,並不爲過。不通"算學"的王韜,也挺身爲好友出力。上海鬱泰峰(松年)《宜稼堂叢書》中收宋秦九韶撰《數學九章》十八卷,爲道光二十年(1840)刊;宋楊輝撰《詳解九章算法》一卷,爲道光二十二年(1842)刊;宋楊輝撰《楊輝算法》六卷爲道光二十二年(1842)刊。三書均在上海開埠前就已經刻成,1857年,王韜爲翻譯《幾何原本》事,代李善蘭向鬱泰峰討要這幾種著作。[1] 1858年《幾何原本》刻成後,書版毀于太平天國松江、金山之役。爲此,張文虎將《幾何原本》納入金陵書局出版計畫,1866年由曾國藩出資重刻。[2]

第三,鑒于南吳地區學者早在道光初年就研習"算學",而研讀、續譯和合刻《幾何原本》是《守山閣叢書》學者的群

---

[1] 見王韜:《與鬱丈泰峰》,《弢園尺牘新編》,上海古籍出版社2020年版,第66頁。"李君急欲得此二書一覽,吾丈處倘有零印本,祈以見賜。"

[2] 金陵書局合刻《幾何原本》及張文虎代曾紀澤(亦曾署名曾國藩)作序的事情真相,可見《張文虎日記》同治四年閏五月二十六日(1865年7月18日)記:"校續譯《幾何原本》,此書原譯六卷,爲明意大裏亞利瑪竇所譯,徐文定公刊入《天學初函》。其後九卷,英吉利偉烈亞力所譯,壬叔筆受。咸豐間,華亭韓綠卿屬餘校正付刊,印行無幾而版毀于寇。今年春,節相重刊,自三月迄閏月堪成。今復重刊前六卷合行之,壬叔爲補定數處,屬餘復審。"(上海書店出版社2001年版,第48頁)關于曾紀澤請張文虎撰稿,以曾國藩名義發表之原委,已見李鵬《〈幾何原本〉同治四年刻本序作者辨——兼及該刻本的意義》(《北京社會科學》,2021年第5期,第54—60頁)勘正。

體夙願,我們認爲這批學者都是以成熟學者的身份,懷揣理想,抱有主張地投身到墨海書館、同文館、方言館、格致書院、中西書院、龍門書院、南菁書院等傳授"西學""算學"和"新學"的機構中,開創出"數理化生,聲光電重"等近代中國的自然科學各門學科。傅蘭雅《江南製造總局翻譯西書事略》(1880)説:"李君系浙江海寧人,幼有算學才能,于一千八百四十五年初印其新著算學。(1852)一日,到上海墨海書館禮拜堂,將其書予麥先生展閲,問泰西有此學否?其時有住于墨海書館之西士偉烈亞力見之甚悦,因請之譯西國深奥算學並天文等書。"[1]按偉烈亞力自己坦陳,他們兩人"相與翻譯,余口之,君筆之,删蕪正訛,反復詳審,使其無有疵病,則李君之力居多"[2]。然而,續譯《幾何原本》不在"墨海書館"的計畫中,書館主人麥都思對此興趣不大。書館既便不能安排出版,續譯《幾何原本》刊刻便由金山"算學"群體負責。[3]這情景像極徐光啟翻譯了《幾何原本》之後,敦促熊三拔(Sabbatino de Ursis,1575—1620)接著翻譯《泰西水法》,而後者"無吝色也,而顧有怍色",慚愧"後世

---

[1] [英]傅蘭雅:《江南製造總局翻譯西書事略》,張静廬編:《中國近現代出版史料》(近代初編),上海書店出版社2003年版,第13頁。
[2] [英]偉烈亞力:《〈幾何原本〉續譯序》,[古希臘]歐幾里得著,張卜天譯:《幾何原本》,商務印書館2020年版,第936頁。
[3] 墨海書館早期譯書以傳教目的爲主,還没有開始科學翻譯,參見"墨海書館印刷出版書目(1844—1847)"(蘇精:《鑄以代刻:十九世紀中文印刷變局》,中華書局2018年版,第170頁)。1847年8月偉烈亞力到達上海,接任墨海書館主任。1857年,他創辦《六合叢談》介紹"西學",但這時《幾何原本》等"算學""重學"著作的刊刻已經由韓應陛妥爲安排。

見視以公輸、墨翟,即非其數萬里東來捐頂踵,冒危難牖世兼善之意"[1]。從徐光啟到李善蘭,江南學者表現出一種發展自己文化的主體意識,他們主動請求傳教士翻譯"西學"。他們似乎同樣掌握了一種"理性與信仰"的學說,反過來說服傳教士,"神學"教義與"科學"技術並不矛盾,兩者相輔相成,具有和諧關係。換一句話說,金山"算學"群體學者在學習"西學"時,具有主體自覺性,而非受誘使、逼迫等被動因素影響。

三、清代經學向近代科學的轉型

明清之際中國學術思想發生了"近代轉型",曾爲大陸和港臺學者熱烈討論。大陸學者曾以"資本主義萌芽"說法來附會意識形態,解説並不成功。1995年,臺灣"中研院"受余英時先生"內在理路"[2]思想影響,歷史、民族、文哲、經濟、社會學者組成"明清研究會"(Ming-Ching Studies Group, Academia Sinica)[3],研究"知識轉型",取得了一批成果。臺灣同行的研究既關注"明清變遷"(Ming-Ching Transition)中發生的"現代性"(Modernity),也注意觀察變遷過程中的

---

[1] 徐光啟:《〈泰西水法〉序》,朱維錚、李天綱主編:《徐光啟全集》(五),上海古籍出版社2011年版,第291頁。

[2] "內在理路"(inner logic)的説法,見于余英時《論戴震與章學誠:清代中期學術思想史研究》(生活·讀書·新知三聯書店2012年版)等著述。在余先生推動下,1995年,臺灣"中研院"設立明清之際研究課題,推動"明清變遷"(Ming-Ching Transition)的研究。

[3] 參見該研究會(明清研究推動委員會)網站: http://mingching.sinica.edu.tw/Prospects。

"延續性"(Continuity),這是一條值得贊同的路線。[1] 我們看到,在《幾何原本》全譯過程中呈現出來的"知識轉型",正是一種"斷裂"與"延續"並存,客體與主體交融,外來與內在結合的"會通"路線。這裏的"會通",正是徐光啟提出的跨文化原理:"欲求超勝,必須會通;會通之前,先須翻譯。"[2]

明末以降,"利徐之學"契入江南學術內部,不斷發展,已經成爲"內在理路"。從十七到二十世紀,包括"算學"在內的"利徐之學"存在更新式發展的"延續性"問題。《守山閣叢書》群體,擅長"算學",在中國近代數學建立運動中,扮演了守先待後的傳承角色。金山人"守山",初名是守秦山,後來守的就是知識之山、學術之山、文化之山。[3]《守山閣叢書》"算學"群體在上海英租界倫敦會"墨海書館"遇見麥都思、偉烈亞力,知道利瑪竇、徐光啟的時代復活了,因而興奮不已,躍躍欲試。王韜看到韓應陛給李善蘭的來信,知道《幾何原本》續譯本在松江刊刻,再看到墨海書館購入器械,從事科研,他說:"博雅好古,于格致一端,已窺其奧,凡測天

---

[1] 2013年3月,筆者曾應"中研院"近史所張壽安、潘光哲"明清研究·中國近代知識轉型"小組邀請,討論明清士大夫宗教生活與學說轉型問題,本專題研究曾受此次討論的啟發,借此機會,特作鳴謝。
[2] 徐光啟:《曆書總目表》,朱維錚、李天綱主編:《徐光啟全集》(九),上海古籍出版社2011年版,第198頁。
[3] "守山",因道光丁酉(1837)錢氏捐資外購石料,以保護張堰本土之秦山而著名。俟金山錢氏刻書初成,便"爲閣以貯藏書,顏曰'守山'。"(張鑒:《金山錢氏守山閣藏書記》)旌功之外,兼取守護家鄉文教之山寓意。

儀器,不惜重價購求,是以動析物理,窮極毫芒。"[1]我們發現,上海開埠以後,以金山《守山閣叢書》爲活動中心的群體,轉移到了英租界,完成了他們的"知識轉型"。韓應陛、顧觀光、李善蘭、王韜等人都是偉烈亞力主編《六合叢談》(1858,墨海書館)的主筆。在江南製造局、廣方言館譯書之前,"守山閣群體"與"墨海書館群體"的有機合作,是"鴉片戰争"以後清代"西學"復興的首要階段。

王韜在《弢園尺牘》記録了咸豐、同治年間在上海租界集聚起來"算學""新學"和"西學"群體的學術交往狀況,其中多有金山《守山閣叢書》群體中人的身影。"海昌李君壬叔,當今曆算名家也,見譯《幾何原本》,以續徐氏未竟之緒,俾成完帙,斯亦海陬之嘉話歟?"[2]"常州周騰虎,蓋即吾友弢甫也。其人深韜略,好談兵,九峰三泖間常有其跡。"[3]王韜讚美張文虎,説:"此間如蔣(敦複)、李(善蘭)二君,每及執事,輒盛口不置。"[4]墨海書館的西書翻譯,開始受到江南士人的關注,求購者不絶,如1853年,"六月初旬",滿洲人"(延)桂山特索西書,弟敬傾笥倒篋而贈之。"[5] 1855年,周弢甫對"西學"感興趣,王韜以"西書五種,籍塵惠覽"[6]。

---

[1] 王韜:《與韓緑卿孝廉》,《弢園尺牘新編》,上海古籍出版社2020年版,第63頁。
[2] 王韜:《與鬱丈泰峰》(約1857),同上引書,第66頁。
[3] 王韜:《再寄孫惕庵》(1856),同上引書,第58頁。
[4] 王韜:《與張嘯山》(1860),同上引書,第108頁。
[5] 王韜:《與李壬叔茂才》,同上引書,第49頁。
[6] 王韜:《與周弢甫比部》,同上引書,第76頁。

代　　序

　　王韜《瀛壖雜誌》歷來被作爲筆記、掌故之書,其實本書還有一個突出的學術價值,在於可以從中考訂出上海開埠以後從江南各地聚集起來的一個"西學"群體。上海的"西學"群體在 1850 年代已經成型,他們推動了"同光中興"運動,而不是被那次運動所造就。曾國藩、李鴻章、左宗棠、張之洞幕府中起到作用的"西學"人物,大多源于上海倫敦會墨海書館、中外會防局等機構的江南文人。這批士大夫在動亂中呈現出家國情懷,在租界初闢時取得了社會地位,更重要的是他們在"鴉片戰爭"以前就具有了相當的"西學"造詣。王韜描寫了馮桂芬:"馮景亭,中允,桂芬,字林一,吳縣人。道光庚子榜眼,長于曆算、勾股之術。罷官後,究心西學,避兵至滬,當事延主敬業書院,士林奉爲矜式。廣方言館既建,中允總司厥事,一切章程,皆所擬定。"[1] 龔澄:"龔孝拱,上舍,一字昌匏,名公襄,仁和人。……僑寓滬上幾二十年。"[2] 趙烈文:"惠甫,一字能静,名烈文,陽湖人。庚申春間避亂來滬,時以文字相切劘。"[3] 張南坪:"名福僖,歸安人,通天算之學。"[4] 管小異:"茂才,名嗣複,江寧人,異之先生哲嗣。異之先生爲姚氏惜抱高足弟子,著有《因寄軒文集》。赭寇踞金陵,小異陷身賊中,經歲始得脱。移家吳會,繼來滬上,主于英人合信。合信以刀圭擅名一時,小異亦雅好岐黄術,因譯成醫書三種,曰《西醫略論》《内科新説》

---

[1] 王韜:《瀛壖雜誌》,上海古籍出版社 1989 年版,第 82 頁。
[2][3] 同上引書,第 90 頁。
[4] 同上引書,第 92 頁。

《婦嬰新説》,風行海内。"[1]

墨海書館文人構成了最早上海提倡"西學"的團體。王韜(1828—1897),長洲甪直人,1849年就頂替其父親,到倫敦會墨海書館協助翻譯《聖經》,成爲租界新派文人之元老;蔣敦複(1808—1867),寶山月浦人,1853年前即在上海,後在蘇松太道應寶時幕府,參與中外會防局(1862)、龍門書院(1867)創建事務。[2]李善蘭到上海後,與王韜、蔣敦複一起稱爲"海天三友",金山《守山閣叢書》學者因他的關係引入上海。金山群體之外,還有一個無錫人群體進入上海。華翼倫(1812—1887),金匱蕩口人,亦曾參與中外會防局協商。1862年,李鴻章率淮軍進滬,他曾建議租借洋艘運兵來黄浦,並隨船至安慶迎接。[3]華翼倫和兒子華衡芳(1833—1902),還有他們的金匱同鄉徐壽(1818—1884)、徐建寅(1845—1901)父子,于太平天國動亂後期逃到上海。這個無錫士人群體也加入了偉烈亞力、傅蘭雅、王韜、李善蘭等人"墨海書館"群體,如華衡芳在館中"所譯者有《防海新論》《汽機發軔》"。無錫人群體在江南製造局譯書館中的表現更加突出,"同治初元,設立廣方言館、機器局,延于西

---

[1] 王韜:《瀛壖雜誌》,上海古籍出版社1989年版,第91頁。
[2] 參見王韜:《瀛壖雜誌》,同上引書,第77頁,1853年6月,小刀會起義前,蔣敦複"言鄉勇、火器二事,切中時弊"。曾作《滬城感事詩》等。"同治六年,卒于應敏齋廉訪幕中",則生前參與會防局、龍門書院事無疑。
[3] 華翼倫《荔雨軒詩集·復乘輪船至安慶迎師來上海》:"大帥初意由陸下,我言不如一水便;帥令即由水路去,買舟來載賴時賢。"録華翼倫建議水運淮軍,並親赴安慶接師。

學者抽繹各書,若汀、雪村應聘而往"[1]。

上海租界"西學"群體的一般特徵是:一,學術淵源上的"乾嘉之學";二,地域身份中的江南文化;三,社會地位間的中等階層。馮桂芬是榜眼進士,龔澄是龔自珍之子,管小異是姚鼐"桐城派"遺脈,身處民間,因擁有學識和關係網絡而逐漸取得社會地位。隨後,他們這一群人在租界又形成了一個新的特徵,即"西學"。文人們從江南紛至遝來,揚棄了"乾嘉之學",將之更新爲十九世紀的"西學""新學"。通過新教傳教士引入的歐西新學,以全譯《幾何原本》十五卷爲標誌,"利徐之學"用一種更新的方式接上了十九世紀"西學"。學術史應該仔細討論中國近代文化的"現代性"與"延續性",從世界各地的經驗來看,"現代性"都不是天外來物,它須以"延續性"來呈現;"延續性"更不是固執保守,它必以"現代性"來支撐。從中國的歷史脈絡來看,這種"現代性"與"延續性"並行的特徵,並不完全受到"鴉片戰爭"的突然影響,而毋寧説是"內在理路"的自然成果。在清末民初,金山文人群體掀動了"西學"思潮第一波,並在"同光中興""戊戌變法",乃至"新文化運動"的中西學術和思想關係中得到了延續。

本文使用的明末"利徐之學"、清中葉的"乾嘉之學"和清末的"算學""西學"和"近代科學"等概念,相互之間有淵源,有交叉,有變異,有承繼,有更新。"利徐之學"是明末的"西

---

[1] 王韜:《瀛壖雜誌》,上海古籍出版社1989年版,第79頁。

學",以《幾何原本》等"算學"書爲核心,它在歐洲的知識源頭,十八世紀後誕生爲"近代科學"。爲了精確地使用這些名詞,也爲了看清楚明末"利徐之學"與清末"西學"的關聯,對它們做一些定義和說明是必要的。大家都會同意的是:"乾嘉之學"中包含的"算學"與"西學"是以儒家"經學",而非以"科學"爲導向的,儘管它確實幫助了傳統的經學、漢學、考據學更加邏輯嚴密,具有科學精神。艾爾曼的概括完全正確,"戴震和錢大昕這樣的學者,將數學和天文學作爲復古的一種工具,由于他們珍視古代的數學和天文學知識甚于新知,也就從未打算將自然學發展爲一門獨立的研究領域。"[1]但是,我們要說"利徐之學"和清末的"算學",則是以科學爲導向的。與其說他們是"師法古人",不如說是在"師法自然",即以自然現象爲客觀對象研究數學(mathematics),瞭解自然規律,而不僅僅是研究經典。金山"算學"群體承繼"利徐之學",重續"近代科學",是走出"乾嘉之學",創建新知識體系的第一代學人。

四、餘論:"知其所以然"

最後,我們還應該從思想啟蒙的意義上,討論一下在《幾何原本》全譯過程中煥發出的"幾何學精神"[2],觀察明清"西學"的"延續性"對於中國文化更新運動的啟示。從利

---

[1] [美]艾爾曼著,原祖傑等譯:《科學在中國(1550—1900)》,中國人民大學出版社2016年版,第345頁。
[2] 陳寅恪先生評價《幾何原本》:"夫歐幾里得之書,條理統系,精密絕倫,非僅論數論象之書,實爲希臘民族精神之所表現。"(《今明館叢稿二編》,上海古籍出版社1980年版,第97頁)批評清初學者僅以算術、技藝的態度看待《幾何原本》。

代　　序

瑪竇、徐光啟翻譯《幾何原本》(1607)前六卷,到偉烈亞力、李善蘭續譯(1858)後九卷[1],歷時 250 年。這期間,清代思想肯定是受到了"利徐之學"的影響,梁啟超說"戴震全屬西洋思想,而必自謂出孔子"[2],胡適不同意梁啟超認爲的清代考據學來自西洋的看法,但也承認"恐怕中國的思想界、學術界受到他們的影響"[3]。然而,這種"影響"是否達到足够充分的烈度,以至于可以稱爲世界觀上的"啟蒙"？梁啟超認爲"利徐之學"只是一種科學方法,似乎在歷史觀、世界觀、宇宙觀以及哲學本體論上没有影響。[4] 這樣的判斷,與康有爲用《幾何原本》的精神闡發他的"實理公法"之事實並不吻合。實際上,康有爲和他那一代的儒家信徒是想用一種形而上學的"公理",構建一種新的歷史觀、世界觀,模仿的正是哲學性的"幾何學精神"。我們看到,從徐光啟肇始到李善蘭收官,《幾何原本》的譯者們以哲學形而上

---

[1] 利、徐翻譯《幾何原本》六卷、偉、李續譯九卷和金陵書局合刻十五卷,均以古希臘亞歷山大城的西翁(Theon of Alexandria,約 335—約 405)古希臘文本爲母本,中經阿拉伯文、拉丁文的轉譯,最後形成各民族文字的十五卷本。1533 年,英格蘭發現西翁的古希臘文本;1808 年,梵蒂岡發現更早的非西翁古希臘文本。根據今人的研究,"目前通行的《幾何原本》包含十三卷,另外兩卷被認爲是後人續寫的。"(張卜天:《譯後記》,《幾何原本》,商務印書館 2020 年版,第 940 頁)

[2] 梁啟超:《清代學術概論》,《梁啟超論清學史兩種》,復旦大學出版社 1985 年版,第 72 頁。

[3] 胡適:《考證學方法之來歷》,歐陽哲生編:《胡適文集·演講集》(十二),北京大學出版社 1998 年版,第 109 頁。本文爲 1934 年 1 月 11 日胡適在北平輔仁大學演講記錄稿,語句有點亂,但基本意思還可以辨别。

[4] 梁啟超《清代學術概論》說,明末"西學"的翻譯和影響"範圍僅限于天、算"(上海古籍出版社 1998 年版,第 97 頁),這是他没有讀過《靈言蠡勺》(亞里士多德《論靈魂》)等著作產生的誤解。

學來理解"幾何",提倡的就是帕斯卡式的"幾何學精神"[1],即把複雜的自然現象抽象爲定義、公設、公理,並加以演繹的牢不可破的真理體系。

今天學者譯爲"定義"(Definitions),利、徐和偉、李譯作"界説",例如:《幾何原本》第一條定義(界説),A point is that which has no part,今譯"點是没有部分的東西",徐光啟定爲:"點者無分。"同樣,第二條定義(界説)A line is breadthless length(線是没有寬的長)[2],徐譯"線有長無廣"。"幾何學"定義是從具象中抽象出來的形而上語言,卻能適用于自然界一切現象,因而可以用來描述和推導"公設"(Postulates)和"公理"(Common Notions)。十七世紀法國哲學家、科學家帕斯卡(Blaise Pascal,1623—1662)稱爲"幾何學精神"的科學方法,利瑪竇和徐光啟用中國哲學的"度"(現象)與"數"(原理)的關係來表述:"凡造論,先當分别解説論中所用名目,故曰解説。凡曆法、地理、樂律、算章、技藝、工巧諸事,有度有數者,皆依賴十府中幾何府屬。"[3]笛卡爾、帕斯卡等法國理性論都認爲現象("度")並不可靠,而經過抽象得到的原理("數"),才是更加可靠的"存在",即他們都把數學上的"幾何學精神"作爲了"唯理

---

[1] "'幾何學精神'(法文 Esprit geometrique)的實質就是公理化的方法,最早提到這個詞的大概是法國數學家帕斯卡。"(劉鈍:《讓幾何學精神在中國大地生根》,[古希臘]歐幾里得著,張卜天譯:《幾何原本》,商務印書館 2020 年版,第 iv 頁)

[2] 同上引書,第 1 頁。

[3] 利瑪竇、徐光啟譯:《幾何原本》,朱維錚、李天綱主編:《徐光啟全集》(四),上海古籍出版社 2011 年版,第 15 頁。

論"(rationalism)哲學的數學基礎。[1]

徐光啟、利瑪竇把人類一般知識稱爲"度",是人們熟悉"知其然";同時,在經驗現象界之上,還存在著一種更本質的知識,是一種抽象、簡單、精確、細緻,可以通過邏輯關係,用形而上(metaphysical)的方式表達的知識,那是"知其所以然"。徐光啟説:"臣等昔年曾遇西洋利瑪竇,與之講論天地原始,七政運行,並及其形體之大小遠近,與夫度數之順逆遲疾,一一從其所以然處,指示確然不易之理。"[2]"然"是表像,是經驗,是應用;而"所以然"才是本質,是理性,是原理。徐光啟又説:"《幾何原本》者,度數之宗,所以窮方圓平直之情,盡規矩準繩之用也。"[3]有了如此可靠的理性知識,徐光啟更告誡讀者,《幾何原本》"不必疑,不必揣,不必試,不必改"[4]。張文虎的認識準確而深刻,他比較《九章算術》與《幾何原本》的缺陷,以爲中國"算學"只注重應用方法("法"),忽視抽象原理("理"),"蓋我中國算書以九章分目,皆因事立名,各爲一法,學者泥其跡而求之,往往畢生習算,知其然而不知其所以然,遂有苦其繁而視爲絶學者,無他,徒眩其法,而不知求其理也"[5]。徐光啟用"度"與"數",

---

[1] [蘇]鮑爾加爾斯基著,潘德鬆、沈金釗譯:《數學簡史》,知識出版社1984年版,第149頁。
[2] 徐光啟:《修改曆法請訪用湯若望羅雅谷疏》,朱維錚、李天綱主編《徐光啟全集》(九),上海古籍出版社2011年版,第169頁。
[3] 徐光啟:《刻〈幾何原本〉序》,朱維錚、李天綱主編《徐光啟全集》(四),上海古籍出版社2011年版,第4頁。
[4] 徐光啟:《〈幾何原本〉雜議》,同上引書,第13頁。
[5] 張文虎:《〈幾何原本〉序》,《舒藝室雜著甲編》,上海周浦歷史文獻叢刊編輯委員會2018年影印光緒己卯(1879)自刻本,第77頁。

張文虎用"法"與"理",他們評價古人缺乏一套"邏格斯"(Logos)思維的意思是一樣的,都把"知其然,不知其所以然"的苟且,歸咎爲中國古代自然科學不能發展的一個關鍵。

十六、十七世紀的歐洲"科學革命",通過亞里士多德哲學,將古希臘幾何學的形而上(metaphysics)和阿奎那的自然神學(natural theology)結合起來,發明了一種從現象(phenomenon)到原因(principle)的推導理論。梅森在《自然科學史》中提出:"學者"與"工匠"傳統未加結合是導致現代科學不能發生的主要原因。"古代中國學者的工作主要屬于純思辨的性質,而從事測量、制訂曆法和觀察天文的人,則在工作中總是以經驗爲重,對理論少有興趣。"[1]這個說法固然具有說服力,但是再從儒家學者本身來說,他們未能把對于自然界本體的思辨,與現象界的紛繁知識結合起來,並做系統化的探究,這才是中國古代的自然知識不能系統化、抽象化、真理化,即產生出和十七、十八世紀歐洲現代科學的内在原因。

"然 vs 所以然"的問題,在儒學傳統中是"度 vs 數""法 vs 理"的問題。"然",指知識人總結的處理現實問題的方法,針對的是"現象"(phenomenon);"所以然",指有效、有用的方法中隱藏著的理性,它指向的是"本質"(substance)。徐光啟在制定《崇禎新曆》的時候,區分了"曆法"與"曆理",在

---

[1] [英]斯蒂芬·F.梅森著,周煦良等譯,《自然科學史》,上海譯文出版社 1980 年版,第 76 頁。

中國的曆法編纂史上第一次將黃曆與自然原理相配。欽天監監生根據日、月、金、木、水、火、土星("七政")運行之軌跡現象("然"),編出黃曆;但是,曆法背後的自然規律和本質("所以然")是什麼?禮部大員並不負責提供。中國的儒家知識體系中,重"法"不重"理"的現象比比皆是,注重"祭法",但不討論其宗教學本質("祭理");注重"兵法",但不研究其軍事學本質;注重"治法",但不解釋其政治學本質("治理")。知法,不知理,即知道科學技術的一般應用,但不懂得從中抽象出更加普世性的一般原理,這是"科學革命"以前很多民族的古代文化之缺陷。二十世紀學者針對中國文化,有"李約瑟問題""錢學森之問"。其實,按梅森《自然科學史》描述的埃及、巴比倫、印度、波斯、阿拉伯……概莫能外。"科學",在不同民族文化中確實有著不同的表現,但在本質上都不是"現代科學"它不是民族性的,而是一個現代性的問題,只有現代科學才真正開始將人類整體經驗,與自然界的存在本質做出系統性解釋。徐光啟在"曆法"問題上突破了儒家思想,他説:"二儀七政,參差往復,各有所以然之故。言理不言故,似理非理也。"[1]"似理非理",他是認爲一般不求其"所以然"的"理",不達到形而上程度的"第一原理"(first principle)就是"非理"。這個思想在稍後時代的牛頓、萊布尼兹那裏解釋得更加充分,成爲現代科學誕生的一個重要標誌。

---

[1] 徐光啟:《〈簡平儀説〉序》,朱維錚、李天綱主編:《徐光啟全集》(五),上海古籍出版社 2011 年版,第 189 頁。

錢熙祚：《守山閣叢書》識

叢書者，蓋雜家之流叢之言聚也，衆也。聚衆家之書以成書，昉自左禹錫《百川學海》，洎明以來浸以廣矣。顧往往取盈卷帙，擇焉不精，以其私臆，增刪改竄。或且依托舊文，僞立名目，徒騖淺人心智，而見笑于識者，是不可以已乎？經世惟抱經盧氏，涤引鮑氏，蒐羅善本，去取謹慎，不持穿鑿，不參臆說，叙錄之家，斯爲極致。夫叢書之意，在發幽微，資考鏡，舉放失，訂僞脫。非欲夸多鬥靡，以博稱于時人；亦非矜奇炫新，冀與坊賈逐什一之利也。尼山有言，述而不作，信而好古，一日三復，心嘗庶幾。家故藏書，夙耽泛覽，文有異同，則丹黄以識。曩閱昭文張若雲氏海鵬《墨海金壺》，依四庫體例整齊，頗多密帙刊行，無何遽毁于火。然所採既駁，校讎未精，竊嘗糾其魯魚，幾于累牘。脱文錯簡，不可枚舉。遂擬刊訂，重爲更張。二三同人，慨焉稱善，叢書之舉，爰始于此。南匯張君嘯山文虎、同邑顧君尚之觀光，深思遐覽，實襄商榷。嘉善妹婿程君蘭川文榮、平湖族弟即山熙咸、暨從兄漱六熙經、胞兄湛園熙恩、鼎卿熙輔、舍弟葆堂熙哲、鱸香熙泰，同志參校，不憚往復。于是昕夕一編，靡間冬夏，資諏詰難，或致斷斷。窺管所及，隨文附注。置圈于首，以別原案。逸文可採，並著簡末。一書甫畢，旋授梓氏。續有尋繹，別記校勘係之。總分四部，不及專集，蓋仿張氏之例。四庫之外，或有遺珠，割愛綦難，依賴附驥。凡此者，或以羽翼經史，或以俾補見聞，義取徵信，務歸實用。門戶之見，無所隔閡。若夫茶經酒譜、搜神諸皋，一切支離瑣屑之言，裹耳所諧，良難廢棄。以雲甄錄，概從舍壇經。始壬辰，迄茲十載，爲目百有十，爲卷六百五十有二，厥功告竣，用志顚末。惜乎湛園、即山先後捐館，不獲觀是書之成。言念及此，忽不覺其涕泗之交頤也。道光辛丑嘉平之月，金山錢熙祚錫之甫識。

據光緒乙丑年（1889）嘉平月鴻文書局石印本

錢熙祚：西湖雜詩

予輯《守山閣叢書》，乙未冬僑寓西湖祇領文瀾閣所庋《四庫全書》校正俗本者，命胥鈔之。以暇近游雲林、天竺諸勝之所至，輒成短句。

楊柳灣邊就小樓，畫中詩思鏡中秋；清風入座丹黃罷，四壁湖山作卧游。

一角孤山倚日邊，文瀾光彩照湖煙；草茅何福窺中秘，身到娜嬛第四天。（文瀾閣凡三層，連平地爲四）

清游最好薄晴天，天竺雲林佛國連；行盡修篁不知路，一聲松鼠竄蒼煙。

藏書特地付禪關（雲林書藏爲儀徵相國撫浙時所置），開府風流百世攀；我亦闡幽耽輯纂，一編他日俯名山。

錄自《守山閣賸稿》，《指海》第二十集，民國二十四年(1935)上海大東書局影印錢氏刊本

錢熙祚：《曉庵新法》序

戊戌夏，刊《曉庵新法》成，而嘆人之心思無有窮盡。雖以西人積候之多，用算之巧，而王氏探賾索隱，有發其覆而補所未及者。如時刻，由赤道而分，而太陽自行黃道，與赤道斜交。西法以赤道度變時，不論冬夏盈縮。王氏求晝夜刻及昏明距中刻分，並以本日太陽、赤道實行度，加一周天，爲赤道日周，勝西法一也；朔望時，太陰在均輪周，則無次均。然不過晷刻之間而已，距朔望漸遠，則離均輪亦漸遠。西法于交食虧復各限太陰，只用初均，于理未盡。王氏兼用次均，勝西法二也；西法論五星伏見遲速之故，一由星體大小，一由黃道斜正，一由緯度南北，宜若無餘蘊矣。王氏更發不盡之藏，謂星在本天有高卑，則距地有遠近。距地遠者後見而先伏，距地近者後伏而先見，勝西法三也；他如定朔弦望，用前後泛時兩均數之較爲比例。西法之用兩子正實行度者，未之及也。日出入及昏明分，並用三泛時，以求定時。西法之用子正太陽實行度者，未之及也。月體光魄及交食方位，並有泛向定向之殊。西法之用黃道度者，亦未之及也。太白食日而成黑子，掩食陵犯，各有初終二限時刻，向無其法，爲王氏特創。其辨注歷用定氣之非，十二處隨歲差東移之謬，實徐、李諸子之諍臣。王氏于中西二法，蓋嘗深思力索，融會而貫通之，又驗諸實測，以審其離合之故。故其書精確如此，宣城以下非偶也。是書未有刊本，傳鈔互異。丁酉夏，震澤沈君子綏攜舊抄諸本見示，乃參合校勘，更據文瀾閣本正之。惟書中屢稱"補遺"，今並不可見。致歲實消長、黃赤遠近諸數，今古不同者，皆無由得其立法之根。世有繼王氏而起者，餘日望之。

據《守山閣叢書》收入《曉庵新法》本錄入，
光緒乙丑年(1889)嘉平月鴻文書局石印本

錢熙祚:《珠塵別錄》序

予生平無他嗜好,惟好涉獵書史。而又不喜沾沾守一先生之言。經史以外,間及九流雜藝,裨官小說,靡不泛覽。性顧善忘,一卷之書,裁隔旬日,便不記源委。又牽于諸冗,遇癥結處稍致思,輒爲俗物敗興。年來俗事愈繁,其牽制而敗興者,愈無以自隙讀書,真自有福哉。雖然,即又未嘗因此而廢我好也。

人生天地間,事之有益,莫不過于讀書者。無論聖人、賢人,單辭隻語,舉足以垂世立教。即中材以下,下至農、圃、醫、卜、百工技藝,千慮一得,莫不持之有故,言之成理,自身心性命推之。至于古今興廢,風俗政教,咸資實用,即一名一物亦足以博聞多識,涵養性情,天下有益之事,庸有過于讀書者哉?或曰:著書之人,不盡大賢,狃于所見,時有偏謬。若夫小道可觀,致遠恐泥,奈何兼收而並蓄耶?嗚呼!讀書貴明大義,師法舍短,在取之何好耳。苟得其意,雖解牛承蜩,可以悟道;不得其意,則周公致太平之書,王介甫用之以誤國,書豈能任咎者哉?向輯《守山閣叢書》,不無遺珠之憾,駒隙餘間,復搜得如干種付之梓。因識鄙見于首,以質世之與予同好者。

據民國十一年(1922)上海博古齋據道光錢氏刊本影印《珠塵別錄》本

錢熙祚：《五星行度解》跋

西法五星有二説，以地爲心者，本天也；以日爲心者，歲輪上星行繞日之迹也。曆書排出一手，故分析不清，且有前後不相應處。然繞日圓象，曆家惟于金、水用之，而土、木、火仍用歲輪。故謂五星皆右旋，未嘗違實測也。王氏則以繞日圓象爲本天，故謂金、水于本天右旋，土、木、火于本天左旋，皆爲日天所挈而東，猶日天爲宗，動天所挈而西也。又火、金、水三星，有時在太陽上，有時在太陽下，曆家謂天雖各重，而其行度能相割，能相入。王氏則謂五星本天，皆在日天之内。但五星居本天周，而繞日環行；太陽居本天心，而繞地環行。如是則諸圓不必相割相入，而五星算例較若畫一。雖示異于西人，實並行不悖也。惟謂土、木歲輪皆有太陽高卑差，火星歲輪亦無本天高卑差，則迥與西法不同。驗之于天，未知合否？王氏精于測候，當非無所據而云然也。潘稼堂檢討與王氏同時，《遂初堂集》已言"遺書亡佚"。今更百有餘年矣，其鄉人沈君子綏，苦心搜輯《曉庵新法》外，又得《大統曆法啟蒙》、《推步交朔》、《恒星考》、《圖解》諸種，然率多殘缺失次，惟此較爲完備。去夏携以示餘，爲校録一過。原圖傳寫滋誤甚多，即據説訂正。亟登諸梓,仍以質諸沈君,著《雍閼茂歲日在東井》。

據《守山閣叢書》收入《五星行度解》,
光緒乙丑年(1889)嘉平月鴻文書局石印本

錢熙祚：書沈退甫

　　自文旌旋吉，翹跂爲勞，烏兔逡巡，遂更裘葛比來。惟尊候安善，承示《曉庵遺書》内《曉庵新法》六卷，與文瀾閣本間有異同。《五星行度解》謂土木火皆左旋，爲日天所挈而東，以成右旋之度，亦可備一説。此二種，即校，正付刊跋中。並著《得書緣起》以顯搜訪苦心，至《圖解》所述，乃西人"六宗三要二簡"，舊法在今日已嫌繁重，卷末諸形有圖無説，不知舊寫脱去，抑原係未成之書。《推步交朔》，據序推乙酉八月朔日食。備陳《三法》，謂中西二家及已所撰新術也。今卷中並無之止陳獻，可所算戊子年四月望月食一條而已，疑亦殘缺不全，須求完帙，參校《大統曆法啟蒙》祇抄，撮大略無所發明，較梅氏《騈枝》似遠不逮。俞刻詩文集編次固未盡，當足下訂補甚善，但拙刻例不及別集，容徐圖之。《華嚴音義藏拜經》盛稱北本，以詆西藏竄改之謬。今以楞嚴寺本較徐太史所刻，知北本猶未盡善也。校閲一周，合併附繳，久羈完璧，伏冀原宥，勒此布候，道履不宣。

　　　　　　　　據《守山閣賸稿》，《指海》民國二十四年（1935）
　　　　　　　　上海大東書局影印錢氏刊本

錢熙祚：復胡竹村農部書（二通）

一

兩奉手教，適祚先赴吴門，魚鴻相左，致遲箋復，歉甚！比惟臺候安吉。祚讁劣，無似頻年纂輯叢書，不過就其蠡管冀附壽世者，以自傳，猥蒙盛譽有加。不敢當！不敢當！

前呈總目二種，求先生暨《蘭坡宫贊》分作一序，或彼或此，從尊意爲之。方今道古之士，如晨星落落，得鴻文弁首，其爲光于拙刻多矣。無過謙，朱輯宫詞至十月間始獲，以無便未及奉寄。兹悉少師公遺集，先生業已訂補命梓，甚爲喜慰。所存副本及《毛詩》，申成當覓的便寄繳。叢書節次開印，專俟大序。到時，刊成並政。《苕溪漁隱叢話》有明山陰祁氏淡山堂本，今所行耘經樓本，乃海鹽楊氏依宋板重雕，字畫精整，坊間頗多，似不必再刻。陳奉議行誼未詳，原題紹興甲寅（1134）云云，則漁隱翁同時人也。

《儀禮釋宫》先刻于《守山閣叢書》，後得江氏增注，不及刊補，故編入《指海》。先生有合訂本，幸示一校。李氏集釋爲注疏後一大家，祚初意亦擬編入，以卷帙較繁，俟他日單行爲便。凌教授《燕樂考原》，係海内絶學，恨未一見。倘可購覓，當急梓，以廣其傳。

《衡齋算學》爲其高弟汪君所刻，祚處已有大著。《燕寢考》考證精詳，不在《釋宮》之下。惜學海堂本割裂倒置，頗失廬山真面目，當如命訂正，即編入第十三集中，其序文目錄，原本刪去，便中寄示。爲感先生承江、戴兩君餘緒，奮然疏禮，于賈疏外別立漢幟，又李寶之後一大家，未審何時脫稿？爭先快睹，方寸殷然，雲山蒼蒼，愛而不見，音時惠，跂予望之。朔風多厲，惟爲道珍攝。

二

月前，承復書審，近候萬福。大著拙刻兩序，閎中肆外，旨遠辭文。所謂有本者，如是珍荷珍荷。讀手訂《燕寢考》，井然秩秩，覺學海堂本，減裂無謂，當即命剞劂。俾學蘭亭者快睹薛稷真本，非《指海》之幸與？《儀禮釋宮》先刻于《守山閣叢書》，後得江氏增注，不能割愛，復編入《指海》，板樣稍縮，不妨并存。且《釋宮》本李寶之所著，而江本尚屬之，朱子其文亦略有同異，合之不傷，不若離之雙美。惟閣本傳鈔或有遺漏得校定本一勘，感頌靡量叢話間通行本，即海鹽楊氏所刊，承示序後紹興甲寅一條千年譜不合，此不可解，容再考之。凌氏《燕樂考原》渴思已久，執事親受師門，又同鄉郡，倘可購覓，冀勿吝"荆州之借"，拳切布謝，借詢著安不宣。

據《守山閣賸稿》，《指海》民國二十四年（1935）上海大東書局影印錢氏刊本

錢熙祚：復蔣生沐

莫春，奉手簡，審尊候萬福。拙刻《吳郡志》，校訂草草，殊不自安，矜譽過分，又勞惠報，非所敢當，復不宜却，媿領媿領！承示《吳郡續志》不著撰人名氏，序未題。戒庵未知爲何許人？序文辭理不類或由傳寫脱誤。然志僅姑蘇一郡而序首，云："《吳郡志》以蘇、鬆東南二府，大府也。"是開宗明義，即一巨謬矣。上卷王禹偁《太和宫記》《春晚游太和宫》詩，陳于《上真觀記》。皮日休、陸龜蒙《上真觀詩》《曉次神景宫》《三宿神景宫》諸詩，皆具載范志下卷。王可交、單以清、蔣生、潘裕、慈悦五傳，皆全襲范氏原文。尤可笑者，附録内，天慶觀、通神庵、澄虛觀、崇真宫、修和觀、靈佑觀、上真宫、希夷觀，諸條既襲范志，又于希夷觀下復出元妙觀（即天慶觀）、澄虛道院（即澄虛觀）、崇真宫、修和觀、靈佑觀、上真宫，豈非屋下之屋？其餘所録元明諸人、詩文大都雜採府志，取盈卷帙。鄙見如是，明眼試復核之。王象之《輿地紀勝》全書，世鮮傳本，僅見于儀徵相國《詁經精舍外集》。聞兄處有之，未審，能慨賜一讀否？且見别下齋藏之富，媲美詁經，他日一瓻之借，源源而來，祚將如鼴鼠飲河以一飽眼福爲快也。

據《守山閣賸稿》，《指海》民國二十四年（1935）
上海大東書局影印錢氏刊本

錢熙祚：復王硯農

硯農尊丈，有道執事，斗山雅望，仰止久矣。舍妹婿魏塘程蘭川上舍時，稱道盛德，如見風采。月前奉到手頒，爲俗宂所牽，致愆裁答主臣主臣。國朝《曆算之學》，宣城而外，首推震澤。當日，雖有南王北薛之目，然薛不如王，昔人已有定論。惜後起無人，遺書散佚，惟《曉庵新法》六卷著録。《四庫全書》沈君搜訪十年，得書四種，復手編遺集，訂正魯魚。夏間，蒙携書過訪，將謀合刻，誠所謂篤信好學之士。其意固不專爲一鄉文獻也，第四種之中，如《大統曆法啟蒙》，止抄撮大端，窺作者之意，只取便觀覽，未必列諸著作。《推步交朔》及《圖解》，並皆殘缺，當別求完帙詩文集與舊刻互參。有兩通者，有兩誤者，亦有舊刻較善者，不知孰爲定本，均未便匯刊。伏思曉庵先生著述等身，如《三辰晷志》《測日小記》《新法補遺》諸種，今並未見。然豐城之劍、崑山之玉，必無終于湮没之理。尊丈生與同鄉，誼殷桑梓，想當廣爲搜採，他日集爲大全，以存一家之一言。校刊之役，祚當任之，惟丈留意焉。沈君處別有書去矣。風便敬復，並候臺履。天寒諸珍攝不盡。

據《守山閣賸稿》，《指海》民國二十四年（1935）上海大東書局影印錢氏刊本

錢熙泰：西泠校書記

《錢鱸香先生筆記》序言

錢先生熙泰，號鱸薌，字子和，江蘇金山人。兄弟五人，先生最幼，少負雋才，甫冠補博士弟子，食餼于庠，循例爲校官，曾署靖江訓導。性風雅好古，凡詩文書畫金石，一見能辯其精粗真贗，習其事者謝弗如。家雄于資，好行其德，潛修不耀。邑志失修且百年，先生力任纂刻，網羅文獻，考訂精詳，書垂成而病卒，年四十九。生平好爲詩，間治散體文，著有《鋤月吟稿》若干卷，《古松樓剩稿》一卷。

先生生平與同邑顧尚志先生（觀光），南匯張嘯山先生（文虎）最友善。道光乙未秋，寓西湖，就文瀾閣校書之役，五人于焉：三先生外，李蘭垞、錢雪枝二先生也。雪枝先生名熙祚，鱸薌先生之兄，即刻守山閣叢書者。其後道光己亥二度校書，庚子三度校書，皆寓湖上之彌勒院十三間樓，則先生與嘯山先生二人也。先生愛游，所至必窮其勝，校書得暇，時複出游，游必與嘯山先生偕。湖上勝地既遍，乃更西至天目、九鎖；南渡江，登會稽、探禹穴、訪蘭亭修禊處。登臨游攬輒有詩，並逐日記事。嘯山先生《湖樓校書記》《餘記》《續記》，《蓮龕尋夢記》，皆記校書之役與游蹤者，我邑錢氏已刊入《舒藝室集》中；鱸薌先生遺著，《西泠校書記》《文瀾閣校書抄書目録》《武陵續游記》《蓮龕尋夢記》等,則無聞者幾近百年。先生曾孫錢燦若先生爲余總角交,十年來讀書嬉戲,時相過從。近出先生手寫稿,則赫然遺著五種也！亟商之燦若,攜來人文圖書館,館同人覽而喜曰：闡揚先哲,後生之責也！余惟是著頗關我國文獻,不僅以先生文字重,又烏敢任其湮没不彰哉！遂付人文,續之刊佈,並略考先生生平。筆之如此。民國二十年三月上旬白蕉敬志乙未秋八月，予兄雪枝有文瀾閣校書之役，訂游西泠。又一越月，從兄即山捷溳闈，始定行期。于時秋爽，山水方滋，天助人興。同游者爲顧君尚之、張君玉尹、李君蘭垞、雪枝及予。同寓湖壖，借湖山之勝，聯朋舊之歡，又得盡窺中秘書，亦人生一快事也。爰日記之，聊以認雪鴻雲爾，即色即空之謂也。鱸香錢熙泰識。

十月初四日晴，上午解維，由北虹橋西行三十二里抵東湖，時已黃昏，因宿舟焉。

初五日晴，辰過九里亭，已過新豐，午抵嘉興城外，即鴛鴦湖，俗名南湖。踈柳搖秋，晴波浴日，少殊東湖風景，所謂煙雨樓者，殘垣荒草，已不足登覽矣！申過陵門，亥泊石門灣。

南湖望煙雨樓

張玉尹

倚篷重賦舊鴛鴦，六載南湖□夢長。
敗柳搖秋樓半圮，更無煙雨但斜陽。

初六日晴，卯過石門，未抵塘棲鎮，屬仁和縣，市舶雲集，爲東西輻輳之所，其水舊通錢塘江，蓋南江之下流也。西抵北新關，宿舟關外。

塘　　西

錢鱸香

渺渺塘棲路,漁榔響未停。人聲兩岸斷,魚市一江腥。
小艇疾于鳥,隨風過野汀。船頭看山色,一路到西泠。

　　初七日晴,辰刻入關,六里泊棕木場。尚之以足疾不能行,予偕玉尹、蘭垞、雪枝,循羊角埂迤而東訪即山,寓于湖堤上,俗名高柳莊,時即山與休甯周憲廷同寓。寓前楊柳數株,頗高大,想見綠陰無際,與煙波競媚也。少憩,呼渡至湧金門入城,由四宜亭登吳山,訪倪書估小亭不值。回過巫山十二峰,峰高不逾數丈,玲瓏瘦削,各以象名,如伏虎、鳴鳳、香爐、筆架之類,一一逼真,延賞久之。下山出清波門,至錢家灣,過周元公祠,祠奉周濂溪像,由祠而西之淨慈寺。時值皇太后千秋節,張設甚盛,游人喧攘之中,不及問蓮花洞、萬工池諸名勝。所過者,惟神運井,井下有木可引火,下窺之。相傳,明僧道濟運木于此,是其遺跡云。即刺船回寓。複之昭慶寺。寺系太平興國年建。觀萬善戒壇,出沿城入錢塘門,曆滿洲駐防營。出湧金門,過古亭子灣,抵寓。晚饍後與雪枝遷宿于姚氏寓。

曉　至　西　湖

張玉尹

曉循寶石山,一塔導先路。離離半黃□。宛宛當前渡。
列岫乍微茫。修鬟不知數。欲喚總宜船,湖煙白于霧。

南　屏
錢鱸香

西風倚棹聽踈鐘，迎客青山一笑逢。
湖浸橋低人影峭，竹和煙重屐聲松。
僧台苔長聽經石，佛洞雲歸作禮松。
小立不知人意倦，夕陽紅到古雷鋒。

自淨慈至錢塘門
張玉尹

一山青比一山青，才隔湖煙便窈冥。
解事長年緩搖檜，恣君顛倒看南屏。

　　初八日晴，午入城訪朱思泉（文浚）、孫貽堂（謀），覓寓不定，由湧金門而回。申刻偕玉尹、即山沿白堤而西，過斷橋，曆錦帶橋，碧波萬頃，長堤如虹，綠樹青山，合盃環繞，不啻身在畫圖中也。謁陸宣公祠，入聖因寺，坐攬勝齋。複東之佛藏殿，望文瀾閣，綠甍繡闥，神往久之！出寺西裏許，拜岳忠武王墓，墓前檜樹二株，大可合抱，其中劈開象分屍狀，殊茂甚。其餘樹葉皆南向，驗之果然。又有鐵人反接跪者四：一爲秦檜，一爲檜妻——王氏，一爲萬俟卨，皆明李隆範所鑄。後范淶又增張浚，俱在牆下。游人溺而擊之，膚體不完，穢氣四徹。自明以後，旋鑄旋毀。嘉慶五年，阮芸台撫軍獲安南盜，以所得兵器複鑄之，亦一快事也。右有井，曰忠泉，壁間泐"碧血丹心"及"盡忠報國"八大字，爲洪珠書。而忠烈祠即在其左，扁巍顯奕，規模肅然，所以激揚忠烈者至矣！內有王官印一方，比爲裔孫某藏庋，惜不得出觀爲悵悵耳。夕陽在山，不及延佇，仍沿白堤歸。

邁陂塘・斷橋晚眺
張玉尹

界晴湖，平分秋色，一虹橫跨堤畔。□筇扶徧孤山路，路向斷橋邊斷。仍不斷。趁面面鷗波，曲曲垂楊岸。屏風宛轉。漸一片斜陽，照黃妃塔，驀地四山遠。　　踈煙裏，何處酒船歸緩？西風零落歌扇。石闌坐愛波心月，月影玲瓏剛半。清可澣。便數盡游魚，也只無人管。濃春待換。約明歲重游，弓弓鞵印，來數躅青伴。

岳　王　墳
錢鱸香

不教痛飲抵黃龍，無限西風感慨中。
縱有嘔天辯誣錄，一朝難贖十年功。
蒙塵極痛記還無，一局偏安定建都。
枉費將軍恢復計，孱王心只愛西湖。
傷心忍説小朝廷，毅魄啣冤尚九冥。
芳土一抔人下拜，諸陵誰更哭冬青。
裹屍馬革英雄志，誰使君王賜首邱。
欝欝當年埋骨地，西風拗怒夕陽愁。

岳墓鐵人歌

張玉尹

聚六州鐵鑄不成，壞汝萬里之長城。

有像弗願畫麟閣，乃願面縛長跪，作此累累囚形。

生前無恥死頑鈍，萬指唾罵昏無靈。千秋令，□為翁仲笑，何如碑下贔屭，四足猶縱橫。

當年將相如相耦，雖小朝廷亦何有。

格天一德復中原，像鑄黃金傳不朽。

胡為乎彼也，一門忠孝節義兼有之。

此也夫妻父子如梟鴟，彼也偏裨戮力効敵愾。爾也同僚肆狼狽，白虹耿耿天蒼涼，刀斬忠臣鐵亦香，錚錚入冶鴻爐火，鐵鑄奸回鐵不可。潢池弄兵海水翻，同一鐵耳玆獨頑，不能殺賊為賊用，與檜俊等將無班。儀征相國實鑄此，豈非有意誅神姦。重頭瑟縮松楸外，百世慈孫愁莫蓋。君不見碧樹無辜亦受摧，墓旁倒植分屍檜。

初九日晴，晨定寓于姚寓之北，不數武曰文昌閣，蓋仍其舊名也。樓房八楹，啟窗憑眺，湖山皆在樽俎間。午後，偕玉尹由北山路游大佛寺，寺有一大石佛頭，即秦始皇東游系纜之石，後唐僧思淨就石琢成，僅半身，已高三丈餘。左岩下有沁雪泉，再上即彌泐院，門扃不得入，即下山迤邐西行，至智果寺。寺舊在孤山，因其有泉，遷寺于此，仍名參寥泉，以復坡公舊跡。又西為寶雲山，下即瑪瑙寺。寺內即丹井山房，爲顧氏別墅，今皆榛蕪滿眼，所存者惟頹垣廢井而已。又西歷葛嶺，登棲霞嶺，訪金鼓洞，洞內有香山泉。進而訪紫雲洞。依石欄而下，峭聳懸空，陰涼澈骨，蓋天工而佑以人巧者。此澗在棲霞嶺上。又有烏石峰，因足繭罷游，尋山徑而下，訪棲霞洞，洞殊淺窄，遜紫雲洞多矣。下山過忠烈祠，其西泠橋。橋畔即蘇小小墓，墓右又有墓，人皆謂爲小青墓，志亦失考。過橋訪六一泉，即坡公訪六一翁之處，殘甃荒涼，落葉滿水面，爲之歎息。歷聖因寺，進照膽台，訪詁經精舍，謁許、鄭二先賢木主，並石刻高密像及碑記，想見一時人文之盛。登第一樓，即下之孤山之陰。過敬一書院，院右爲四賢祠，祠下訪放鶴亭，背山面湖，梅樹不下數百，繚繞縱橫，惜不遇著花時也。申刻回寓。

湖樓褉書戲效俗體

張玉尹

衆山圍住一西湖，倒影凌空入畫圖。
數百煙鬟齊照鏡，春來誰最豔粧無。
白沙堤盡接蘇堤，君訪孤山我更西，
最愛六條橋上望，一行人在綠玻璃。
絕好朝暾乍上時，滿湖晴碧映參差，
嵐光迎面莞然笑，可是山靈要索詩。
淡濛濛際碧娟娟，渺渺微波漠漠天，
併入月光成一片，不知是水是湖煙。
秋山平遠冬如睡，馬遠丹青最擅場。

今日雨絲風片裏，依然潑墨米襄陽。
殷家橋正對湖樓，三面雲山一網收。
不向湖堤種紅樹，恐人憶著是深秋。
出山泉比在山清，瀲灩全湖一鑑明。
卻放湖波下湖去，故回頭作怒雷聲。
（時方開閘敢水，日夜聲隆隆不絕。）
玉冊瑤函假石渠，丹黃幾席亦紛如。
西風幾日開窗懶，分付群山聽讀書。

紫雲洞
錢鱸香

白雲護寒山，孤亭出脩竹。盤盤路愈高，一罅谽山腹。
下窺百丈深，曳杖足先踧。磊磊石倒懸，崒屼不敢觸。
冷氣時侵人，鍾乳滴寒玉。斷碑掃莓苔，字滅渺難讀。
啜茗淡忘言，嵐光上眉綠。

蘇小小墓
錢鱸香

荒墳路轉石橋斜，寂莫當年蘇小家。
春鵑喚殘山似夢，青驄何處訪桃花。

醉太平·蘇小小墓
張玉尹

幽蘭露零，同心繫盟。春風柳帶青青，効纖腰舞輕。荒墳草平，青驄自行。年年松柏西陵，作去風聲雨聲。

詁經精舍謁許鄭二先儒木主

張玉尹

開府今賢相,楡才此昔都。說經尊古訓,崇祀立通儒。
月旦前修邈,風流後起殊。堂階空落葉,下拜獨躊躇。

初十日晴。午,尚之肩輿至吳山書肆,予偕玉尹、蘭垞進錢塘門至青雲街。遇雪枝、即山亦至書肆,因與蘭垞出登吳山,游海會寺。亦以皇太后千歲節演劇,人極喧鬧。複東南行,爲神霄雷院,爲太歲廟,爲曹將軍廟,爲城隍廟,俱極宏壯。出遇尚之于書肆。小坐,仍由山而南游七寶峰;峰畫立石俱黝色,萬孔玲瓏,罕有其匹。南宮見之亦當下拜也。與蘭垞匋匐至其巔,望錢塘江,宛如匹練。山下有"吳山第一峰"五字,並宋紹興二十年三茅甯壽觀尚書省諜。因下觀之,遵三茅觀而南,沿石綴上山,竹樹陰濃,取小徑入文昌閣。上有僧廬數楹,曲檻穿窱,顏曰小峨嵋,從山陰可至其處,蓋可望而不可即矣。回至清波門,過雷鋒塔,正在夕照中,想見命名之妙。入淨慈寺,寺内燈棚甚盛,因坐觀久之。出歷六橋,第一曰跨虹,二曰東浦,三曰望山,四曰壓堤,五曰鎖瀾,六曰聯波。約六里許,至西泠橋。月色甚佳,坐平湖秋月亭,望隔岸諸山,蕩漾中流,清光可愛,歸寓已漏下沙。娉婷塔影,隨月倚山斜,那晚山淡到無影,數星漁火水雲遮,夜闌何處弄琵琶。一奩如水,倒浸幾人家。

十一日晴,午,偕玉尹、雪枝入城,購書數種,至日旴歸。

十二日晴，午後，蘭垞、即山去觀劇，予與玉尹入錢塘門，由清河坊登城隍山，即吳山也。天陰欲雨，風葉滿山。憩觀潮亭，望錢塘江，煙濤漫天，隱隱有風帆數片，欲收未收，殊爲駭愕。曆書肆幾處，即下山出清波門，折而東南，過鳳凰山，即武肅王故宮址。宋即以爲州治，南渡後，又以州治爲行宮。其麓爲萬松嶺，嶺下爲通衢，而松亦無幾矣！又東經鳳山門，即俗稱正陽門。南有報國寺，亦甚荒涼。時日已暮，山風颼颼，不及登嶺，退沿南屏之麓，至淨慈寺。覓渡不得，複由清波門至湧金門，足力告疲，爰倍值呼渡而還。

吳山望錢塘江

張玉尹

一角危亭，半山黃葉，遲我倚闌延佇。龕赭微茫江影白，莫辨潮聲來處。斜陽明滅，際有沙鳥斜飛，翩翩隨著孤帆去。遙想候潮門外，歸舟才聚。□邊似洲似嶼，似村似渡。漫漫都是煙樹。渺林外、浮雲如絮。漸雲合、江昏天暮。忽風急、群山欲雨。何當第一峰頭住，待喚浦女留，彎弓重鬥魚龍拏。

鳳凰山吊宋故宮（庭院深深）

錢鱸香

煙鏁寒山荒院靜，廢垣愁對秋空。翠華一去寂無蹤，夕陽殘笛，餘恨付西風。　　古月不知興廢感，夜深還到深宮。萬松寂寂白雲封，似悲故國，和露淚痕濃。

萬松嶺
錢鱸香

一路踏寒影，亂山含夕暉。松風吹不斷，嵐翠落人衣。
樵唱出深谷，鐘聲下翠微。望江亭可憩，我亦澹忘歸。

又
張玉尹

南出吳山路，狂游悔太豪；松聲千壑冷，日落衆山高。
野鳥撲人影，連峰疑鬼尻；南屏何處寺，恍惚聽蒲牢。

十三日晴，午膳後，雪枝、即山進城觀劇，予與玉尹沿石甑山西登葛嶺，複下游鳳林寺。寺爲鳥窠禪師建，供設香花，纖塵不染，真清脩道場也。樓上有憨山大師畫像，相好光明，是故宋高手。還至西泠橋，由孤山之陰，複登放鶴亭，內有高廟禦書舞鶴賦。其左即林處士祠，祠有石刻林處士及白石道人像，係橅白良玉原本。上即巢居閣，其南爲林處士墓，梅花繚繞，想見千古高風。過小石橋，仍沿山徑而東，拜白公寺，寺在蘇公寺北，內有石刻白公及秦峴、阮佰元小像。出，訪蓮花寺庵，庵內有池，池上有古柏二，老支離，頗有古趣，惜日將暮，遂歸寓。是夕，玉尹夢至孤山，得句云：

放鶴亭西小閣東，平橋淺水夕陽紅。
梅花萬樹失歸路，獨立亂山寒翠中。

十四日晴，午偕同人呼舟至文瀾閣，歷門二重，由假山入。内有池，中一峰如老人狀，又如靈芝，謂之靈芝峰。閣凡三層，各五間。中置圖書集成，左右皆經部。右轉而上第一層，皆子部、集部。下左轉復升，閣圓而凹其南，其下適當閣之中間，俯視之若井然，所置書皆史部也。共計一百四十架。其書函以香楠，函首刻籤，題各有飾。經以綠，史以朱，子以藍，集以白，每册之護葉如之。書內有禦璽二：上曰"古稀天子之寶"；下曰"乾隆御覽之寶"。並列總纂、總校、詳校、校對各官銜姓名，蓋高宗純皇帝嘉惠士林之意，至矣美矣！出觀行宮及御花園，丹堊翬飛，各極壯麗，惜以坍毁。惟萬歲樓後竹林中有雲峰四照亭，下又有亭，曰竹深處。又南有領要閣，湖光山色，俱在眉睫間，尚可為憩足之所。出攜書十數種，下舟而南，重拜岳王墓。複南過湖心亭，泊楊公堤，游金沙港，上有關帝廟。入坐延青山館，館臨荷池，池上梅樹桃樹，不下數百，想當春夏之際，風景自佳。出南至放生池，池有九曲橋，紅欄宛轉，掩映綠波。上有亭，即三潭印月處。三潭相去丈許，蓋坡公當濬湖時，以為標記也。薄暮歸，是夕，同人以閣本分校，予得《文子》。

十五日，晴，校文子二卷竟，校《緯略》四卷。

十六日，陰晴，雪枝約昭慶寺僧文蓮與同人游雲林寺，雇舟過望山橋，由茅家埠登陸三里許，松杉夾徑，翠抱衣裾。將至寺里許，則四圍皆山，不辯來路。古柏中松鼬一一,聞人拍手聲,各驚竄去。進山門過理公塔,奇峰林立,窄萼嵯峨,若蹲獅駭豹。適當寺前者爲靈鷲峰,在晉西天僧慧理曾歎曰:"此是中天竺國靈鷲山之小嶺,不知何時飛來?"因掛錫造靈隱寺,名曰飛來峰。上有異木,不假土壤,根生石外,矯若游龍。而其下岩扃窈窕,百竅玲瓏,覺神斤鬼斧所不能到者!峰閣俱鐫佛像,下即冷泉,涓涓碧乳,潺潺不絶,聽之令人心骨俱冷,殆不愧其名與?寺門之左爲來瀑亭,右爲冷泉亭,爲董思翁書。入寺小憩,直指堂僧近玉導至補梅軒,出小食食之。其上爲守山樓,樓面飛來峰。群山環托之中,最高者即南北二高峰也。寺之東偏曰大悲堂。堂之左,阮芸台顔之曰：靈隱書藏。蓋芸台當撫浙時,嘗捨書于閣上。後人踵之,書積漸多,寺僧啟視,共二大廚,各編字型大小,大抵近人著撰居多;因從假王給練念孫《讀書雜誌》凡四十三冊,近玉複導游諸處,皆世俗所謂勝處,實不足述也。從羅漢堂西上韜光庵,約二里,日旰不及往。過冷泉亭,訪呼猿洞。洞在飛來峰下。傴僂而入,石竇幽窅,如鍾乳欲墜,宛轉空明,可通天竺路,真勝處也!觀所謂一綫天,其西爲伏虎洞,洞石猙獰奇特,不可名狀,壁間題詠甚多,苔蘚侵蝕,已不可辯。又東爲射旭洞,亦甚奇峭,其餘小洞,亦複不少,其實一洞也。昔理公學道于此,恐俗僧未必能領略耳! 尋故道出,微雨初霽,晚煙滿湖,上舟回寓。巳日下舂矣。是夕,校《古今姓氏辯證》三十六之三十八卷止。

雲林道中
張玉尹

但逐流泉入，不知山已深。泉聲有時遠，山氣忽成陰。
杉徑雜松徑，桑林連竹林。兩高峰夾路，空翠撲衣衾。

雲　林
鱸香

古寺峰廻入亂雲，松鼬唧子落繽紛。
泉通竹筧細無礙，煙抱石亭寒不分。
一塔撑紅低雁影，四山裹翠響樵斤。
蒼茫不辨歸來路，幾樹棲鴉噪夕曛。

飛來峰
張玉尹

一巖千百峰，一峰數十孔。一孔易一形，譎詭殊可悚。
嵌空懸石脚，墮地忽曳踵。橫坡方委蛇，作勢忽上湧。
仰視或一隙，如鳥卻在籠。張口氣鬱森，側足石巃嵸。
魚貫慎傴僂，蛇行敢曲踴。覩茲皺瘦透，餘山覺臃腫。
想其在西竺，頗厭佛法冗。不然飛來時，豈不苦癡重。
惡詩及芳字，留題複堪捧。乾坤固非窄，有翅何不騁。
握手三千年，人世一蠛蠓。我欲呼老猿，潭潭白雲滃。
攬勝煙水窟，拔地此弧篝。彼哉諸梵天，劖刻誰作俑。
剝膚已無完，今乃太偽嫵？重飛向海濱，洗滌除種種。
撫石笑且歌，群峰屹然動。

冷　泉
張玉尹

白木鑿鑿泉泠泠,泉山如筇朝一亭。
片時坐對心骨冷,無奈山僧不耐聽。

冷　泉　亭
錢鱸香

萬山斜抱一亭小,西面曲欄延碧篠;
陰崖啣日晝冥冥,無數白雲開洞曉。
一泓澄碧瀉苕磯,寒流噴石淡翠徽;
西風坐到骨俱冷,猿嘯一聲山欲飛。

十七日晴,影寫《鄧析子》一卷,及《讀書雜誌》四卷。

十八日晴,分寫《讀書雜誌》,下晝偕同人過德生庵。庵額系黃瘖堂書,即宋放生池遺址。迤南游葛嶺,訪萬仙庵,庵在山頂,寮房曲折,頗極幽勝。小僧爲指煉丹井,在庵西偏,問初陽臺,僅存故址矣!坐抱璞山房,下仍沿白堤歸。

葛　嶺
錢鱸香

線路轉重坡,短策未敢騁。一笑目如鉤,先我上山頂。
丹井瀉寒泉,窅然落松影。僧寮淨無塵,白雲悅禪性。
落葉西風寒,小坐覺衣冷。歸路數寒鴉,鐘聲渡山溟。

十九日晴,偕周竹所、程秋湖、孫貽堂至文瀾閣,攜書百數十種出。雪枝偕竹所諸人小飲于朱文公祠，予坐船回寓，校《中吳紀聞》二卷。

二十日晴，校《中吳紀聞》四卷，《張氏可書》一卷，《高齋漫録》一卷，《步里客談》二卷，《東南紀聞》三卷。

二十一日晴，校《語林》六卷。

二十二日晴，校《語林》二卷，《菽園雜記》十五卷。

二十三日晴，校《四明它山水利備覽》二卷，《玉堂嘉話》二卷。

二十四日晴，校《玉堂嘉話》八卷，《金漳蘭譜》二卷，《少儀外傳》二卷，《平江紀事》一卷，《平宋録》三卷。

二十五日晴，周獻、孫遠遷宿寓内，司收發書籍，自二十二日始，雇抄胥人，日增至二十餘人。是日，校《江南別録》一卷，《江表志》三卷，《書敘指南》二卷。

二十六日晴，午雪枝、即山先解維回裏，予校《書敘指南》十八卷。

二十七日晴，校《咸淳遺事》二卷，《名疑》四卷。

二十八日晴,晨與憲延、蘭垞進城至武陵門觀書曹儷笙相國喪。時杭太守何西元熙爲國之壻,設靈于仙林寺,蓋其扶櫬回徽,因遇此也。復至老人堂及天后宫觀劇,日晚回,補寫《續後漢書》。

二十九日晴,校《尚書注考》二卷,《樵香小記》一卷,《大唐傳載》二卷。

三十日晴,午刻偕竹所、尚之及顏公,喚舟至文瀾閣,攜書四册,顏公下船先回。予與尚之順步之照膽台,觀漢玉印,白質黑章,中有一穴,似便于佩帶而設,一面漢壽亭侯印,一面刻關羽之印。上面有高宋御筆題,細玩良久,其紋細作紅色,殊爲可愛,惟篆法尚未得秦漢遺意,疑是贋物。因與尚之回步之石塔頭,石上有"茆用愛人,視民如傷"八字,大徑三尺,無欸,相傳爲賈似道書,下有宋僧德齊書放生池碑,記見《金石林時地考》。是夜,校《坦齋通編》一卷,《賈氏談錄》一卷,《近事會元》二卷。

十一月初一日晨,擬游天竺,因雨不果。詔堂有吳門之行,予校《三家詩拾遺》八卷,《愛日齋叢抄》二卷。

初二日晴,校《愛日齋叢抄》四卷,《島夷志略》一卷,《書訣》一卷。

初三日晴，校《七國考》六卷，《研山齋雜記》二卷。日旰，西風甚猛，偕蘭垞游石甑山，訪來鳳亭故址，在保叔塔左。左有石，如落星然，曰走珠峰。迤北過倚雲石而下，沿崖石上，俱鑿諸佛像，不可悉數，依崖行從大佛山而歸。

初四日晴，午偕玉尹、蘭垞進城，謁昭忠祠，祠祀唐褚公遂良者。是日演劇，因西上吳山，飲觀湖亭茶。下山出清波門，過功德坊，入靈芝寺。寺建于太平興國元年，後爲吳越王故苑，現方有事于土木，蓋仍改爲寺矣。寺在柳浪聞鶯亭之左，是處爲聚景園舊阯。高宗南巡時，一帶楊柳甚茂，今已無一有存者。東謁表忠觀，拜始祖武肅王像，左右爲文穆王，及其子忠獻王、忠遜王、忠懿王像。東廡有蘇文忠公殘碑四片，石端題名甚多，其貯西廡者八石，乃明太守陳柯重刊，失故步矣！王有鐵券金塗塔，藏在祠內，俟擇良日，當敬觀也。由祠而北，過古聽水亭，奉關壯繆像，稍西爲柳州二賢祠，祀瑞木仲氏二賢木主，又北入蓮覺寺，遂回。是夜校《研山齋襍記》四卷，《左氏諫草》一卷。

表忠觀觀蘇碑

張玉尹

節度開門未是羞，東南保障十三州。
功名漫惜羅昭諫，詩句爭傳釋貫休。
五代昏亡如一轍，四王遺澤在千秋。
靈芝故苑今祠廟，尚可龍山片石留。

功德文章四足傳，穹碑泐後卻重鐫。
東都賢守推臣拆，兩漢雄辭駕史遷。
玉馬朝周征故事，錦衣開國溯當年。
勞他捌相頻傾倒，如此才華亦可憐。

初五日，晨起晴，爽殊甚，因偕憲延、玉尹、蘭坨徒步自寶稷山過棲霞嶺而西南，經九里松又五六里，至靈鷲峰，重訪呼猿洞。出射旭洞而南，有寺曰法淨，曰忍，曰法喜，即所謂三天竺也。三寺相去里許，晨鐘暮鼓，各各相應。惟上天竺據山之中，衆峰環拱，寮房以百計。殿右有如意池，泉曰蒙泉。同人由後山出寺，寺之左通小湖山路，古樹參錯，多合抱者。既下山，午餐畢。由迴龍亭登幽淙嶺，再上爲捫壁嶺，即俗謂郎當嶺。嶺爲天竺山旁支，薩然高數百丈，崎嶇彳亍，杭之險無有過于此者。同人鼓勇直上，不數武輒坐憩，一吸一行，四無人跡，下臨絕澗，俯視膽慄，攀陟五里餘，始至其巔，有望仙亭，因入憩焉。老僧授以游山之法，坐少遙，由亭折而東里許，曰碧松亭，亭面錢塘江，萬山雜遝，若斷若續，不可勝計，惜所過多童，不堪佇足耳。又東三里許，竹樹森然，別開妙境。所過竹上俱刊關嶺二字，疑即是天門山。自此下山五六里，一路泉聲，隨人曲折。東望五雲山，蔚然森秀，繚以長林，同游去比之山陰道上。

跋

右錢鱸香先生遺著，計《西泠校書記》《餘記》《文瀾閣校書目録》《文瀾閣抄書目録》《續抄書目》《武林續游記》《蓮龕尋夢記》等數種。白蕉以家居侍疾之暇,費時月餘,抄校一過。原本蠹蝕破爛,字有剥脱,或僅存其半及一二筆者,則從先生《古松樓剩稿》及張嘯山先生《舒藝室集》中校正不至。無從校對之字,則仍闕疑焉。詩詞頗有二先生集中所未刊,或刊而辭句有不盡同者。詩詞圈點一仍舊貫。《武林續游記》後,寫本中只有嘯山先生詩,而鱸香先生詩僅存其目,佚者既無考,其存者雖見于《古松樓剩稿》中,亦不及補録也。二十年四月白蕉校勘後記

華亭王友光,號海客,道光、同治時人,有詩名,丹徒丁紹周稱其詩:出入昌黎、山谷間,而意旨所記(疑爲託,即托),庶幾子美。當時郡中耆舊,如黄研北、姚子壽、姚子樞及張詩舲諸先生皆推折。著有《味義根齋詩詞録》,及《文剩》等(或爲著有《味義根齋詩詞録及文剩》等)。光緒十二年其子曾瑋刊印行世。白蕉

據上海圖書館藏白蕉抄本。此僅爲《西泠校書記》,按白蕉"校勘後記",他還抄録了錢熙泰"《餘記》《文瀾閣校書目録》《文瀾閣抄書目録》《續抄書目》《武林續游記》《蓮龕尋夢記》等數種",此次均未見于本抄本

顧觀光：與張文虎書

一

許氏《太陽行度解》，謂日行赤道，原無盈縮，而人目視之有盈縮者。由于黃赤斜交，及地面測望，反復辨論，説亦娓娓可聽。僕以算理考之，黃赤斜交者，西法所謂升度差也。二至之後，赤道一度，當黃道不足一度。二分之後，赤道一度，當黃道一度有奇。若以赤道求黃道，二至後當有減差，二分後常有加差。以黃求赤道者反是。今推太陽盈縮，則最卑（把太陽的近地點叫作"最卑"，而把遠地點叫作"最高"）後六宮加差。最高後六宮爲減差，已如方枘圓鑿之不相入矣。況黃赤角，終古不易，而最高卑，歲有行分，又安得以升度差爲盈縮之原乎？地面測望者，西法所謂地半徑差也。地谷定地平上最大差爲三分，京師春秋分，太陽高五十度，當加地半徑差一分五十六秒，以弧三角推之，緯度差一分五十六秒，經度僅差四分五十秒耳。若依噶西尼新法，日天距地甚遠，地平上最大差爲十秒，則春秋分經度之差，不足二十秒矣。況起算之根，皆以所測之視高度，加地半徑差，爲實高度。故所定節氣，皆從地心起算，不從地面起算，又安得以地半徑差爲盈縮之原乎？黃道出入于赤道之内外大距二十三度有奇。太陽循黃道行，其距地平之高弧，隨時隨地不同。而其距地心之遠近則一，故黄道交于赤道。但可以南北言，不可以高卑言也。地心不當太陽天之正中，而微在其一偏。西法謂之兩心差。太陽在最高半周，則距地球遠而行遲。在最卑半周，則距地近而行疾。此遠此近，謂距地心，非謂距地平。所以然者，高卑線與黄道平行，而與地心相參直。故南至赤道之表，北至戴極之下，立表測候其盈縮，無不同者。許氏于此，析猶未精，故謂赤道北與天頂近爲高，赤道與天頂遠爲卑。又謂高卑者，平圓之象，非渾圓之象。渾圓之黄道，必側視之乃有高卑。是距地心之遠近，與距地平之遠近，混爲一矣。天雖渾圓，然高卑盈縮，其加減止在黄道一線，則其象必爲半圓，而非渾圓。西法求盈縮差，用平三角而不用弧三角，正爲此也。許氏誤以距地平之遠近爲高卑，故謂地面相差一象限，則高卑必易位，又謂之必正常赤道之下。立而仰測，然後赤道與日與人目，聯爲一線，審如是，則日行盈縮，亦當隨地而殊。然中西兩家並無此說，則其不足信也明矣。至于左旋右旋之論，尤不可通。左旋之度在赤道，一日一周者也。右旋之度在黄道，一歲一周者也。中西兩家，並言天左旋，日、月、五星右旋。自張横渠有俱左旋之說，而朱子、蔡氏因之。遂以太陽右旋一度，爲不及天一度。此據理之空談，非曆家之實測。而許氏謂日之自行于本天者，一日恰滿一周，並無次缺。其不及一度從天而見，則承朱蔡之誤而又誤矣。彼見太陽東升西没，終古不易，故以爲一日一周，不知其爲大氣所攝，而非太陽之自行。

太陽自行黃道，較赤道之左旋者，不特東西相遠而且南北異向，故有緯南、緯北、日永、日短之殊。戴氏王氏，論之已詳。許氏不得其意，妄加駁詰，不幾如鼷鼠之食牛角，愈入愈深而愈不能出乎？後附太歲太陰說，較錢詹事爲詳。然謂《漢志》歲名困敦，乃謂太初元年歲前，非本年也，則亦大誤。太初元年，始以建寅爲歲首，建寅之距建亥僅三月耳，斷無以此三月別爲一年之理。況超辰之法，必俟餘分盈百四十四而後超一辰，則以太歲紀歲，亦必以天正冬至，歲星所在爲准，斷無一歲而名丙子又名丁醜之理。《觀歲術》推歲所在，用上元以來外所求年，而不用盡所求年，其理固章章也。太初元年，次餘百三十五，已近超辰之限。故下至王莽始建國五年，距算百十六，而已超一辰。許氏疑末滿百四十四年，非超辰之本法，是按圖索驥，而未能洞曉乎立法之所以然矣。僕于中西算術，無所偏主，但參伍反復，以求得失心之所安。三複此書，似有不能釋然于心者。敢遠質之足下，惟足下教之。

二

嘯山先生足下。古韻自秦漢後，埋蘊二千餘年，近得顧炎武、江慎修諸公，相繼闡發，始有蹊徑可尋。然衆說異同，互有得失。足下謂江氏囿于今音，段氏過于求古。誠切中二家之病，而僕更有說焉。聲音之理，出自天然。一聲而分爲四，不過疾徐高下之間耳。用韻之法，分則四聲俱分，合則四聲俱合，斷無此分彼合，多寡不均者也。江氏古韻標準，分魚、蕭爲二，合藥、鐸爲一，是二平而共一入矣。合支、脂、之、微爲一，分質、月、錫、職爲四。是一平而有四入矣。段氏《六書》音均表，分尤、侯爲二，合屋、燭爲一。分文、元爲二，合術、月爲一。參差不齊，亦明于四聲一貫之理。戴氏《聲類》表，孔氏《詩聲類》，皆以一陰一陽，兩兩相配，較諸家爲有條理，而其分部，又各不同。僕以詩三百篇，參伍求之，分古音爲二十二部。第一歌，第二魚，入聲鐸，第三東，第四侯，入聲屋，第五冬，第六幽，入聲夙，第七陽，第八肴，入聲藥，第九青，第十支，入聲錫，第十一蒸，第十二之，入聲職，第十三真，第十四至，入聲質(此韻無平上二聲字)，第十五文，第十六脂，入聲術，第十七元，第十八祭，入聲月(此韻無平上二聲)，第十九侵，第二十，入聲緝(此韻無平上三聲字)，第二十一談，第二十二，入聲葉(此韻無平上去三聲學)，于舊有入者不改，舊無入者悉以入隸之，以入聲爲相配之樞紐，用戴東原説也。緝葉雖爲侵談之入、而不與侵談通，故二韻無平上夫三聲韻，用孔撝約説也。尤、侯之分，屋、夙之分，藥、鐸之分，用顧炎武説也。真、元之分，尤、蕭之分，侯、魚之分，侵、談之分，用江慎修説也。支、脂之分，真、文之分，質、術之分，用段若膺説也。脂、祭之分，用戴東原説也。東、冬之分，用孔撝約説也。薈萃群言，未嘗別創一説，而與諸家所定之部分無一同者。嘗取《六書音均表》，重爲詮次，而俗事紛紜，又改竄無定，今承足下之問而縱言之，不識其有當于音理否也。詩三百篇，審音之細，用韻之嚴，實出唐宋詩人上。足下謂各國風謠，未免以方音葉句，僕竊以爲不然。五方之音不同，古猶今也。如以方音入韻，勢必眞針莫辨，寶石不分，何以十五國之遠，三百餘篇之多，而所用之韻，較若畫一。其不同考母、戎、興、難之屬，裁十餘字耳。此十餘字，古人必不止一音，如今韻中一字而兩收三收者，不可枚舉。使非韻書具在，而據詩賦之偶見者求之。亦將謂馮字入一東，不入十蒸，差字入四支，不入六麻，又或因馮之一字，而謂一東與十蒸通，因差之一字，因謂四支與六麻通可乎？不可也。若屈宋賦之用韻，與三百篇不同，漢魏人之用韻，與屈宋又不同。此則音隨時變，未可以一格繩之。段大令、錢少詹求其故不得，從而爲之辭，曰合韻，曰轉音。夫韻各有音，合則非此音矣。音各有韻，轉則非此韻矣。毛西河《古今通韻》，二公皆知其非，而其所自爲說者，曰合曰轉，實即通之別名，陰奉陽違，此僕之所甚惑也。足下又云，《常武》首章，江氏、段氏皆以祖、父、戎、國爲韻，竊疑國當作邦，漢人諱邦爲國，至今未更正耳。僕考江段二家，皆以祖、父、戎爲一韻，戎、國爲一韻，國與戎韻，不與戎韻也。戎有汝義，因有汝音。夫亦何嫌何疑？而欲改國爲邦以就戎耶。江氏之有功于韻學者，在分眞、元爲二，侵、談爲二，而尤、侯、幽別爲一部，不與魚、蕭二韻相通。其斷不可從者，則藥、鐸二韻，顧氏分隸魚蕭，而江氏反合之。其他分合移易之處，疏略抵牾，往往而有。然考證之學，大抵後勝于前，亦不必曲爲指摘。僕足疾未瘳，故書中所引詩辭賦，不能取本書遂一對校。有可知者，具于別紙，詳之。聞尊疾十愈八九，欣羨奚似，輒陳管見，以備採擇，中多疵謬，想足下自必直言無隱也。癸巳大暑後二日。

録自顧觀光《武陵山人雜著》，
上海，商務印書館，1937 年

張文虎：湖樓校書記

西湖孤山之麓有法駕行宮，其左爲文瀾閣，儲《欽定四庫全書》。乾隆四十九年奉上諭："如有願讀中秘書者，許其陸續領出，廣爲傳寫。益高宗純皇帝嘉惠士林之意至深厚也。"道光乙未，錢雪枝通守，以校刊叢書，約同人游西泠，同行者顧尚之、李蘭陀及予與雪枝、鱸香昆季凡五人。十月初四午刻，由秦山解維，戌刻至平湖，泊舟東湖。霜露既零寒颷刺骨，星光萬點，蕩漾波中，遥望鸚鵡洲等處，模糊不可辨視，惟聞櫓聲人語而已。

初五日寅刻，放舟過新豐。已初過九里亭，午刻抵嘉興。髡柳摇秋，平波映日，過鴛湖不俄頃耳。申刻過陡門，亥刻泊石門灣。

初六日，寅刻放舟，卯刻過石門。未刻，至塘棲鎮，屬仁和縣。其水舊通錢塘江，蓋南江之下流也。酉刻抵北新關，宿舟關外。

初七日，辰刻入關，泊錢塘門外。尚之以足疾不能行。予偕雪枝等訪即山寓所于湖堤之高柳莊，時即山與休甯周翁同寓。午刻，同人呼舟至湧金門入城。由吳山出清波門，游凈慈寺。時值皇太后"千秋節"，陳設甚盛，游人蟻聚，殊覺喧囂，仍刺船回。複偕即山、鱸香、蘭坨、周翁游昭慶寺，再入錢塘門，歷滿洲駐防營，南出湧金門，歸夜飯，回船宿。

初八日，辰刻至即山寓，飯後與同人入城，覓寓不定。申刻，偕即山、鱸香、周翁，沿白堤而西，過斷橋，歷錦帶橋。晴波萬頃，秋煙渺然，綠樹、青山左右圍繞，不啻身在書畫。由聖因寺過西泠橋，至棲霞嶺下，拜岳忠武墓，東即廟扇巍顯翼，規模巨集肅。日暮回，仍宿舟中。

初九日，辰刻偕蘭坨由羊角埂至即山寓，雪枝定寓于即山寓之北不數武，門前即西子湖堤邊。楊柳數樹頗高大，想見綠陰無際，時與煙波競媚，其上爲樓，與斷橋斜對。北望寶石、葛嶺諸山，西望五雲、南屏，南望鳳凰山。山圍樹複，隱隱相接。啟窗憑眺，湖山真在尊俎間。寓中自同舟五人外，添即山及周翁共七人。午刻，偕鱸香游大佛寺，鑿石爲佛，僅半身，高二丈許，故寺以大佛名，山亦隨之。佛身右有泉，曰："沁雪。"由寺而西，訪瑪瑙寺，廢井頹垣，僅存故址。遂沿葛嶺複西，登棲霞嶺，歷香山洞，有香山泉，從石寶滴瀝而下，進訪紫雲洞，洞在嶺巔，嵌空玲瓏，蓋天工而佐以人巧者。啜茗，坐片刻，循山徑而右，訪棲霞洞，洞殊淺狹不足觀，遜紫雲多矣。下山沿湖堤，訪蘇小小墓，墓在西泠橋側。過橋沿白堤，訪六一泉，殘甃荒涼，葉滿水面，爲之歎息。入詁經精舍，敬禮許鄭二先儒木主、井石刻高密像而退。取道登孤山，訪放鶴亭，背山面湖，人跡罕至，四圍梅樹數百株，皆後人補植，縱橫繚繞，惜不過著花時也。酉刻歸，新寓宿。

初十日，午刻，入錢塘門。申刻，出城。

十一日，午刻，入城。申刻，歸。

十二日，午刻，偕鱸香入錢塘門，由清河坊登吳山，憩觀潮亭，天際欲雨，風葉滿山，望錢塘江煙濤漫天，殊可駭愕。下山出鳳山門，南至萬松嶺下，夕陽欲落，山風颼颼，不及登。沿南屏山麓，至淨慈寺，覓渡不得。由清波門至湧金門，天漸昏黑，叢林古墓，絕無行人，惟聞山鳥驚噪，足力告疲，倍值呼渡而歸。

十三日，午刻，偕鱸香沿葛嶺下，游鳳林寺，供設香花，纖塵不染，真清修道場也。還過西泠橋，由孤山背複游放鶴亭，謁林處士祠，祠上為巢居閣，處士居息處也。祠南，即處士墓。梅花繞塔，想見當日風流。過小石橋，仍沿山徑而東，謁白公祠。出，訪古水仙王廟，今名蓮池庵。平池古樹，結構頗雅。日晚遂歸。是夕夢至孤山，恍惚得一絕，云：

　　放鶴亭西小閣東，平橋流水夕陽紅。
　　梅花萬樹失歸路，獨立亂山寒翠中。

十四日,偕同人至文瀾閣,假山雜樹,進徑幽奇。閣凡三層,各五間,最下爲史部,最上層則子部、集部。其書函以香楠首刻簽題,經飾以綠,史以朱,子以藍,集以淺絳,每册之護葉如之。閣之後爲宫園,樓臺亭榭,碧瓦朱甍,與山林相倚。登四照亭,湖光山色,都在眉睫。下舟,複拜岳忠武墳。又南游金沙港、放生池諸勝。薄暮歸,同人分校諸書。予校宋鄧名世《古今姓氏書辨證》六卷。

十五日,校《古今姓氏書辨證》十二卷,孫詒堂來襄理校書。

十六日,偕同人呼舟至靈隱山。由茅家埠登陸,凡二里許。松杉夾徑,左右修篁,山路屈曲,彌望皆危峰峻嶺,黛色參天,松鼯上下,聞拍手聲,倏忽驚竄。有怪峰倒懸,面面都刻佛像,即飛來峰也。百竅玲瓏,鬼斧神工,是爲龍泓洞。出洞而北,過石橋山,光飛舞秀。挹宇有二亭,東曰"來瀑",西即冷泉亭,正對飛來峰。中隔一澗,泉聲淙淙,從峰腰涓滴入澗,潺湲不絶,佇聽片時,心骨都冷。入雲林寺,寺僧導游補梅軒、守山樓及靈隱書藏,藏額爲今相國儀征阮宫保所書,宫保撫浙時嘗舍書于此。後人踵之,書積漸多,然大抵近人著撰耳。寺之後,即北高峰,其西爲天竺山,而去韜光尤近,措日暮,不及往,出山登舟,微雨初霽,晚煙滿湖,回寓已上燈矣。燈下校《古今姓氏書辨證》三卷。

十七日,校《古今姓氏書辨證》十一卷。

十八日,偕同人由石塔頭訪德生庵,庵即宋放生池遺址。西登葛嶺,訪葛仙庵,庵在嶺頂,寮房曲折,頗極幽勝。庵外有煉丹井,問初陽臺,僅故址耳。坐抱朴山房,啜茗小憩而歸。

十九日,偕同人至文瀾閣。出拜朱文公祠。歸,燈下校胡渭《易圖明辨》五卷。

二十日,校《易圖明辨》五卷,明何良臣《陣紀》四卷,明陳士元《易象鉤解》四卷,唐段安節《樂府雜錄》一卷。

二十一日,校吳陸璣《草木蟲魚疏》二卷,宋鄭克《折獄龜鑑》十卷,唐李涪《資暇集》三卷,宋黃朝英《靖康緗素雜記》十卷,宋趙善《易説》二卷,周《尉繚子》五卷。

二十二日,校《易説》二卷,明戚繼光《練兵實紀》十五卷,元李翀《日聞錄》一卷。

二十三日,校宋孔平仲《珩璜新論》四卷,元黃溍《日損齋筆記》一卷,宋朱彧《萍洲可談》二卷,元熊朋來《瑟譜》一卷。

二十四日，校《瑟譜》五卷，複校《練兵實紀》九卷。

二十五日，校元魯明善《農桑撮要》二卷，宋蕭常《續後漢書》十二卷。

二十六日，校《續後漢書》十七卷。是日，雪枝偕即山解維先歸。

二十七日，校《續後漢書》五卷。是日得小疾，累日不快。

二十八日，校《續後漢書》七卷。

二十九日，校《續後漢書》五卷，又《音義》四卷。

三十日，校江永《儀禮釋宮增注》一卷，《儀禮釋例》一卷，《數學補論》《歲實消長辨》《恒氣注曆辨》各一卷。

十一月初一日，校江永《中西合法擬草》一卷，《算剩》一卷，《正弧三角疏論》一卷，紀容舒《唐韻考》二卷，詁堂有吳門之行。

初二日，校《唐韻考》三卷，宋朱子《參同契考異》一卷，即託名空同道士鄒欣者。

初三日，校唐瞿曇悉達《開元占經》六卷。

初四日，偕鱸香、蘭坨入城。由湧金門歷吴山，沿城至靈芝寺。寺爲錢武肅王所創，其右爲柳浪聞鶯，其左即表忠觀，殿宇宏肅。東廡有蘇文忠碑，碑共四石，已泐數字。其貯西廡者八石，乃明人重刻，失故步矣。由祠而北，過古聽水亭，稍東拜柳洲二賢祠，二賢者，端木氏及仲氏也。由祠北，經蓮覺寺歸。校《開元占經》十卷。

初五日，偕鱸香、蘭坨、周翁，晨起，由北山路西南，經九里松，凡十五里，重游飛來峰。複西南至天竺山，約三里。最下者曰法净寺；次曰法忍寺；最上者曰法喜寺，所謂三天竺者也。法喜據山之半，衆峰環抱，寮房以百計，武林香火此爲極盛。大殿右爲如意池，曰夢泉。寺後，奇峰古樹，互相虧蔽。下山已向午矣。遂由回龍亭登郎當嶺，嶺高數百丈，徑絕險狹，人跡所不至。同人鼓勇直上數步，輒坐憩。萬山雜遝，四無炊煙，下臨絶澗，俯視膽栗。攀陟五里餘，始至其頂，有望仙亭，老僧揖客啜茶。相顧皆汗流，足胝，坐半晌由亭折而東里餘，曰碧松亭。又東三里許，竹樹森然，曰天門。自此下山五六里。一路泉聲，隨人曲折。東望五雲，蔚然森秀，繚以長林。山半有樵夫，荷擔而下。細路侵雲，頗形彳亍。經梅家塢而東南，曰三聚亭。蓋北至天竺，南至梵村，東至雲樓，故名三聚云。于是日，在虞洲。四山煙合，徑東趨雲樓，夾道修篁，閒以雜樹，鶯簧幽脆，恍惚暮春。半里許，由洗心亭投寺，寺在回曜峰下。香花法雨，山色泉聲，恐俗僧未必能領略耳。寺左有蓮池塔院，蓋開山祖。同人瞻禮片刻，是夕，即宿寺中。

六日，晨起。偕同人登五雲山，山高數百丈多，竹樹橡栗滿地，且行且拾，幾忘路之遠近。期暾初上，煙霧迷茫，約五里至真際寺，寺在山頂，爲伏虎禪師所創。由寺稍下，折而東南半里爲伏虎亭。望長江在足下矣。五六里許，至錢塘江，微風不動，江波如鏡。江中諸山秀挹襟袖，沿江口而東北去六和塔不及三里耳。又東北曆九溪十八澗，清泉夾路，渡以亂石、松杉繞徑。翠陰叢密，仰望懸崖，藤羅交絡。左顧五雲，右挹大玆。沿山皆茶，高僅二尺許。白花碧葉，高下掩映，彌望無際。凡四五里至理安寺，箬庵大師所創也。有法雨泉從右罅涓滴而下，清可鑒髮，由丈室而上，最上層爲松巔閣。群山朝拱，一一可數。坐片刻，出寺東北二三里，循楊梅嶺至清修寺，訪煙霞洞。洞窈而深，石作花蕊，狀複有下垂，若鐘乳者其上，即煙霞嶺也。洞之外有象鼻岩，以形似得名。由寺而下，其東爲南高峰寺，寺之下稍西爲水樂洞。流泉淙淙，冷然可聽，顧昏黑不能深入。由洞而東三四里，曰石屋嶺，嶺下曰石屋洞。洞之右有小洞，明孫雪居，分書刻"虛縠"二字。其上複有一洞，頗寬，廓可容數百石洞，洞題曰石別院。出洞東三四里又西，謁于忠肅公祠及墓，其旁即法相寺。日暮不及往，徑趨蘇堤，循六橋，取道孤山路而歸。

初七日，偕鱸香等入城，即歸。校宋《何博士備論》一卷，《開元占經》五卷。

初八日，校《開元占經》五卷。申刻，偕鱸香由寶石山後陟山巔游寶叔寺，寺久廢，僅存一隅耳。然隨山結構、殿閣高低，長林翁翳，叢竹扶疏，時有一片湖光，蕩漾于幾席之上。坐久聞急雨颼颼，則風葉聲也。寺後爲寶叔塔，塔西舊有來鳳亭，今毀。有落星石爲錢武肅王所封，見五代《吳越世家》，贊山名寶石，以此其西有四巨石，互相倚合。刻曰"合璧"。石旁有峭壁，下臨深澗。竹樹森翠，時起炊煙，仙境也。路絶不可通，遂止，下山歸寓。是夕，校宋程公説《春秋分紀》三卷。

初九日，校《春秋分紀》十四卷。

初十日，秦山舟至，鱸香以事先歸。申刻，偕蘭坨、周翁送鱸香至松木場登舟。歸游棋盤山，山有峭壁。峭壁下有方池，緑蘋鋪水，境頗幽勝，惜少樹木耳。回寓與蘭坨、周竹所散步湖上，入壚頭小飲。歸，二君沈醉，予亦半醺矣。

十一日，校《春秋分紀》二十九卷。

十二日，校《春秋分紀》十六卷，宋陳舜俞《廬山記》三卷，釋慧遠《廬山略記》一卷，明鄧玉函《奇器圖説》三卷，王徵《諸器圖説》一卷。

十三日，校《春秋分記》三卷，黄中松《詩疑辨證》一卷，無名氏《越史略》三卷。

十四日，校《春秋分記》六卷，元馮福京《大德昌國州志》七卷，紀容舒《玉台新詠考異》七卷。

十五日，校《玉台新詠考異》三卷，唐道士李沖昭《南嶽小録》一卷，宋余允文《尊孟辨》《續辨》《別録》六卷，宋陳叔方《潁川語小》二卷，吴玉搢《別雅》二卷，詒堂自吴門歸至寓。

十六日，微雪即止。校《別雅》三卷，《春秋分紀》三卷。

十七日，大雪。一白無邊，衆山若失。全湖形勝，都在空濛窅靄中。有二人策騎，登斷橋，馬蹄跛滯，良久始過湖水，盧奴回異向日，孤篷載雪，屹若不動。過午稍止，紅樓翠閣，高下粲然。葛嶺諸山隱見樵路，千林霧松朗似列眉。唯孤山以外，渺不可辨。回望寶石，則窣堵波如玉樹臨風矣。校任啟運《宫室考》二卷，梅文鼎《中西經星同異考》一卷，明姚虞《嶺海輿圖》一卷，宋無名氏《京口耆舊傳》五卷。

十八日，殘雪半消，映日增耀，遠峰迭出，恍如玉山。校

《京口耆舊傳》四卷,《春秋分紀》七卷,王坦《琴旨》一卷。朔風頗厲,寒氣森峭。同伴皆生歸思。

十九日,校王坦《琴旨》一卷,《春秋分紀》一卷,王懋竑《朱子年譜》二卷。湖上本寒,樓居尤甚。呵凍舐墨,十指如椎。是日,所抄書皆集。

二十日,天陰微雪,寒煙彌望。于是,湖水皆凍矣。行船打冰,硿窿不絕。校《春秋分紀》八卷,徐庭垣《春秋管窺》十二卷,校書事竣。

二十一日,校宋孔平仲《續世說》,此書凡十二卷,未經《四庫》收錄,見于阮儀征《研經室外集》,世無刊本,傳寫多偽,無從是正。

閣本曾慥《類說》第三十一卷,甄錄《續世說》凡四十五條。以校今本,多所訂補。其"江南李景造高樓"一節應入箴規類,今本脫去,藉以補入。曾在南宋時,《類說》所引今多散佚,惜不能一一取校,亦一憾云。

二十二日,繳清閣本。未刻,秦山船至。申刻,偕周翁入城。戌刻,偕詒堂回寓。

二十三日,辰刻,偕竹所、詒堂、蘭垞等入城。巳刻,偕蘭垞出湧金門回寓。申刻,偕竹所、尚之、蘭垞,湖上小飲。

酉刻,獨循湖堤散步。由昭慶寺後,登寶石山,夕照半殷,林煙杳靄。下山遇蘭坨,偕回。戌刻,偕同人至松木場登舟。

二十四日,辰刻解維。巳刻,過關。酉刻,至塘棲宿舟。

二十五日,宿石門灣。孤篷聽雨,殊不勝懷。

二十六日,午刻至嘉興。天雨泥濘,不能登岸。戌刻過平湖。是夜,泊廣成塘。

二十七日,申刻,抵秦山。此行客西湖者幾二月,湖山勝樂,略見一斑。惟韜光、龍井、虎跑諸處未及一游。倉卒回舟,不無怏怏,後期可踐,定不食盟,山靈有知,當亦首肯。

據《湖樓校書記》,浦東新區地方誌辦公室《浦東歷代要籍選・周浦歷史文獻叢刊》影印光緒十五年(1889)刻本

張文虎：湖樓校書餘記

　　湖樓在白堤之東、大閘口南數步。舊爲文昌宮，供奉文星，後賣爲民房。上下八間，面湖背街，前樓中間爲校書處，點筆之餘，頗適憑眺。湖樓最近者，爲寶石、寶稷、葛嶺諸山，次則孤山，又次則南屏山，其餘以次漸遠，望之無極，起東北至西南勾環相接，竟無罅隙而淳然一碧萬頃。圍其中者，西湖也。每當曉霧半收，朝旭初上，晴翠絢煥，澄波映之，若美人臨鏡，膏沐未施，尚餘睡態，其嫵媚殆不可名。樓故面西，夕照尤妙。萬山欲暝，游船漸歸，金輪如盤，半切峰頂，朱霞映水，滿湖皆作濃赭色。而雷峰塔亭亭獨立，宛塗丹臒。少則晚煙隱隱，天漸昏黑，星燈火屍閃湖中，蒼茫之景，爲之一變。湖煙四合，密雨跳珠。西望孤山，煙樹模糊，僅堪約略，餘山漸遠，漸不可辨。至南北二高峰，如天末微雲，慘澹欲滅，襄陽潑墨，恐難妙肖。近攬寶石鱗峋如故，惟寶叔塔半入煙霧中，若隱若現，若滅若藏，隨晦明爲變態。雨湖之景，感慨可知。月湖必泛舟，方可領略。顧畏風露，未及一游。當銀蟾照水，寒煙滿湖，群山渺茫，欸乃間起一星燈火，蕩漾際，輒神往于瓜皮艇子間。湖多野鶩，群浮水面，動以百計。人船近，輒拍拍驚起。若乃殘宵夢覺，疎雨敲窗，咿軋數聲，離懷縹緲瀟湘間，雁仿佛似之。湖上諸山，率多松竹雜樹,若得丹楓鳥白,點綴于斷橋殘雪,當令荊關撫掌。湖水清可見底,才二尺許,湖船率高篷平底,頗不便利,以水淺故耳。外湖自湧金至錢塘,半多淤塞,後湖亦有涸成平陸者。內湖葑草連天,僅通舟楫耳。然六橋以東,一泓清淺,盛夏不竭。沿湖居民,賴以食息。忽有錢某者,倡議浚湖,開閘放水,漁船數千漂泊湖中,命曰打撈泥草,幾匝月矣。湖流日淺,湖水日濁,曾無裨益而飲食玆湖者,已受其累。紈袴兒強作解事,真可齒冷,顧問之居人則雲,向來浚湖成例如此。坡老有知,當爲水仙扼腕。

杭人佞佛,無論老少,往往持數珠奉齋,朝夕喃喃誦佛號。至有華冠盛服、燕釵蟬鬢膜拜于髡奴之前者,有平日錙銖必較而獨願作水陸,廣施捨以供諸髡奴浪費者,而諸髡奴巧飾故事炫人耳目,如法喜之。蒙泉鑿石爲龍頭,謂投錢入其口可卜吉凶。凈慈之運木井置樁井中,謂爲顛僧遺跡,此類不一而足。又如天竺禮佛,謂心不專則不能上山,鄉愚受其蠱惑,士大夫亦從而附會之。嗚呼!所謂眼前地獄,此其是矣。道濟不知果有其人否?凈慈寺有其肉身,高不滿二尺,漆而供之,欲視者,輸錢數文。嗚呼!其假邪,固不足辨其真邪。骨肉不歸于土,而遺骸遭漆身之苦,以爲奸僧俾販夷狄之教也,成佛作祖之道也。俗禮祭掃率在清明,杭人則以三月、十月,兩舉冥鏹、食檟累累于道,頗見其敦本之意。又杭俗僕實,男女服飾大都雅素,一切器物亦不甚精巧,此二端大勝蘇松。名勝之處,輒作奉佛道場。最可恨者,鷲峰靈秀早于諸山,乃面面劚刻佛像,幾無完石。煙霞洞深邃奧峭而自洞口至底，悉刻千官塔十八阿羅漢及呂洞賓像，其他石罅無一處無佛像者，一片佳山水遭此塗毒，可勝歎息。

西湖爲游人聚集之所，或掃墓、或禮佛、或清游，自春徂秋，殆無虛日，至冬則寥落無人矣。校書之役適以斯時。至樓下抄胥，日三十餘人。予等居樓中，坐對湖山，日事鉛槧，夜則燈火熒然，披誦之聲半夜未輟，信爲此湖別開生面。質之山靈，當亦歎得未曾有。

《四庫全書》，乾隆間諸儒臣編纂、校訂、精審，與外間行本迥異然。文瀾閣本，字經再寫間僞脫，又有數事與提要不合者。如程大昌《禹貢論》通志堂本，缺《山川地理圖》三十一，提要云，今據《永樂大典》補其二十八，而今僅《有論》五卷、《後論》一卷，仍無圖。梅文鼎《大統曆志》提要本十七卷，而今僅四卷。利瑪竇《乾坤體義》提要本二卷云，下卷乃論"邊、線、面、積、半圓、橢圓互相容較之法"，而今有上、中、下三卷，上、中二卷與提要所言，上卷同下卷則全錄李之藻《圜容較義》，一字不易。應劭《風俗通義》十卷之外提要云，依《永樂大典・補氏姓》篇一卷附後，而今僅十卷。顏之推《還冤志》據提要系三卷云，始自周宣王、杜伯，而今僅一卷，亦無杜伯事。《文子》二卷提要云，凡十二篇，而今分二十餘篇。紀容舒《玉台新詠考異》提要，有據《永樂大典》校正案語，而今本並無。又如無名氏《昭忠錄》、單鍔《吳中水利書》等皆與提要相違。此予所見者，其他正恐不少，不知何故。

任啟運《宮室考》簡明目錄十三卷、閣本二卷，蓋目錄之訛。又江永《儀禮釋例》一卷本入存目，今附《儀禮釋宮增注》之後,而提要絶不言及,知閣本與簡明提要均不能一一相符。陳應潤《周易爻變義藴》簡明目録四卷,提要亦同,今閣本八卷,"義藴"作"易藴"然,篇目相同,頗不可解。南懷仁《坤輿圖説》二卷與艾儒略《職方外紀》大半相同,惟下卷《物産諸圖》爲外紀所無。據上卷首篇,當有地球總圖,今本無有,不知是《四庫》原本如此否?

是役也,校書者五人,顧尚之、錢即山、鱸香、孫詒堂及予。繪圖一人,李蘭垞。計字一人,周翁。收發二人,錢塘周竹所、休甯孫某。抄胥在寓者三十餘人,在外者十餘人。凡四十餘人,除就校書八十餘種外,凡抄書六十一種。

《周易爻變易藴》八卷,元陳應潤;

《尚書注考》一卷,明陳泰交;

《三家詩拾遺》十卷,范家相;

《詩疑辨證》六卷,黄中松;

《儀禮釋宫譜增注》一卷,江永;

《儀禮釋例》一卷,同上;

《宫室考》二卷,任啟運;

《春秋分紀》九十卷,宋程公説;

《左氏釋》二卷,明馮時可;

《春秋管窺》十二卷,徐庭垣;

《春秋長秝》十卷,陳厚耀;

《尊孟辨》三卷、《續辨》二卷、《别録》一卷,宋余允文;

《律吕新論》二卷,江永;

《琴旨》二卷,王坦;

《別雅》五卷,吴玉搢;

《説文系傳考異》四卷,汪憲;

《唐韻考》五卷,紀容舒;

《革除逸史》二卷,明朱睦㮮;

《左史諫草》一卷,宋吕午;

《朱子年譜》四卷、《考異》四卷、《附録》二卷,王懋竑;

《京口耆舊傳》九卷,不著撰人名氏;

《越史略》三卷,不著撰人名氏;

《大德昌國州圖志》七卷,元馮福京;

《嶺海輿圖》一卷,明姚虞;

《河防通議》二卷,元沙克什;

《浙西水利書》三卷,明姚文灝;

《南嶽小録》一卷,唐道士李沖昭;

《廬山記》三卷,附《廬山紀略》一卷,宋陳舜俞;

《河朔訪古記》二卷,元納新;

《島夷志略》一卷,元汪大淵;

《坤輿圖記説》二卷,西洋南懷仁;

《七國考》十四卷,明董説;

《金石林時地考》二卷,明趙均;

《求古録》一卷,顧炎武;

《來齋金石考》三卷,林侗;

《嵩陽石刻集記》三卷,葉封;

《辨惑編》四卷,謝應芳;

《何博士備論》一卷,宋何去非;

《衛濟寶書》二卷，東軒居士；
《脈訣刊誤》二卷，《附錄》一卷，元戴啟宗；
《天步真原》一卷，薛鳳祚譯；
《天學會通》一卷，薛鳳祚譯；
《中西經星同異考》一卷，梅文鼎；
《算學》八卷，《算學續》一卷，江永；
《算學九章》十八卷，宋秦九韶；
《唐開元占經》一百二十卷，唐瞿曇悉達；
《書訣》一卷，明豐坊；
《繪事微言》三卷，明唐志契；
《近事會元》五卷，宋李上交；
《坦齋通編》一卷，宋邢凱；
《潁川語小》二卷，宋陳昉；
《愛日齋叢抄》五卷，不著撰人名氏；
《樵香小記》二卷，何琇；
《研山齋雜記》二卷，不著撰人名氏；
《大唐傳載》一卷，不著撰人名氏；
《賈氏談錄》一卷，宋張洎；
《陰符經考異》一卷，宋朱子；
《參同契考異》一卷，宋朱子；
《玉台新詠考異》十卷，紀容舒；
《觀林詩話》一卷，宋吳聿；
《修詞鑒衡》二卷，宋王構；

　　右凡四百二十六卷別抄二種。

《鄧析子》一卷,周鄧析;

《新儀象法要》五卷,宋蘇頌;

　　右凡六卷,通上計四百三十二卷,始十月二十日,止十一月十九日。

據《湖樓校書餘記》,浦東新區地方誌辦公室《浦東歷代要籍選·周浦歷史文獻叢刊》影印光緒十五年(1889)刻本

張文虎：西泠續記

己亥，春，鱸香擬續西泠之游，且渡江謁禹陵，訪蘭亭，西登富春山，游七里瀧而還，邀同往。

會予以事不果，秋八月始定行，鱸香挈周翁及一僕阿喜，凡四人。六日午刻，發船。經廊下村，予回井眉居整行裝。時外舅堅香先生客松陵，久不得書，作詩寄詢，遂登舟。申刻，過明珠庵。夕陽漸低，初月乍上。暝煙壓水，平波淼然。兩岸豆棚瓜蔓，間以桑林，較東鄉又一風景。戌刻泊東湖。

寄堅香先生客松陵

白蘋紅蓼滿鴛湖，高會聯吟似舊無。
杖履平安詩骨健，尺書珍重雁程孤。
登樓極目愁王粲，蠟屐狂游羨阮孚。
計日樵風趁歸棹，平波台畔喚提壺。

七日，曉發，午刻過新豐。未刻抵嘉興，四更泊雙橋。

八日，黎明放舟，辰刻至石門灣，登岸小步。市北有關壯繆廟，僧房繚曲。鴨腳一樹，劇蒼古。回舟，未刻過石門。自禾興而西，桑柘稠密，人民樸野，頗近古風。惟漸染杭俗，男婦佞佛，扁舟結伴，絡繹湖中，口誦佛號，持麥稿一束，數而記之，云以渡亡鬼，甚可怪也。午刻抵塘棲。

九日，卯發，微風徐送，朝日半升，湖上諸山參差雜出，若立若坐，若凝思，若含笑，當訝似曾相識也。巳刻進北新關，午刻抵棕木場，由羊角埂至昭慶寺。時值省試，湖邊更無隙地容閒人賃居。寺僧爲定寓于綠野精舍。按《西湖游覽志》稱："宋錢惟演別墅有綠野堂，後併入昭慶寺。"即此地也。久別西湖，殆如饑渴，急循白堤，過段家橋，柳陰如幄，披拂多情，爲前游所未及。望湖亭，故十景之一，歲久湮廢，丁酉重修復拓。其東爲帥公祠，氣象一新。殘荷數朵，掩映于朱闌碧檻中。有數人高坐論詩，一末坐者云："西湖詩無可作。"因誦坡公"水光山色"二句云："只此已盡，後來者盡可擱筆。"一座皆唯唯。予竊以爲知言。出至聖因寺卻返。入壚頭小飲，食物殊劣。山水窟中，未免清苦，豈可與虎阜、平山堂平等視邪？

十日，入錢塘門。至貢院前，值應試者出場，肩輿雜遝，不得前。小憩積書堂肆，得影宋抄《銅壺漏箭圖》及《准齋心制幾漏圖式》，二種合一冊，皆未經《四庫全書》收錄，近惟昭文張氏《愛日精廬藏書志》著其目。儀器之制，至今日已極精巧，然存此亦足備好古者參考。固可與蘇子容《新儀象法要》並傳，不得以其筌蹄而忽之也。緣街而南，至吳山，坐觀潮亭啜茗。南登第一峰，萬家闌闠，如紋在掌。江波不動，環帶其外。北望亀赭,若斷若續。南望隔江諸山,迤邐而平。人煙蔀屋,隱隱可見湖水一泓映照。其西群山起伏,若星羅棋佈。俯視則長林絶壑,一綠無際,武林形勝,皆在指顧間。山項橫石作坎卦形,蓋以厭火德者,俗謂八卦石。西北稍下,即大觀台,僅存基址。西趨七寶山,由三茅觀前,南過雲居寺。岩岫竹木,並極幽秀。經洗心閣北出清波門。沿湖行,有周元公祠。前後蒔菡萏,清氣拂人襟袂。經南屏山麓,入慧日禪師塔院。禪師唐人,僧俗相傳爲阿彌陀佛後身。西入净慈寺,前殿石香爐高三尺許,古質可愛。款有至正年號,或雲即法雲寺辟塵爐,大謬。大殿前雙井猶存。最後爲宗敬堂,即供濟師肉身處。堂後則慧日峰矣。出寺登雷峰,憩黃妃塔下。天風四來,砭人肌骨。下山過藕花書院,荒穢不可入。西百步,訪小有天園。破屋數楹,荆榛叢雜。稍進過小石橋,廢井頹垣,游屐所不至。而松篁蔥翠,岩竇玲瓏,實南山勝地。司馬溫公摩崖碑、米元章琴台,皆在其處。惜蒿萊暗翳,石磴僝絶,途窮而返。山半有幽居洞,解衣捫石,匍匐而入。上覆片石如簷。洞寬二尺許,長不及丈。右尖如螺,左有徑可通山頂。山洞西折而下,爲汪墊庵祠。自園而廣西北,循蘇公堤,兩岸栽桑,間以雜樹,内湖幾平陸矣。遍六橋,道葛嶺寶雲諸山回寓。

十一日,船回,寄家書一通。巳刻由白堤至聖因寺前。周竹邀詣文瀾閣,晤績溪胡竹村農部、培壘小敘出。徑孤山背,游魚潑刺,荷風送香。憩放鶴亭,謁林處士祠。欲登巢居閣,則爲浚湖工人住宿,晝常下鑰,冤哉!處士祠南,爲宋徐忠節祠。祠西稍下,有石壁,即歲寒岩。尋東坡題字,莓苔駁蝕,半不可辨。東穿梅花嶼,樹石蒼翠。孤山之景,當以斯地爲最。出,複繞湖堤而西,經西泠橋吊蘇小墓。西而南,過玉帶橋至金沙港。殘荷寥落,叢桂未花,興盡而返。北謁嶽忠廟及墓,遇毛、林、居三人,皆會稽應試者。結伴登棲霞嶺,道烏石峰下,沿桃溪曆香山洞,至紫雲洞,固舊游地也。同人坐閣上,遍詢紹興諸勝,不甚了了,一笑而罷。再進爲雲岫庵,庵後絕壑,修篁萬個,高下無際。予戲名之曰"竹海"。其上鶴林道院,壁嵌"飛來野鶴"四字。左行,筆意飛舞,傳是呂仙降乩書。院後即金鼓洞,出院數武,四山若盂窪然,而虛其中。壞屋荊扉,藤蘿環繞。三客以寓遠辭歸。予與鱸香偏僂入,有兩道士老且瘠,若病鶴。相與問答,語不可解。以筆談,知地爲懶雲窩。循窩而東南,螺旋百折,行亂山中,森林叢竹,幾于迷路。卻東北行,趨掃帚塢,訪護國禪寺。坐居士堂,壁間有覺阿上人書舊作三絕句。覺公久無耗,讀此如見故人。自塢而東,躐葛嶺、寶石諸山背而回,月出東南矣。

十二日,至武林門十間園,訪王丈不遇,還。出錢塘門,沿北山路閒步,綠波青嶂,不計路之遠近。登寶石山,入彌勒院。院在大佛寺右,蓋宋十三間樓舊地。東坡守杭日,每治事于此。樓久廢。近郡人瞿世瑛重葺凡三楹,雜樹當窗,面臨後湖,與孤山斜對。院後即寶叔寺。時聞平湖陳東塘

(錦)暨胡蓮江(乙照)寓院,請住僧心源上人導候及見,則陳乃東塘從子少筠(以清)也。蓮江亦在闈中,止晤其尊甫貢材。二君皆素未識面,略談而別。晚偕鱸香湖堤步月,煙霧蒙朧,群峰隱約,絕無游船而頗饒冷趣,爲佇立久之。

十三日,呼舟至放生池,所謂三潭印月也。自德生堂至飛泳亭,紅闌屈曲,半已圮壞,較乙未來時似更寥落。據《西湖游覽志》:放生亭在寶石山麓,有德生堂、飛泳亭,今德生庵是其遺址。此則非故埠也。移舟抵小麥嶺,訪花港觀魚。西經三台嶺,謁于忠肅祠。又西至穎秀塢,草木幽妍,進徑繚曲。入法相寺,寺僧軼三頗知詩、善談論,導游宗慧堂,又曰"竹閣"。蓋火毀重建,混二爲一。閣之左曰"補竹軒",軒側大悲閣。閣前皆竹,綠陰入户,好山當窗,真清涼世界。山頂有定光庵,爲長耳禪師成佛處。由庵左旋,有錫丈泉,僅一線出石間,大旱不竭,迤邐下山,則與筲箕泉合,寺僧及村民食用皆恃此。午後由錢糧司嶺而南,又三里爲三間屋,又名隱涼庵。又三里至虎跑寺,衆峰環抱,兩行杉木皆數尋。澗聲泠泠,自樹根曲折而下。倚山一亭曰"含暉",陰森獨絕。過石橋有萬年藤二株,半死半生,奇古不可名狀。入前殿而右,有亭。亭後峭壁,奇樹倒懸,蒙密不見天日。松鼠跳擲,窸窣不絕。水從壁罅出,涓滴成潭,亭下即虎跑泉井。瀹茗試之,清冽而甘,固當爲諸泉冠。滿泛一甌,能浮出甌面分餘不溢,水性之厚可知。出寺而南,曆樵歌嶺襲慶寺,在其下有真珠泉,故俗呼真珠寺。今寺傾毀,泉亦以石甃,殊未見異。

夕陽欲下，秋聲滿林，暮山蒼蒼，流泉送客，尋赤山埠而出。

十四日，移寓彌勒院，下榻十三間樓之側。日晡，偕計蒼崖游寶叔寺。西至智果寺，寺既圮廢，尋所謂參寥泉者，殊濁不中飲。遂登葛嶺，憩葛仙庵。庵本屬智果寺，寺廢後庵乃以仙名。西稍下，爲赤壁庵。庵前石壁下有池，蓄金魚數十頭，殘葉偶墮，則群聚而唼。下山之昭慶寺，男婦執香頂禮佛菩薩阿羅漢諸天聖衆前，蹲踞前後殿，喃喃念阿彌陀佛，幾數百人，遠者通夕不去。婦人剪紅紙作裙，書姓氏，同香燭紙錁焚寺前橋上，云"造陰福"。蓋歲以爲常，習俗可笑如此。

移寓彌勒院十三間樓

一席蓮龕許暫同，置身真在畫圖中。
十三間廢今陳跡，七百年前此寓公。
無恙湖光仍瀲灔，有情山色自空濛。
開窗看放孤山鶴，萬古逋仙共髯翁。

十五日，郎鑒上人偕沿北山堤游。小輞川，爲王氏別墅。據《西湖志》：小輞川在葛嶺下，爲少詹事邵遠年別墅，兹特襲其名耳。西爲毓秀庵，屋小如舟，而頗精潔。又西至閑地庵，瀕湖爲靜觀堂。堂上有樓，正對放鶴亭，敞朗足資吟眺。其右爲梁薌林相國丙舍，曰葛林園，即古招賢寺也。寺前有池曰"蒙泉"。又西由延祥觀西折而北，至鳳林寺，爲鳥窠師道場，遺像猶存。後有君子泉，味清而薄，較彌勒院之佛足泉則勝矣。

十六日,偕陳少筠詣文瀾閣。複晤胡竹村農部,始知爲凌仲子先生高弟,世習《三禮》,于《儀禮》尤精,著《補疏》以糾賈公彥之訛略。口講指畫,娓娓不倦,意氣甚相得。日晡,鄭重而別。是夕心源上人招同鱸香、少筠、蓮江飲十三間樓。

十七日,訪胡竹村于借閑小築,汪小米內翰之別墅也。時長洲陳碩甫奐與竹村同寓水北樓,相見恨晚,抵掌談經,不覺席之屢前。竹村示《研六室文集》,大都說經之文,于禮器、車服、制度,考核尤詳確。碩甫傳金壇段氏之學,熟于形聲訓詁,著《詩毛氏傳疏》,謂漢儒傳注存于今者,惟《詩傳》最古,《傳》文簡奧,一字一句,或括數義,孔氏《正義》不盡通其說,往往略《傳》而詳《箋》,故別爲之疏,專主毛氏,融貫經傳,疏通證明,用功凡三十年,今始脫稿。向午微雨,沿仙姑山至雲林寺,游人如市。冷泉亭側,幾炙手可熱。亭下石門澗,浚深六尺許。澗西築壩,東作閘,水聲隆隆然,大異昔日。寺僧爲設伊蒲饌訖,由妙應閣前北折而上,幽篁叢竹,流泉淙淙。冰雪著胸,心眼如滌。二里許至韜光庵,秋雲霏豔,微雨時滴,峰巒回合,煙篆迷離。殿旁一室,諸城劉文清公匾曰"韜光觀海",結構謹嚴,氣體雄勁,傑作也。坐胡床試苦芀,風生兩腋,怡然曠然。寺東北隅爲韜光泉,斫石爲龍首,泉從口出,殊失本來面目。由巢構塢迂回而上,登煉丹台,有光圓洞,供呂仙像。嵐光四合,鬚眉盡綠,興盡下山,憩冷泉亭。擬登翠微亭,天雨路滑而止。偕竺堂上人訪呼猿洞,草樹蒙茸不可入,還宿補雲軒。

十八日,循青龍山登北高峰,石磴盤曲,三十六灣。朝陽初升,正射江面,如琉璃一點,光彩煥發。頂有華光寺,供妙吉祥如來。寺後平坡方丈餘,舊有大觀亭,今存基址。連山洄洑萬象,在下江湖映帶,天風浩然。蜿蜒而下,及半山亭折而右,再由韜光庵回雲林。午後,偕竺堂上人至青芝塢,游靈峰寺。故石晉開運間伏虎禪師所居,久圮,近邑人胡常導重創。莊嚴清淨,與閑地庵相若。寺之背即青漣寺。寺有撫掌泉,今所謂玉泉是也。蓄五色異魚,大者二三尺,小不及指許,約數百頭,泳游波面,見人不避,投以餅餌,則聚而爭食。潑刺有聲,與水相忘,與世相狎,而猶不免于貪嗔,如此佛子何!薄暮,仍宿補雲軒。

十九日,偕竺堂上人三至韜光庵。僧融三出示《韜光觀海圖》,圖凡二。前爲長白夢禪居士寶瑛所寫,後則姚伯昂侍郎元之作也。筆意並蒼莽入古,名流題詠殆遍。小坐下山,雲林僧勝三出梵書貝葉經四十三策,首有"咸平三年七月進"七字,今藏妙應閣。又有天聖二年中書門下勅《靈隱寺牒》一道,字跡頗劣,然斷非僞造。今藏方丈二物,皆可寶貴也。午後由靈鷲後山三里至上竺。深篁古樹,赤日成陰。已而入法鏡寺後,尋三生石。遂緣蓮花峰,訪賈似道及至元間張翥等題名。上登飛來峰頂,攀藤附葛,徑路愈仄,石勢愈奇。仰者、俯者，橫者、側者，倚伏如波濤者，蹲踞若怪獸者，如雲倒垂者，如口含呀者，百態並呈，可喜可愕。其東南爲神尼舍利塔。由塔左螺旋而下，爲射旭洞，又云玉乳洞。嵌空無底，有徑可陟山頂。日雲暮矣，溯茅家埠而返。至履泰山前，晤胡竹村，亦從雲林回，知昨曾至彌勒院見訪。言明早擬歸績溪，期以獻歲發春會于松郡。時方主講雲間，故云。

二十日，侵曉，竹村遣使惠令祖樸齋明經匡衷《儀禮·釋官》二册。以《周官》所記，皆王朝之官，其列國官名，見于《春秋左氏傳》者，半皆東遷後僭設，故獨括燕射諸篇，以明侯國官制。參證羣經，鉤稽衆説，于鄭賈《注》《疏》時有糾核。此書皇清《經解》删去卷首自序及末卷《侯國職官表》，殊失著書本旨，當以家刻本爲正。午後陳少筠暨胡丈父子東回，寄家信一緘。海甯應六莊（迪吉）來會。

二十一日，院大悲閣上樑，同郡沈子羽齕尹（璿）來會，心源上人招飲十三間樓。

二十二日，訪陳碩甫，出示所作《詩疏》，引伸觸類，統貫全經，固非一知半解，枝枝節節而爲之者。又示其友涇胡墨莊觀察承珙《毛詩後箋》，亦專主毛義，然以經證經，不泥執《傳》文，與碩甫所疏相輔而行，《毛傳》之學，無遺蘊矣。午後喚舟由南屏至穎秀塢，宿法相寺。

張文虎：西泠續記

　　二十三日，軼三上人出示李國甫白描《十八阿羅漢卷》，諸相具足，神氣奕奕。又出查二瞻《歲寒三友圖》，筆意疏古，入雲林之室。偕出寺東北，訪陶莊故址，僅存廢甃。西至留餘山，訪龍翔洞。鑿空無頂，石法玲瓏，可與觀音山三台洞伯仲。然志書既遺其勝，游人亦無過而問者，棄諸蒿蔓，良可歎也。入躡雲庵小憩而返。午後由三臺山下越小麥嶺，過飲馬橋至靈石塢，吊張佰雨墓。道雞籠山，躋風篁嶺數十級，過溪亭在焉。折而上爲龍井寺，宮闕亭台，廢爲瓦礫，惟石甃一泓，波瀾不起。撥榛蕪，尋片雲石。老僧瀹泉試茗，話南巡盛典，歷歷如在目前。複逾翁家山，民皆翁姓。有井當路，一村日用皆需此，所謂葛翁井也。沿山而東至煙霞嶺，觀象鼻巖，曳而下垂，渾然象鼻，中實嵌空，片片相倚，如出刻鏤。近望滿覺隴，遠數貴人、白鶴諸峰，宛相朝拱。江光湖影，不啻襟帶。入煙霞洞少息還。循風篁嶺伢心庵異柏，柏高幾四丈，中已空矣。有石楠一樹寄其腹，長與柏等，枝葉婆娑，不知何代物。出庵折而上爲鉢池庵。庵前石高二尺許，有池如鉢，泉名"玉液"。又折而南，登南高峰。峰半有無門洞。洞凡三，下洞有水，一潭黝然而黑，上洞含呀如口，中爲蓮池大師趺坐處。其左又一洞，枵然若屋，深廣容百人。峰顛有鎮魔石如鼓，高三四丈，大百圍，即仙照壇也。上有殘塔，雲賈似道所建。至極頂，長江回薄，巖翠欲飛，俯視西湖，直如杯水。有華光廟，正對北峰。盤旋而下，羊腸詰屈，以手相挽而行。大抵南峰之高，遜于北峰，而長林怪石，則北峰所不及。是夕仍宿法相。

二十四日，偕軼三上人尋蝙蝠洞。洞在赤山左，石筍數枝，離立如柱。洞口僅尺餘，內寬數十丈。有石案、石座，是多蝙蝠，其深不可測。游六通寺而返。午後重游虎跑寺南，沿江至開化寺，登六和塔。江波演漾，帆檣彌望。此地爲大潮所不至，故水淺碧色，彷彿西湖。西六里爲徐村，村有三夫人廟，祀越女、曹娥、露筋。又六里爲梵村，又四里許爲七佛林，即古棲真寺。竹漸密，徑漸幽，行綠陰中三里，則三聚亭矣。韜光竹徑以參錯勝，雲棲以整齊勝，而幽秀實相埒。嵐光欲暝，翠煙霏微，韋柳詩境，得之象外。入寺宿左院，即乙未下榻處也。

二十五日，由梵村至徐村三夫人廟，左折而北，赤日如焚，揮汗如雨。秋分後如此酷熱，亦異事也。約六里，至理安。雜樹蒙茸，泉聲斷續。坐清涼亭，陰森若在深谷，向來煩躁，一洗而空。良久入寺，登松巔閣。回溯前游，瞬息忽已五載。光陰彈指，如是如是！安得屏除俗事，一瓢一笠讀書此中，南面王不足道也。出寺循九溪十八澗至風篁嶺，訪所謂老龍井者，在指雲庵，即古方圓庵。背倚獅子峰，野屋數間，井在其後，作半月形。色濁而味清，好事者以峰名附會爲繡球泉。坐憩片時，複至龍井寺啜茗。循小麥嶺，歸法相寺宿。

二十六日，沿赤山之陰訪筲箕泉，爲黃子久葺茅處。今其地多黃姓，皆苗裔雲。上山有鐵窗櫺洞，傳子久所作，以鎮蛟龍者。又南至石屋嶺，荊榛蔽路，攀手而登。里許至一洞，方廣丈餘，森然而陰，入數步俯視，深潭萬丈，暗不可測。石乳倒懸，蝙蝠撲撲飛起，深數十里，不知所極。燃爆竹擲其中，隆然如萬斛鐘，響振天地良久乃息。雲洞有水通筲箕泉，疑即惠因澗也。由洞而南，至法雲寺，亦雲高麗寺，即古惠因寺也。舊有辟塵爐，今已無存。殿宇荒蕪，僧房闃寂，並無坐處。午後別軼三上人，沿玉岑山而東，由太子灣至南屏，入方家峪，過張宣公祠，曆慈照亭，登慈雲嶺，訪觀音洞。石屋架空中，供大士像，秦少游所謂"普陀風景頗相似"者也。下嶺複自亭而西，訪蓮花洞。住僧他出，門扃不得入。然仰望撐空突兀，芙蓉千瓣，層見錯出，實雕鏤所不及。出至淨慈寺前，呼渡，回彌勒院，知二十二日碩甫來訪。

二十七日，入錢塘門，酉刻出城。心源上人爲言天目之勝，定議西游。

二十八日，白堤閒步，游蓮花庵。丙申重修，氣象一變。訪陳碩甫，問江鐵君沅著述，知所作《說文韻譜》猶未付梓。又言其友沈狎鷗學博，欽裴精步算之學，嘗從李四香銳、焦裏堂循游，著有《四元玉鑒演草》。

二十九日，陰。北堤散步，過西泠橋，出孤山背，繞白堤而回。日晡，微雨，陳碩甫來。極言西溪之勝，訂往觀蘆。又言曾游泰山，自踵至頂凡六十里，罡風甚寒，雲至其處化而爲雪，四月披重裘不覺其暖雲。

九月一日，雨。倚窗坐眺，秋煙滿湖，山容隱見，倏忽變態。堤上肩輿，冒雨累累不絕，皆往天竺燒香者也。閱《儀禮·釋官》一過。

二日，雨。偕計蒼崖喚舟游湖心亭、阮公墩。回至聖因寺登岸，雨甚。入飲肆，其樓曰"雨奇晴好之樓"，空蒙杳靄，借湖山煙景作侑酒物。坡公有知，亦當憶"老子當年薄醉"！出，循湖至望湖亭回寓。碩甫送柿至，略談，去。塘西馮腴生（尚謙）來會。

三日，晴。入湧金門。申刻出城。

四日，陰微雨。午刻由棕木場喚舟，北略秦亭山，折而西過古井庵，出西溪埠，凡五十里。薄暮抵余杭東門，自此以上，不通舟楫，撐以竹筏。蓋苕水所經，淺不容刀。往來者率舍舟登陸雲。夕宿斑竹庵，野菜連根，破衾擁絮，清游之苦，幾于寢食俱廢。

五日，陰。催肩輿出余杭廣西門，二十里至青山，入臨安界矣。鑿山爲路，村店寥寥。地形漸高，群山圍繞，乍開乍合，溪流涓涓。溪邊皆斑竹，錯以桑林。又十里爲錢王里，其北有墓，俗謂八角嶺。水邊有石馬，相傳從墓逃來。

又十里至玉泉山,山前有東嶽廟。又五里抵上湖墩,宿永慈庵。庵背師子山,面玲瓏、九州島島島島島島島諸山,惜日暮不及登。庵中荒苦更甚,斑竹遽集于此,可謂一場小劫。

六日,陰。辰發上湖墩,西折而北,見兩天目嶜嶙天半,白雲縈繞,無異赤城之霞。五里過石塢嶺,俗名三跳嶺。怪石盤盤突起,路側下臨大溪,聲若鼎沸。輿夫力舁而上,邪許相應,揮汗雨下。又八里,度護龍嶺,又名葫蘆嶺。嶺下蒼松林立,嶺上皆竹,高峻過于石塢,乃步行下嶺,萬山環壘,有若屏障。回顧後來者,如猱援橦。一線而下三里許,至虎岩,俗謂之橋東。有溪闊四五丈,架大木橋,綆以鐵索,恐水盛則橋漂也。五里過郜溪橋,又十里至荷花蕩,入湧蓮庵小歇,微雨淅瀝。五里至青嶺,又五里過南莊。居人多蒔淡巴菰,葉如油苔而莖長,開淡紅花五瓣,長蒂。冬深下子,二月分種,培以糞。九月而葩,采其葉夾竹簿上晾乾,灑以香油,剉細即今所吸煙也。黃、白、黑惟所造。五里至門嶺,爲西目門戶,俗呼滿嶺,是爲于潛界。過嶺有普照寺。自此至雙清莊,群山拱抱,重重鈎鎖,地勢益峻,水聲益急。又三里過板橋,爲溪西。又二里許至鳩鳨塢。又二里爲朱陀嶺。山田高下,雜樹青蔥,雲氣冥蒙,飛泉倒瀉。嶺上有格思亭,亭畔爲龍池。懸崖瀑布,如曳匹練。由嶺屈折而下,奇峰雜遝,若系若墮,長松夾道,黛逼眉宇。松盡則綠杉成林,殆以千計。一亭巍然,榜曰"第卅四洞天",即雨華亭也。亭跨蟠龍橋,橋下大澗,砰雷濺雪,幾眩耳目。自朱陀嶺至此,凡五里,抵禪源寺,即古雙清莊地。寺僧邀隨喜諸殿宇,留宿官客堂樓。剪燈聽雨,寒氣逼人。四更未絕,已聞衆香客恂恂争先,上殿拜韋馱矣。

七日,雨甚,是夕杭州地震,不能出。侍者玉輝話寺中韋馱尊天靈異,遠近敬信,香火極盛,富陽、分水人尤多,九、十月宿山者至千人。枯坐無聊,望樓前後諸峰,白雲彌漫,林木漸隱。少頃,山半以上並没雲中,則急雨如注。午後會方丈清海談禪。半晌,出晤道衡上人,五年前曾識于雲棲,近以習静來此,班荆話舊,借遣悵觸。

八日,雨。閒步至雨華亭。松杉蔭蔽,嵐翠撲人。雲煙翕然,起于襟袖。流泉四合,曲躍奔注。唐人云"山中一夜雨,樹杪百重泉",于此始歎其妙。由亭左折,有數巨石離立,山僧云即七星石也。回寺,從方丈借閱《西天目山祖山志》。《志》首尾十卷,詳于寺而略于山。卷首《形勝》,但標位置,不給山圖。卷一《稽古》,雜舉諸書,頗多舛誤。卷六七八,紛紛名目,漫無體裁。蓋本明末寺僧廣賓舊稿,而嘉慶間住持際界增訂。意固在彼不在此云。

九日,辰起。啟窗一望,群山盡遁,雲氣苒苒從窗際入。鱸香曰:"雨尚未艾,如天目何?"予曰:"否!今日何日!壯游之興,因雨而阻,未免山靈笑人。且安知非天之借此云景,幻爲奇觀,以飫我輩眼福邪!勇猛精進,路在脚下,當令

張文虎：西泠續記

雨師避舍。"鱸香撫掌稱快。午後出寺後山門，過伏龍橋，行雜樹中，仰不見天。數十步至獨樂亭，溪聲竹聲，眉宇欲飛。由亭右折而北上，瀑泉如雷，盤渦轉轂。度仰止橋，又上爲仰止亭。有斜坡橫闊數丈，水自群峰瀉下，平流石面，跳珠濺沫，潺潺不絕。二里至如斯亭，亭西爲半山亭。回顧煙霧，冥冥不辨來路。稍上至一峰雲外庵，山僧手茗獻客，少息片時。時履襪透濕，鼓勇複行。有兩巨石相距約半里，爲上下觀音岩。又上二里至獅子岩，氣象雄悍，儼如蹲獅。岩下張公洞，有重雲塔，高峰禪師葬處也。塔前飛雲閣，下臨千丈崖，壁立門削，俯而心悸。自閣而外，茫茫雲海，上下莫辨，幾疑大地平沉。院僧欏舟指示象鼻峰近在咫尺，渺不可睹。又西折而上，松杉雜出，大者數抱，次亦六七圍。枝皆向下，拏攫如龍。根幹青苔斑剝，若古銅、若怪石。半里餘，有奇峰突出，蓬鬆如帚，高數百尺，俗謂獅子尾，與獅子岩遙相倚伏。又半里，爲普同塔，其上爲中峰國師法雲塔。左折而北又里許，即開山老殿，舊爲師子正宗禪師。自雙清莊至此，凡十里，適當西目之半。其西爲雲深塔，斷崖祖師入涅盤處。出殿后左折而下，山石犖确，恃杖而行，間道崎嶇，狹不容趾。至元通岩，兩壁對列，中有石巷，僅廣尺許。自巷而出，可通眠牛亭。岩前危崖峻削，突兀淩空，有西方庵矗立其上。雖斗室三間，而眺見千里。惜爲雲霧所掩，惟浩然一白而已。庵前石龕高數丈。紅葉一株，橫枝特出，空山寂寞，不可少此點綴。回老殿洗足易履襪，遂下榻僧樓。此游艱苦，爲生平所未有。然山景奇絕，頗不負登高佳節雲。

十日，密雨如絲，寒不可忍，相與圍爐而坐。老僧言："此地高寒氣候，與下方絕異。九月即雪，盛夏須絮被。"詢以仙頂諸勝，云："此上尚有十里，深林重密，道弗難行。晴天猶須牽挽，況于連雨！"爲之嗒然。午後冒雨由殿後訪別燈庵，爲晦石禪師塔院。出，再至西方庵少坐卻返，循老殿東折而南下，岩壁森峭，澗聲四起，忽左忽右，從雲霧中行。道上觀音岩折而左，徑路幽邃，飛泉合遝，如海上潮來。過板橋，曲折度小澗，一路皆竹，至東塢坪。坪有庵，爲玉琳國師塔院。由庵屢折，出如斯亭右，過仰止橋而西橋，有小嶺。萬樹參天，枝皆南向，謂應兹山龍脈，或有是理。逾嶺則幽篁森秀，異境別開。訪太子庵。庵左塑昭明像。像前有井，俗言洗眼則光明。出庵，仍由伏龍橋回禪源寺宿。

十一日稍霽，別寺僧出山。三十五里，抵鄩溪橋，宿佛慶庵。庵當臨安東峰，下對大雄、白洋諸山。

十二日晴，辰發鄩溪。四十六里至青山，又東五里至坎頭。（蘇詩施注"洞霄宮自皖坎鎮度溪，行十數里，有山回環"云云，疑即坎頭也。）折而南過虎溪渡，行桑林中，徑路湫隘，幾不容肩輿。七里至石泉，蓋村以寺名。又六里有九峰拱翠坊，入坊即九鎖山。岩岫鉤連，流泉宛轉，重垣疊嶂，如環無端。人家多造紙爲業，水碓砑磕，運輪若飛。村民熙皞，見肩輿至，爭相指語。桃源風景，恍惚遇之。下轎行二里許，漫山翠竹，忽無前路。竹之盛，無逾此者，韜光、雲棲，並當卻步。至洞霄宫投宿。道士心皓導至大滌洞天。洞口僅容一夫，秉炬而入，乃覺漸寬。上平如砥，兩畔岩竇玲瓏，奇詭萬狀，石質微黑，題名頗衆。進凡四折，則有弧峰倒垂，不可複入，謂之隔凡石。昔人曾令童子自石巔小穴中薄而窺之，下爲深潭，黝不見底。旁有隙道可通人行，然探奇之士，卒無敢津逮者。壁間有天生洞仙像，宛然背立，殆出神斤。洞前曰天柱峰，丹泉出焉，色微紅，下山漸白，迤邐而注于苕溪，則與天目之水合。回宿一庵。中供東坡像，德清蔡學博（載樾）以蘇詩有"青山九鎖不易到"及"一庵閑處且相留"句，集爲楹聯云："青山不易到；閑處且相留。"頗爲穩切。道士遠峰爲言，宫之背爲青苕山，其對爲青檀山，有湧翠石壁，奇秀甲諸峰。宫左名大滌山，有棲真洞。其後爲歸雲洞，皆兹山勝處。因借閲鄧牧《洞霄圖志》。燈前僂指，奇跡尚多，將計明日暢游。既而風葉敲窗，雨聲繼至，徹夜瀟瀟，悵然不寐。天公妒清福，豈壯游亦造物所忌邪！

十三日，大雨。料不能遂游志，謹謁三賢祠，致敬而退。三賢者，宋李忠定、朱文公、明黄忠端也。乃出山，徑法雨庵，緣南湖而行。雖以湖名，實成平野，間有勺水亦蹄涔耳。十五里，由余杭南門至斑竹庵。雨小歇，登文昌閣最上層。望東西目，白雲明滅，疑海上三山。返宿庵中，事終上人言：西目向多猴，近厭其擾，始雇人捕盡，止存一二；又後山有虎，深夜則出，月率二三次，從未傷人。

十四日，陰。買舟回杭，至寶石山，晤魏塘程魚石，偕顧墨庵、王韻樓同至彌勒院敘話，知寓湖上石函橋西，遂拉至寓中小飲。

十五日，陰。偕鱸香、墨庵、魚石、韻樓入錢塘門，訪何叔明，夢華先生次君也。出觀所刊錢叔美（杜）《松壺畫贅》，詩筆雋逸，古體尤佳，與繪事當爲雙絶。苦雨連綿，資斧且竭，嚴、紹之游遂寢。

十六日，陰。魚石來訪。申刻過魚石寓，晤墨庵閒話。歸，碩甫來訪，詢天目游興，申西溪觀蘆之約。

十七日，微雨。校明陸粲《春秋胡氏傳辨疑》二卷，批卻導窾，頗中安定之失。以"趙盾許止之弑"爲據實直書，與予意合。其論"吳季劄及墮費"諸條，尤精確。又校元王鶚《汝南遺事》四卷。

十八日，微雨。校宋胡知柔《象台首末》五卷，編次失倫，複多訛脱，因人存書則可矣。下午過陳碩甫，出示臨海金誠齋鶚《求古齋禮説》三卷，大都考據典章制度，以經文爲主，不屑傳注。碩甫爲言，金君系汪瑟庵尚書得意弟子，古貌古心，樸學無緣飾，所著《求古録》約二十卷，説經鏗鏗，尤長于《禮》，不在金輔之下。又示江艮廣延聲《恒星説》及獨抱廬新刊《華嚴經音義》，並藉以歸。

十九日,微雨。校明周怡《訥溪奏議》一卷。閱《恒星說》,以西法恒星東行差數,上推《堯典》中星,敷衍成文,殊無歸宿。末附李尚之所演"四率",更覺無謂。江君不通算術,遂致圖窮而匕首見。通篇篆書,蓋與《尚書古今文集注音疏》,皆其手寫。散步至鳳林寺,遇雨而返。燈下閱《華嚴經音義》,亦二卷本。剖厥甚精,似勝徐刻。然訛脱處,仍未補正。

二十日,分校《六藝綱目》下卷,元舒天民所撰,而其子恭爲之注。雖爲童蒙而作,然考核頗詳。下午雨。是夕,心源上人招同魚石、墨庵、韻樓飲十三間樓。

二十一日,雨。西溪之行,亦不能踐約矣。久客湖上,歸思頓興。閱《求古齋禮説》,中有迂晦處、有武斷處,然大致通達,從全經貫穿而出。碩甫來,夜談更餘去。

二十二日,微雨。過陳碩甫話別,商榷《毛傳疏》數事。又示《管子補注》,云昔王懷祖觀察念孫作《讀書雜誌》,囑以宋板分校,因隨筆記此,匯而成卷,凡《雜誌》所已見者,皆汰之矣。鉤抉疑義,校訂異同,精核處甚多。囑其少加整頓,當慫恿雪枝通守梓入《叢書》中。碩甫云:"我在西湖,竹村以外無過而問我者。邂逅兩君,樂數晨夕,今並舍我而去,誰堪此寂寞?予亦將歸耳。明春,當俟君于十三間樓。"予曰諾。薄暮繞湖堤,登段家橋,小坐而回。

二十三日，偕良如上人游富春山莊。午刻至棕木場登舟，疏雨零星，東南風甚急，二十里抵王莊，已昏黑矣。

二十四日，陰。曉發王莊，風急不能前，幾如退飛之鷁。舟中閱寶應劉端臨（台拱）《經傳小記》，嫌多臆説，惟《儀禮》數十條，多有可取。晚宿石門。

二十五日，發石門而東，沿堤皆烏桕，青紅間雜，數里不斷，遲之十月後，則大觀也。閱《九章算術》劉徽注，簡質近古，然大義已了。李淳風《補釋》，繁而寡要，太半可刪。夕泊嘉興。

二十六日申刻，抵平湖。偕計蒼崖壚頭小飲，更餘回船。

二十七日曉發，申刻抵廊下村。予回井眉居，鱸香別去。

據《西泠續記》，浦東新區地方誌辦公室《浦東歷代要籍選·周浦歷史文獻叢刊》影印光緒十五年（1889）刻本

張文虎：蓮庵尋夢記

庚子春，雪枝、鱸香複訂西泠之游，既而雪枝丁母艱中止，鱸香亦須後期。是夏，英吉利滋事，沿海戒嚴，不暇作壯游計矣。秋八月，海氛稍靖，西成告穰。鱸香複理前約雪枝，以病仍不果。偕予曰，然則天臺道士，只許劉阮同行耳，乃定擬以重九前赴杭。

九月四日，鱸香偕梅里魏東溪（魁森）冒雨至廊。予以婦病未決。外舅堅香先生曰："虐疾第無慮，醫藥，吾自任也。宜早歸耳。"遂襆被行，孤篷聽雨，殊不勝懷。幸鱸香、東溪竟日談笑，稍破愁寂。二更泊東湖。

五日，陰。申刻抵嘉興東溪，買舟回梅里。

六日，晴。晚泊石門縣。

七日，晴。上燈後，進北新關。泊舟時，欽差黃樹齋少寇赴浙查辦事宜，同時入關。

八日，微雨，放舟至棕木場。偕鱸香徑投彌勒院，仍定寓十三間樓。同寓者有德清馮醒香丈（焯），練達世事，宗净兼通有古君子風。院大悲閣已于去冬告竣，壯嚴清净，真清修道也。午後，散步湖堤，秋色依然，前游歷歷。至望湖亭，疏雨淅瀝，殘荷葉上，萬點秋聲。坐憇久之，循堤過西泠橋回寓。馮丈令嗣腴生（尚謙）省親至院，班荆道故，不覺燭跋。

九日，晴。船回，寄家書一通。仁和趙次閑布衣（之琛）、徐問蘧文學（楸）、葉古潭文學（龍光）、梁春塍別駕來院，作登高之會。午刻，訪陳碩甫，緣季父喪回蘇，不值。予以肺疾不能游。鱸香挈僕入城，薄暮而回。是夕，古潭宿院中。古潭工書，佞佛，方手寫《華嚴經》。

十日，海甯應補瑕來會，即六莊尊甫也。午後，偕鱸香游小輞川。由閑地庵出，登錢武肅王看經樓，坡詩所云"望湖樓下水如天"者也。自聖因寺至平湖秋月，游人如蟻，畫船、歌舫于于而來，真西湖最繁勝處。入蓮池庵，一雛尼應客酬對頗慧。回到斷橋，晤醒香丈暨心源上人。同坐石闌，晚煙斜照，與山水相映。發逾石佛山回寓，過晚鐘矣。院僧道生（空静）自焦山回，言七月十一夜山崩，自觀音岩至方丈皆坼。十五夜，金山亦崩數處，此目擊者。

十一日，鱸香入城訪朱石樵，不晤回。偕游昭慶寺。值某家作水陸道場兼呼伶演劇，人聲閧然。俗物既以佛地為戲場，髠奴複以戲場為佛地，不知菩薩現身，作平等觀否？

歸，從馮丈借讀吳江汪大紳《石室偶存》，一洗宗、净雨家之弊。

十二日，入城訪周竹所。鑪香欲游吳山。予辭疾先歸。

十三日，謁蘇文忠祠。由梅花嶼至放鶴亭。予以熱甚，先歸。

十四日，擬游西溪，因雨不果。讀《石室偶存》，掃空禪障，是取心肝劊子手。

十五日，晴。馮腴生寅生（尚鼎）至院省親。

十六日，偕醒香丈、鑪香、心源上人至棕木場。喚舟，由秦亭山，過古蕩裏，泊恭壽亭下。與醒香丈約會于梅溪庵。予與鑪香、心源上人步行二里許，至天齋廟，村姑、裏嫗、香煙殊盛。逾法華山背，至開化禪院，尋徑入花塢，行深篁中，仰不見日，泉聲泠泠繞左右。山深林密，信幽隱地也。入定慧庵，僧豈能獻茗訖，出過倚齋，齋之西爲在見庵，複西爲九松居，又進爲休庵，又進爲梅溪庵。入庵，醒香丈已待久矣。僧梅隱設伊蒲饌訖，逾潤游肯庵，西溪諸净室皆明末遺民遁跡之所。二百年來，漸就荒廢。然存者猶十之六七，住僧率止一二，衆游人既不甚至，香火寥寥，衣食頗苦，此中或有清修梵行者。惜一日之游，不能遍訪耳。尋故道，仍由開化院行八里許,至何家塢,登舟泛西溪,抵秋雪庵,約數里皆蘆花,秋水蒼葭,溯洄宛在。心源上人曰:"幸遲一月,則飛綿滾滾,尤爲大觀。"回舟至交蘆庵,庵額爲董香光所書,墨蹟猶在。後有水閣,吾郡張文敏題"流泉是命",筆法瘦勁可喜。庵中藏古今人名跡頗夥,以主僧他出不得觀,悵然返棹,複閲《石室偶存》一過。

十七日,偕鑪香散步至望湖亭,晤趙次閑。立談半晌,入聖因寺,晤朱石樵。回憩。德生庵俗僧無可語,一笑而出。

十八日,有湖南魏默深孝廉源,由紹興至杭,偶游十三間樓,述會稽吼山之勝,咄咄不置。魏君博學,治經精于説《詩》,爲江鐵君所傾倒,聞之覺阿上人雲。

十九日,肺疾稍瘳,繼以腹瀉,頗不勝步履。是夕,胕生以省親來宿院中。

二十日,偕鑪香、竹所至官巷關氏觀所藏書,回步湖上。游王氏山莊,雖小結構而步步引人入勝,當爲北山諸莊之冠。

二十一日,循寶石、葛嶺至棲霞,拜嶽忠武廟。鑪香欲訪紫雲、黄龍諸洞。予以足力告疲先回。靈隱方丈僧洽川來拜,值寧波周松崖(伯熊)、仁和孫萍橋至院,午飯去。塘西勞鷗嶼（延）來同寓。薄暮微雨，徐問蘧丈暨其友胡士宜投院宿。徐丈博學，嗜金石，工詩能畫，坦率自如，爲杭士所推服。

二十三日，晴。靈隱僧勝三來拜，偕鱸香，呼渡至湧金門，登吳山，憩紫雲軒，下清和坊，出錢塘門，回寓。腹生宿院。

二十四日，沿堤由望湖亭至孤山，入西泠祠。祠塑林處士爲西泠財神，題曰"靖安"。明王已可駭怪，複以"妻梅"一語塑女像于右，題曰"梅隱夫人"，則羅浮女郎不得不恨林逋饒舌矣。鱸香撫掌大噱，跪拜求福者皆側目視，予拉之出殿，入敬一書院，内祀滇南趙玉峰撫軍像，旁祀劉金門學使（鳳誥），栗主壁間嵌石刻邑人錢（澧）守株圖，詩畫雙絕。下山過西泠橋，憩鳳林寺，回謁洪忠宣祀，入智果寺啜。參寥泉寺，昔在孤山，後移葛嶺，西湖一巨刹也，今幾墟矣。滄桑之劫，佛亦難逃，爲之一歎。

二十五日，訪陳碩甫，猶未至。時予腹瀉已愈。心源上人暨鱸香訂游浙東，期以明辰渡江。

二十六日，卯刻起，早餐竟。偕鱸香、心源上人乘肩輿進錢塘門，曆駐防營，出望江門，抵江口。漫天大霧，江山城郭都不可辨。渡江至中流，日漸高，霧稍霽。巳刻，抵西興，泊靖江亭，入望京門，雇烏篷船，十里至蕭山，城在山上。登岸，飲古便飲亭，民富而樸，頗有古風。解維五十里，抵移風鎮，入智度寺。老僧大曉上人暨徒普文、昌緣肅客至。方丈設伊蒲饌。宿清涼閣之南偏。

二十七日，隨喜諸殿、大悲閣、塔院。既偕鱸香及普文、昌緣兩僧泛舟至安昌。地隘俗陋，無可寓目。入安康寺，坐延齡軒。軒前壘石爲山下鑿小池，頗玲瓏可觀。後院一古樟，大與法相所見相埒。午後，複攜同心源上人游烏風山。山去安昌東三里許，亦名龜山，又曰白洋山。其東北，即龕山也。其南有上方山及旗、鼓二山。烏風頂有真武廟，殊荒落。山下爲青峰禪院，院左偏有"瑞啟香林""溪山清福"兩額，皆摹朱文公書。雖失邯鄲故步，而蒼健之氣猶可想見。日暮，仍回宿智度。

二十八日，微雨，辰刻登舟。歷安昌而東南，過東浦。又南過西餘山，又名西㠀山。又東南，歷牛口山，凡七十里。薄暮，抵紹興，入北門，泊蕺山，下游戒珠寺。寺本晉王右軍別業，後舍爲寺。今寺門祀右軍爲伽藍神云。其左，即蕺山書院。拾級登山，過聶公（鐵敏）祠，有籙竹亭。四望則萬山離合，煙雲溘然。石稍上，謁劉忠端祠。複上爲文星閣。稍西即王公祠，壁嵌重摹趙子固所藏《落水木蘭亭》，筆意渾厚回異，俗本末附姜白石及翁覃溪學士三跋，祠前有洗硯池，久涸矣。蓋好事者，附會爲之祠。後有塔，不及登。寺左數十步爲忠端故里。風微人往，猶令過者肅然，頑廉懦立，于斯可信（舊聯云："兄讓弟，弟讓兄，父命天倫千古重；聖稱賢，賢稱聖，頑廉懦立百世師。"）。回舟，風雨兼作竟夕，不能成寐。

二十九日，晴，寒甚。放舟出東角門二十里，泊赤堇山下。登岸，即大禹廟。凡三進，廊廡殊荒落。最後大殿中塑禹像，旁列八神，北四神，皆弁冕執笏，餘則戎裝持戈戟而立。按《吕氏春秋》云，"得陶、化益、真窺、橫革、之交五人佐禹"，荀子作"得益、皋陶、橫革、直成爲輔"，玄廟時或取此意配祀。餘疑，即童律、烏木田、庚辰諸佐耳。殿左稍下爲窆石亭，石長等身，圍六尺許，形橢圓，下豐上殺，微扁首，有穿腰有斷痕，古澤黝然，是數千年物。題名頗衆，悉漫漶，惟儀征相國一識，了了可辯。廟前立岣嶁碑，系明嘉靖間摹本。廟左即禹陵山，拱抱氣象肅穆，旁有禹穴碑，然不知史公所探者果何在也。陵南有禹寺，寺前有禹池，方僅三尺許也，世俗附會耳。禹廟後有土穀神祠，祀後稷像，其地多姒姓，云夏后氏之後。自赤堇山而西南會稽，宛委玉笥，諸山犬牙相錯，綠波青嶂，碧樹丹楓，略無間隙，鄉村斷續皆住叢竹中。行五里許，有坊題曰："天南第一鎮。"入坊數武，有長松數株，夭矯若虬龍，森然攫人。即南鎮之廟，廟右角門額曰："第十一洞天。"中殿仍祀禹及八佐。旁祀永興公，後爲妃宫，兩廡塑諸夢神。每歲冬至，俗例宿廟祈夢。至者紛紛，男女混雜，近邑宰有示禁止。廟之南陟山約數里，爲香爐峰。其陰即茅峴，童山無可游，遂舍之。欲訪陽明洞天，道險風烈，自崖而返回舟，入南門登寶林山，亦名龜山，即《越絕書》所云"怪山"也。入清涼寺，寺有晉許元度像，寺後有應天塔，故俗呼山爲"塔山"。下山過小雲棲道、旌德觀，而西登府山，惟荆榛瓦礫耳。歸複放舟，出城經亭山而西南約二十里抵婁家塢，俗呼婁公塢。進即蘭渚矣。溪水淺，不容刀，惟通竹筏，遂泊舟。是夕，夢見所謂蘭亭者，亭在山椒下，當大溪。溪聲如巨雷，跨溪爲橋，四山圍會，雲煙窅冥，有古衣冠數人杖策自遠至，方擬訪冬青穴唐義士瘞陵骨處。忽戄然而寤以語鱸香。鱸香曰："此夢中之蘭亭耳。"真蘭亭奇景詭觀當不止是，心源上人笑曰："雞聲催曙，當驗真蘭亭。"

十一月一日，辰起。沿山西南里許，過白鶴亭。又二里爲七眼橋，有大悲亭。又里許爲積慶橋。稍西南爲蝴蝶灣。又西南不一里有石橋，跨溪上，半圮矣。過溪即蘭亭。遥望似無足異者，及登亭四顧，則好山環達，竹樹周遮，皆合形效伎于茲亭之前。亭下壘石爲坡，環以曲沼，蓋好事者所作，以爲流觴之所。亭顛既傾，瓦礫滿地，沼亦久涸。

亭後，禦碑亭：

聖祖仁皇帝禦書蘭亭序在焉。其西北隅有逸少書堂，祀右軍爲當境土穀之神，壁間嵌石，琢堂廉訪（蘊玉）所集天一閣神龍本蘭亭楷法仿《蘭亭序》一篇，筆意飛舞，與定武本又則。堂前有墨池及養鵝池遺跡，亦附會也。禦碑亭右有精舍數楹、石池,間之意當時游觀之地,惜並荒落。鱸香曰:"境地固佳,然昔日之蘭亭恐不如是。"予曰:"然則昔日之蘭亭,固斷非今日之蘭亭。安知予夢中之蘭亭,非昔日之蘭亭邪。"心源上人曰:"又安知今日之蘭亭,非夢中之蘭亭也。"鱸香笑曰:"作如是觀。"予指西北一帶,幽篁叢竹,峰迴路轉,當有勝處,遂相與共尋之。行深菁中良久,途盡忽露石亭,則古天章寺也。入殿稍憩,登大悲閣。岩巒擁護,翠撲眉宇,閣藏有梵本《大藏經》,惜俗髡不知寶貴飽老蠹矣。寺後即蘭渚、木客等山,流泉雜樹,不亞净慈、法相諸刹。出寺覓路,仍由蝴蝶灣入柴庵。少坐,回舟。循西北出菱塘湖。波光山色,紅樹參差,出沒晚煙殘照間,真令人應接不暇。五十里至柯橋,登岸游融光寺。殿宇恢廓,是莊嚴净土,俗僧不肖借爲術士流寓之地。惜哉!

鎮西南隅爲重華禪院,院左爲放生庵。庵左爲土穀神祠。祠西南隅爲古柯亭,祀蔡中郎像。重軒臨水,頗豁吟眺,鎮以此得名。解維而行,四更抵簫山。

二日,卯初。抵西興。自柯橋至此,凡九十里。易肩輿渡江,江波浩渺,群山如睡。輕雲一截,橫束其下,漸升而高,少焉,旭日朦朧,相映成彩,微風吹送,不覺登彼岸矣。巳初,抵彌勒院。鷗嶼于兩日前回塘棲,馮丈猶在寓。薄暮,偕馮丈、鱸香至崇文書院,道遇古潭、朕生,遂不果往,坐地藏庵前小憩,相與循湖堤,流連晚景及瞑而返。

三日,晨,微雨即止。偕鑪香登寶石山,由寶叔塔下,訪落星石及來鳳亭故址。有秦僧結茅巾子峰,石室中苦修梵行,然視其貌不似具慧根者。下山歸院,午後雨甚,湖山樹木都在霧中。從徐問蘧丈借閱徐君青(有壬)《務民義齋算學》凡四種。一《測圓密率》三卷,卷一用杜德美"圓徑求周法"推之于周徑面積相求及求諸圓形體積與圓內容方。卷二,弧矢弦相求截球鼓諸形求積及圓內外各等邊形相求;卷三,大小弧互求一橢圓正術。《弧三角拾遺》《表算日食三差》各一卷,又謝穀堂(家禾)《算學》三種,《衍元要義》,以四元正負相消,互隱通分。諸法大致原于方程。方程者,即通分之義。方程不明,由于正負無定例,加減無定行,故以衍元之法正方程之義,綜通分方程而論列之,附以連枝同體之分等法。《弧田問率》,以微率依李尚之《弧矢算術細草》立弧、矢、弦、徑、積相求,諸法一直積回"求《四元玉鑒》直積與和較回求之法"多立二元,謝謂:"有不必用二元者,蓋以句弦較與句弦和相乘爲股冪,股弦和與股弦較相乘爲句冪,而直積自乘,即句冪股冪相乘也。如以句弦較乘股弦較冪,除直積冪,即爲句弦和乘股弦和冪矣。句弦和乘股弦和冪,即弦冪和冪共內少半個黃方冪也。蓋相乘冪內去一弦冪,所餘爲句股相乘者一,句弦相乘者一,股弦相乘者一,此三冪合成和冪,則少一半黃方冪。半黃方冪,即句弦較股弦較相乘冪也。加一半黃方冪,即爲弦冪和冪共矣。加二直積,即二和冪也。減六直積,即二較冪也。又句弦和乘股弦較冪,爲句冪内少個句股較乘股弦較冪也。股弦和乘句弦較冪,爲股冪内多個句股較乘句弦較冪也。減一句股較乘股弦較冪,尚餘一句股較冪矣。"因以直積與句股弦和較輾轉相求,設問答以爲此書。三書並以立天元一術,入之燈下,抄《橢圓正術》一卷。

謝家禾,字和甫,錢塘舉人。與同學戴氏兄弟熙、煦相友善。少嗜西學,點線面體四部,靡不淹貫已。複取元初諸家算書,幽探冥索,悉其秘奥。乃輯平時所得析通分加減,定方程正負,以標舉立元大要,撰《演元要義》一卷。其自序云:"元學至精且邃,而求其要領,無過通分加減,凡四元之分正負,及相消法,互隱通分法,大致原于方程。方程者,即通分之義。方程不明,由于正負無定例,加減無定行,以訛傳訛,如梅宣城精研數理,未暇深究他書,可知矣。《九章算經》正負術甚明,而釋者反以意度,古誼之不明,可勝道哉! 唯以衍元之法正方程之義,由是方程明而元學亦明。著《演元要義》,綜通分方程而論列之,附以連枝同體之分等法。通乎此,則四元庶可窺其涯涘耳。"

又以劉徽、祖沖之之率求弧田,求其密于古率者,撰《弧田問率》一卷。同裏戴煦爲之序曰:"古率徑一週三,徽率劉徽所定,徑五十週一百五十七也。密率乃祖沖之簡率,徑七週二十二也。諸書弧田術皆用古率,郭太史以二至相距四十八度,求矢亦用古法。顧徽、密二率之周既盈于古,則積亦盈于古。試設同徑之圓,旁割四弧,其中兩弦相得之方三率皆同,知三率圓積之盈縮,正三率弧積之盈縮也。徽、密二率弧田古無其術,惟《四元玉鑒》一睹其名,而設問隱晦,莫可端倪。穀堂得其旨,因依李尚之《孤矢算術細草》設問立術,亦足發前人所未發也。"

又以直橫與句股弦和較輾轉相求,撰《直積回求》一卷,其自序云:"始戴諤士著《句股和較集成》,予亦著《直積與和較求句股弦》之書,然二書爲義尚淺,且直積與句弦和求三事,用立方三乘方等,得數不易,而又不足以爲率,其書遂不存。近見《四元玉鑒》直積與和較回求之法,多立二元,嘗與諤士思其義蘊,有不必用二元者。蓋以句弦較與句弦和相乘爲股冪,股弦和與股弦較相乘爲句冪,而直積自乘,即句冪股冪相乘也。如以句弦較乘股弦較冪,除直積冪,即爲句弦和乘股弦和冪矣。句弦和乘股弦和冪,即弦冪和冪共內少半個黃方冪也。蓋相乘冪內去一弦冪,所餘爲句股相乘者一,句弦相乘者一,股弦相乘者一,此三冪合成和冪,則少一半黃方冪。半黃方冪,即句弦較股弦較相乘冪也。加一半黃方冪,即爲弦冪和冪共矣。加二直積,即二和冪也。減六直積,即二較冪也。又句弦和乘股弦較冪,爲句冪內少個句股較乘股弦較冪也。股弦和乘句弦較冪,爲股冪內多個句股較乘句弦較冪也。減一句股較乘股弦較冪,尚餘一句股較冪矣。術中精意,皆出于此。其他之參用常法者,可不解而自明耳。草中既未暇論,恐習者不知其理,因揭其大旨于簡端,見演段之不可不精也。"

家禾歿後,戴熙搜遺稿,囑其弟煦校讎而授諸梓。煦精算，見《忠義傳》。著有《補重差圖說》《句股和較集成消法簡易圖解》《對數簡法》《外切密率》《假數測圓》及《船機圖說》等。

四日，陰。馮醒香丈回塘棲，抄《表算日食三差》一卷。

五日，晴。抄《弧三角拾遺》一卷。游興既闌，鱸香亦腹瀉作矣。

六日，晴暖甚。偕鱸香閒步葛嶺，下回至斷橋，往復西湖，頗不忍舍去，不覺久坐。海寧僧倚松（靈岩）至院中，僧年甫，二十餘，工畫，翎毛花卉俱妙，山水尤佳，書法亦娟秀。

七日，暖，甚陰。陳碩甫以薄暮抵杭，先命哲嗣至院達意。是夕五更，雷雨大風。

八日，微雨。束裝竟，碩甫來院道契闊。知所著《毛詩疏》開工寫樣，胡竹村農部以初秋回涇矣。話久，雨甚，不能步行，乃別碩甫。

雇肩輿至棕木場登舟。戌刻泊塘棲。

九日，舟行百里，東北風急，頗蹇滯，二更泊錢店，雨甚。

十日，申刻抵嘉興，薄暮解維，三更泊東湖。

十一日,偕鱸香入城至淩雲閣晤計蒼崖,因知錢葆叔(熙哲)以就醫寓嚴雪亭家,往訪之,遂偕游茂修園,出葆叔辭去。偕鱸香、蒼崖,訪高藏庵(三祝)、錢夢廬丈(天樹)。錢丈出示王仲瞿(雲)《折枝桃花》,筆意生動,迥絕俗工。又王惕甫(芑孫)暨其配曹墨琴夫人,法書合璧一册。申刻解維,更余至廣陳,三更過新倉,四更泊新倉東九里。

十二日,辰刻抵廊下,鱸香別去,予仍回井眉居。

據《蓮庵尋夢記》,浦東新區地方誌辦公室《浦東歷代要籍選·周浦歷史文獻叢刊》(2018)影印光緒十五年(1889)刻本

張文虎：孤麓校書圖記

　　浙江文瀾閣在西湖孤山下，功令願讀中秘書者，許領出傳寫。道光乙未冬，錢錫之通守輯《守山閣叢書》，苦民間無善本，約同人往，僑寓湖上之楊柳灣，去孤山二里許。面湖環山，上有樓。樓下集群胥，間日扁舟詣閣領書，抄畢則易之，往返數刻耳。同人居樓中校讎，湖光山色，蕩漾幾席間。鉛槧稍倦，凝睇四望，或行湖濱數十步，意豁如也。朝日夕月，晦冥雨雪，湖之變態不窮而皆得之。伸紙舐筆之際，奇文疑義，互相探索，旁徵博引，狡詰辯難，或達昏旦。游西湖率以春、夏、秋，無至冬者至。又群日夜讀書，一樓若未始知有西湖者。鄰人相笑，傳說以爲癡，而不知湖之奇，吾曹盡之矣。文瀾閣書多勝俗本，然篇目、卷次與提要，時有同異，或絕不類有。有目無書者，亦有名在存目者，不盡《四庫全書》原本也。是役也，以十月初至，西湖居兩月，校書八十餘種，抄書四百三十二卷。同游六人，金山錢熙祚、熙泰、顧觀光，平湖錢熙咸，嘉興李長齡，南匯張文虎。越六年而《守山閣叢書》竣，通守乞吳興費丹旭補圖識昔游，而屬文虎記之。

湖樓校書記：守山閣學案

張文虎：十三間樓校書圖記

　　西湖寶石山之半，蓋有宋十三間樓舊地，爲東坡守杭時治事之所云。今地入彌勒院。郡人瞿君世瑛，重葺樓三楹，仍舊額曰：十三間樓。己亥庚子秋，錢君熙泰，續文瀾閣校書之役，偕予兩寓于此樓。

　　前爲後湖，夾岸即錦帶橋，西南衺對孤山之放鶴亭。予詩所謂"開窗看放孤山鶴，萬古逋仙共髯翁"是也。動止飧寢，皆在竹蔭嵐翠中，臨窗泚筆，綠映毫楮，執卷而諷，與梵唄相應。天未曙，聞鐘磬聲悠然，披衣頓起，視群山猶夢夢也。中間出游湖上諸勝地，西至天目九鎖，南渡江，登會稽，探禹穴，訪蘭亭修禊處，或一再宿，或逾旬乃返。返則仍校書于此樓。

　　時績溪胡農部竹村，元和陳文學碩甫，同寓湖上。胡君精三禮，方爲《儀禮正義》，補賈氏之疏漏。陳君專治詩毛傳，亦作疏以糾孔氏，時時過從，商榷疑義。蓋讀書之樂，交游之雅，登臨游覽之勝，三者兼之矣。昔東坡居杭，游跡止于洞霄宮，未嘗過浙東。其時牽于一官，讀書交游之事，能如今日與否，固未可知。而吾兩人以物外之身，兼斯三者而有之，非厚幸與！錢君笑曰："東坡讀破萬卷，交遍賢士大夫，身行半天下。而子乃以是傲之，顛矣。"予曰："東坡大矣,何敢言？雖然,茫茫宦海,名編黨籍,舟車所至,曾不得一日安處。老竄窮荒,備歷憂患。其視吾兩人閑鷗野鶩,翱翔山水間。安知不顧而樂之,抑豈惟東坡？將當世實有企羨之者。"錢君慨然歎息曰:"有是哉！子之言蓋有爲而發也。"既歸,倩工作《十三間樓校書圖》,遂書其語爲記。

前二篇録自《舒藝室雜著乙編》(署光緒辛巳,1881,未詳刻本),浦東新區地方誌辦公室《浦東歷代要籍選・周浦歷史文獻叢刊》影印本(2018)

湖樓校書記：守山閣學案

張文虎：《讀有用書齋雜著》序

《讀有用書齋雜著》者，吾友韓對虞舍人遺稿也。君少好讀周秦諸子，爲文古質簡奧，非時俗所尚。既而從姚先生春木游，得望溪、惜抱相傳古文義法，尤究心世事。讀書有得，援古證今，筆之于紙，不爲浮薄華藻之語，觀其所以名齋者可知也。西人點、線、面積之學，莫善于《幾何原本》。本凡十五卷，明萬曆間利瑪竇所譯止前六卷。近歲英吉利未士偉烈亞力續譯後九卷，海甯李壬叔寫而傳之。君反復審訂，授之剞劂，亞力以爲西洋舊本弗及也。外若新譯諸重學、氣學、光學、聲學諸書，君每自校錄，複爲之推極其致，往往出西人所論外，故其發之于文益奇。先是君父瘦山翁，以仁厚端直稱于閭裏。及君舉于鄉，猶遜志劬學，群謂必大其門。逮咸豐初元，君翁沒未斂，盜乘喪入室。君撫屍曰："勿驚我父，室中物恣而取。"自是家小落。十年夏，流寇犯松，藏書板片，古器書畫與所居屋俱焚燼。君蒼黃走避，道途觸暑，鬱鬱發病死。所謂天道誠不可知邪。去夏，君之子伯陽以遺稿來屬序予，爲編分上下二卷。嗚呼！君每得善本書，輒以見示跋其後。《幾何原本》之刻，君約余與顧君尚之同校定。今君與顧君俱歿，獨予憔悴遷徙，學日荒落，索然無可與語者，讀君文不能無悲。君著述放失，所存止此。然亦既足傳矣。伯陽能讀父書,當繼君之志。古人有言:惟有文爲不朽,與有子爲不死。予文無足傳而子又早死,它日誰爲之求序于人哉? 悲夫!

　　録自《舒藝室雜著乙編》(署光緒辛巳,1881,未詳刻本),浦東新區地方誌辦公室《浦東歷代要籍選・周浦歷史文獻叢刊》影印本(2018)

張文虎：愚庵錢公家傳

公諱樹芝，字瑞庭，別號愚庵，先世自奉賢遷今之金山。祖鏗嗣，父溥義，皆以行誼，從祀郡孝悌祠，事具《松江府志》。公兄弟六人，公其弟五也。少習舉業試，有司不利，遂棄去。居家篤行善事，族子鹹熙，少孤敏悟，特延師課之，卒舉于鄉。戚淩早故，婦節孝撫孤，存恤倍至。又助資營葬其三世妹，沈夫死，殉節，家徒四壁。經紀其喪葬，招撫諸甥男女卒爲婚嫁，他族戚貧乏者，周恤之類此。嘉慶十九年大旱，將赤地。公倡議疏浚秦山塘，日冒暑，往督畚鍤。于是，支港通，利農田，稍有收，公之功也。歲歉發倉中秔米量給窮户，率以爲常。自奉儉約，敝衣疏食如寒素，而凡橋樑、溝堰、衣寒、食饑、醫藥、棺殮有益于人者，惟恐弗知，知之惟恐應之後也。性寬厚，待人無上下，必以誠。遠近識與不識，皆曰："錢公長者，治家有法。"延名師課子，禮貌肫至；諸子定省則述先世德澤，勉以孝悌、忠信，至成人猶不置生；無他嗜好，閒以金石書畫自娛，然無所凝滯，志專于爲善也。卒年六十九。五子，熙恩、熙輔、熙祚、熙哲、熙泰。熙祚出繼弟樹蘭，後公以國學生、議敘、縣丞，用熙輔官封修職郎。

張文虎：《金山錢氏家刻書目》序

《家刻書目》者，金山錢子馨纂輯其家向所刊書之目也。錢氏世好善，讀書、藏書甲一邑，尤喜校刊名人著述。父兄子弟相爲講習，自乾嘉間已盛矣。道光中，錫之通守輯《守山閣叢書》及《指海》凡數百種，間校勘異同，附以劄記，考訂家以爲善。咸豐之初，鼎卿學博續輯《藝海珠塵》壬癸二集及刊西人《重學》。夢華少尹又輯《小萬卷樓叢書》繼之。夫刊佈書籍，亦附以傳。儀征阮文達公之論，曰"于人謂之有功，于己謂之有福"，蓋有味乎？其言之也。咸豐之末，浙寇東竄，逃難解散，荏苒十餘年，播遷甫定。同治甲戌，予歸自金陵，子馨招余至所居複園，曰："先世遺書盡失，板片亦煨燼。亂後竭蹶，不能重刊，使前人苦心一朝湮没，不孝之罪也。私心竊計，先匯曆世所刻諸書目録、序跋及校勘記，爲一編，以行世。它日力稍舒，當次第刊之，何如？"予曰："此亦不得已之舉也。"顧書籍既散佚，廣求之收藏家，僅存者輾轉三年，始得略備。又副以近時所刻，凡得十卷，它善書及所選制舉文不預焉。書成而猝以病卒。嗚呼！之馨以郡丞筮仕浙江，既而翻然，乞假歸家。既中衰，力任艱巨，不復作出山計。于予侍奉盡禮，予病扶持醫藥如親子弟，孰意其愈年而長逝乎！予哭以楹聯，曰："一木苦支撑，必欲使漏室重摧,天何此酷;三年勤纂輯,初不意前徽莫續,命竟難回。誠傷之也。"子馨娶于上海王詩禮舊族也,至是從子仲穀來請,曰:"逝者之志,不忍没也。夫子許任校讎,以《書目》授梓。"予諾之。自去歲之夏至,于今凡八閲月而刊成,因述其緣起于簡首。光緒四年歲在戊寅上巳日。

前二篇録自《舒藝室雜著剩稿》(署光緒辛巳,1881,未詳刻本),浦東新區地方誌辦公室影印本(2018)

張文虎：顧尚之別傳

國朝曆算之學，陵越百代，蓋自宣城梅氏始。而同時吳江王氏，亦能研究中西，深涉賾奧。其後學者各以心得，著書自見，然大都主于發明西法。惟元和李氏，解釋《三統》《四分》，統天諸術，用數之原及正負、開方、方程、天元、如積之術。甘泉羅氏，發揮四元，演爲細草，古法大昌。而咸豐以來，西人新術益入中國。錢唐戴君煦、海甯李君善蘭，別以其術，精求對數，超出西人本法之上。于是，不特古法爲土苴，即西人舊術亦筌蹄矣。吾友顧尚之氏曰："積世積測、積人積智，曆算之學，後勝于前。微特中國，西人亦猶是也。"舊法者，新法之所從出，而要不離舊法範圍，且安知紬繹焉，而別有一新法在乎？故凡以爲已得新法，而舊法可唾棄者，非也。中西之法，可互相證而不可互相廢。故凡安其所習，而黨同伐異者，亦非也。烏乎！真通人之論哉！君名觀光，字賓王，尚之，其別自號也。世居金山，以醫學行于鄉，爲善人。君生未能言，即識字或呼壁間字，輒手指之，百不爽。每啼哭，輒以此餌之，能立後，常持箸醮水畫之，若作字者。父教以讀書，日夜輒數十行。九歲，畢五經四書，學爲制舉文。十三，補學官弟子，旋食餼，三試鄉闈不售。而祖、父相繼没，遂無志科第，承世業爲醫。鄉錢氏多藏書，恒往假，恣讀之，遂博通經傳史子百家。尤究古今中西天文、曆算之術，靡不因端竟委，能抉其所以然，而摘其不儘然。時複蹈瑕抵隙，而匡補其未備，如據《周髀算經》，笠以寫天青黃丹黑之文及後文凡爲此圖云云。而悟篇中周徑里數，皆爲繪圖而設。天本渾圓，以視法變爲平圓則不得不以北極爲心，而内、中、外衡，以次環之，皆爲借象，而非真以平圓測天也。《開元占經》《魯曆》積年于算不合，君用演紀術，推其上元庚子(760)，至開元二年(714)歲積，知《占經》少三千六十年。又以《占經》《顓頊曆》歲積，考之《史記·秦本紀·始皇本紀》，知其術雖起立春，而以小雪距朔之日爲斷，蓋秦以十月爲歲首，閏在歲終，故小雪必在十月，昔人未之言也。顧尚之用何承天"調日法"，考古曆"日法"朔餘強弱不合者十六家。君以爲未盡強弱之微，別立術以"日法"朔餘，輾轉相減，以得強弱數，但使"日法"在百萬以上皆可求，惟朔余過于強率者不可算耳。授時術以平立定三差，求太陽盈縮。梅氏詳說，敷衍未明。君讀明志，乃知即三色方程之法，謂凡兩數升降有差，彼此遞減，必得一齊同之數，引而伸之，即諸乘差，則八線、對數、小輪、橢圓諸術，皆可共貫。讀《占經》所載瞿曇悉達《九執曆》，而知回回、泰西曆法皆淵源于此。其所謂高月者即月孛，月藏者即月引數，日藏者即日引數。特稱名不同，亦猶《回曆》之稱歲實爲宮分日數，朔策爲月分日數之類是也。其論婺源江氏冬至權度，推劉宋大明五年十一月乙酉冬至前，以壬戌丁未二日景，求太陽實經度，而後求兩心差，乃專用壬戌。今求得丁未兩心差，適與江氏"古大今小"之説相反，蓋偏取一端以伸己見，其根誤在高衝行太疾也。西法用實朔距緯，求食甚兩心實相和距，術繁而得數未確。君以前後兩設時，求食甚實引徑，得兩心實相和距，不必更資實朔，較本法爲簡而密矣。西人割圓，止知内容各等邊之半爲正弦，而不知外切各等邊之半爲正切。君依"六宗、三要、二簡"諸術，別立求外切各等邊正切線法，以補其闕。杜德美求圓周術，用圓内六邊形起算，雖巧而降位尚遲，君謂内容十等邊之一邊，即理分中末線之大分距周較近。且十邊形之周與邊同數，不過遞進一位，而大分與全分相減即得小分，則連比例各率可以較數取之。入算尤簡易，因演爲諸乘差表，可用弧度入算，而不用弧背真數。然猶慮其難記，且仍不能無藉于表，因又合兩法而用之，則術愈簡而弧線、直線相求之理始盡。錢塘項氏割圓捷術，止有弦矢求餘線術。君以爲亦可通之切割二線，因補立其術。

西人求對數，以正數屢次開方，對數屢次折半，立術繁重。李氏《探源》以尖錐發其覆，捷矣。而布算猶繁，且所得者，皆前後兩數之較，可以造表而不可徑求。戴氏簡法及西人算學啟蒙並有新術，而未盡其理。君別爲變通，以求二至九之八對數。因任意設數，立"六術"以禦之，得數皆合。複立還原"四術"，又推而衍之，爲和較相求"八術"，自來言對數者，未之聞也。君又謂對數之用，莫便于施之八線，而西人未言其立表之根，因冥思力索得之，仍用諸乘差法，迎刃而解。尤晚歲，造微之詣也。其它凡近時新譯西術，如代數、微分、積分、諸重學皆有所糾正。類此，君與輿地、訓詁、六書、音韻、宋儒性理以至二氏術數之學，皆能洞徹本末。尤喜校訂古書，綴緝其散佚，嘗以《馬氏繹史》尚多漏略，寫補眉上，字如蠅子無空隙。

錢通判熙祚，輯《守山閣叢書》及《指海》以囑君。君以治病不能專力，舉文虎自代，仍常佐校讎，中多所商定。別校刊《素問靈樞》，用功尤深。錢教諭熙輔，輯《藝海珠塵》壬癸二集及刊《重學》，錢縣丞培名，輯《小萬卷樓叢書》，婁縣韓中書應陛，刊《幾何原本》後九卷，君皆參與參訂。君視疾，不以饋有無爲意。性坦率，貌黑而肥，衣服樸陋。不知者，以爲村野人。嘗有富人招君，君徒步數里，遇雨，因跣足至門，僕豎詰姓名，告曰：“醫者也。”入則主人相視錯愕，耳語以爲冒顧先生來者。診已定方，伸紙疾書脈及病狀，引據《內經》仲景，洋洋千百言，曰：“向所治皆誤，今當如是。”主人乃改容爲禮，具肩輿以送，君大笑不受。仍跣足歸。本善飲酒，然三四行，即稱醉。固強之，數十觴，縱談忘告起矣。咸豐間，粵寇日逼，人心惶然，強以算理自遣。十年遭母喪。明年，賊入鄉，避亂東走奉賢、南匯間，既而暫歸，藏書多毀壞零落，而次子沄爲賊虜，驚憂不復出。明年，婦唐及季子源先後死，慘悼成疾。將終，以所著囑長子深曰：“求爾師爲我傳，及李壬叔序之。”遂無它言卒，年六十四。深嘗從文虎游。壬叔者，李善蘭也。深、沄皆諸生。當賊至時，深獨挈君書逃浦江東，得以免。君所著，曰《算賸初、續編》，凡二卷；曰《九數存古》，依九章爲九卷，而以堆垛、大衍、四元、旁要、重差、夕桀、割圓、弧矢諸術附焉，皆採自古書，而分門隸之;曰《九數外錄》則櫽栝西術,爲對數、割圓八線、平三角、弧三角、各等面體、圓錐三曲線、靜重學、動重學、流質重學、天重學,凡記十篇;曰《六曆通考》,則據《占經》所記黃帝、顓頊、夏、殷、周、魯積年,而爲之考證;曰《九執曆解》,曰《回回曆解》,皆就其法而疏通證明之;曰《推步簡法》,曰《新曆推步簡法》,曰《五星簡法》,則就《疇人》所用術,改度爲百分,趨其簡易而省其迂曲;曰《古韻》,則本休寧戴氏"陰陽同入之說",兼取顧、江、段、孔諸家,分爲二十二部,雜以詩騷證,其用韻之例,上皆種別爲卷;曰《七國地理考》,以七國爲網,隸諸小國于下,而採輯古書,實以今地名,凡七卷;曰《國策編年考》,求策文年次先後,以篇目散隸之,始周貞定王元年(前468),訖秦始皇二十六年(前221)爲一卷;曰《周髀算經》《列女傳》《吳越春秋》《華陽國志》諸校勘記,皆記其異文脫誤,或採補逸文;曰《神農本草經》,曰《七緯拾遺》,曰《帝王世紀》,皆所輯古人已佚之書,其曰"古書逸文者,即所以補《馬氏繹史》者也"。餘凡所校輯,已刊入《守山閣叢書》及《指海》者不復及,以上皆君所手訂。其身後,深所搜括而文虎爲之別編者,曰《算賸餘稿》,曰《雜著》,凡若干篇。

君又據林億校注《傷寒金匱》,謂今次非是,各別編宋本目次,于《傷寒論》審訂舛誤,略採舊說,間下己意爲注,未成書,僅成《辨脈》《平脈》《太陽上》《太陽中》,凡四篇。少時,嘗以學者讀《禹貢》,多不得其條理。因爲之釋,遠近爭傳寫之爲讀本,然往往牽于俗見以意改竄,失君本旨。別見文虎序中,蓋君于學,實事求是,無門户異同之見,不特算術爲然,而算術爲最精。夫後有作者,君所未知不敢言。若其既見,則可謂集大成也已。

論曰:觀君之幼慧,殆所謂生有自來者邪,或者乃謂以君之學,籍不出諸生,壽不及古稀,宜若天靳之者。烏乎!孔子曰:"求仁而得仁。"又何怨?君所志者,博大宏達,綜貫天人,亦既得之矣。雖貴爲王侯,壽如彭鏗,何以易此。彼委巷拘墟得失長短之見,小人哉,小人哉。

錄自《舒藝室雜著甲編》(署光緒乙卯,1879,未詳刻本),浦東新區地方誌辦公室《浦東歷代要籍選·周浦歷史文獻叢刊》影印本(2018)

張文虎：復阮相國（甲辰）

前月修誠祇謁，後生末學得瞻仰顏色，誠二十年嚮往之忱，庶幾焉而不敢自必者也。

退後複蒙八公子賁臨，舟次傳命，持贈《研經室再續集》《夢陔堂文集》，並爲錢君致祭厚意，優渥非所敢當。文虎適以事入城，殊失禮迓引慚無及。其日即解維，旬餘始抵金山，仰賴福音，在途平善。邇日諸冗稍定，正擬肅書申謝，十八日，郡署中遞到台函，暨《〈守山閣叢書〉序》，盥誦之餘，曷勝感荷！竊惟執事居爲通儒，出爲台輔，德業之隆，天下仰望，譬猶日星河嶽，自公卿迄士大夫，苟得一言，靡不重于九鼎。錢君自輯書以來，殷殷就正之意，無日去懷。不幸不及躬親訓誨，而身後之屬，竟蒙俯從所請，賜文弁首，俾數十年苦心，不致湮沒。且六百五十二卷之書，掛名鉅集，從此不朽，九原有知，可無憾矣。文虎鄉曲陋儒，學識樸昧，伏讀鈞序，意旨深遠，安能窺測于萬一！惟宏獎風流，娓娓言外，令綴學之士油然相勸，此則大君子之善成人美，而古大臣之所爲。休休有容，不啻若自其口出者，固如是也。敬校刊一過，有數字似傳寫脫誤，因照錄副本，另識所疑，呈求審正示悉，以便付梓。附上《湖海文傳》一部，坊訂不甚闊大，惟印本尚清楚，較勝近出者，冀即察收。錢君所輯《指海》十二集先已刊竣,裝訂後郵請鑒定。其餘稿未編者,嗣子某某擬遵遺命續刊,知荷垂注,敬附以聞。

　　録自《舒藝室尺牘偶存》,浦東新區地方誌辦公室《浦東歷代要籍選・周浦歷史文獻叢刊》(2018)影印光緒十五年(1889)刻本

張文虎：上阮相國（甲辰）

六月中，拜奉賜書，暨《〈守山閣叢書〉序》，隨肅丹布謝，並附呈《湖海文傳》一部，仍求洪都伯轉達，計邀鑒悉。越數日，又從蘇州接到第一次所寄手諭，緣前函已送郡署，未及奉聞。秋暑甚酷，繼以驟凉，比惟道體萬福。文虎甫成童即讀執事書，積嚮往之私，逾二十年。地分殊隔，莫爲之先容，徒望風引領而已。仲夏，以故友之屬造次求謁，執事不麾之門牆之外，而命之進見，其爲喜荷非可言譽。自審讁劣，無足陳獻，又重勞清聽。不敢久侍，未盡其所懷而退，退而又悔之。夫知其拙而隱焉，揜覆是自欺也。曩願見而不可得，得見而又不以誠告，是自棄也。自欺自棄，非所以事大君子也。文虎少孤失學，奔走衣食，以意學爲詞章，無所師法。既而讀近儒江、惠、戴、錢諸家書，乃悟其本不立，無以爲言，始從事于形聲、訓詁、名物、度數之學，以庶幾古聖賢立言之意。賦質駑鈍，聞見浮淺，俗事牽之，旋作旋輟。癸巳以來，錢君招同商訂《守山閣叢書》，雜而寡要，徒鶩心力，閒事筆劄，一知半解，無當于所謂根本者。執事口敵萬卷，胸貫九流，著作之盛，衣被天下。其視綴學之士，管窺蠡測，沾沾自喜，奚翅鳳凰于千仞，而下顧醯雞方舞于甕中也。雖然，泰山不讓土壤，河海不擇細流。執事自撫浙江，迄節制兩粤、黔滇,造就人才,不可枚舉,寸長薄技,無不誘掖獎勸以曲成之。以文虎之不敏,固不敢自比于弟子之列,抑又安知執事之不因其來,而樂爲之教誨邪?謹獻散文二十篇,詩一卷,敢求垂覽。其有一言之幾于古,則請誨以其所未至,而勉其將來,無任冀幸之至。

　　錄自《舒藝室尺牘偶存》,浦東新區地方誌辦公室《浦東歷代要籍選·周浦歷史文獻叢刊》(2018)影印光緒十五年(1889)刻本

張文虎：《守山閣賸稿》序

吾友錢錫之之沒于京邸也。識與不識，皆諮嗟歎息。謂以君之才，未及祿仕，又不永其年壽，爲可惜也。解之者曰："人壽之修短，豈系乎此哉！"有以數年爲壽者，爵祿位望，烜赫一時者，是也。有以數十年爲壽者，若世所稱上、中、下，三等之壽，是也。有以數百年、數千年以上爲壽者，道德、功業、著述不朽者，是也。錫之年雖不永，其所輯《守山閣叢書》及《指海》顯微闡幽、剖析是非、參訂同異，皆足附之立言者。以自見海内好學之士，皆欲得其書。朝鮮使人至，以重價來購。其可信今傳無疑也。然則世之擁軒蓋而享期頤者，蔑有加于此矣。嗟乎！斯言也。固將以矯世鎮俗而未爲知錫之者也。錫之蘊高才雅，自抱負其居鄉，以利濟爲己任，手定義田、義塾，規條爲贍族計畫。創與善堂，以給窮乏。嘗欲大浚秦山塘，以利一鄉灌漑。地方大患，在人無恆業，法宜修保甲，禁游民，絕"倡優搏塞"，而重懲豪猾則良民安，而莠民無所容。其入都求仕也，謂苟得一官，將有所建立以自試而卒焉。以病沒，彌留時，猶諄諄以義田，囑其後嗣。由是觀之，其不欲徒以劬學好古，搏虛名于世明矣。古之君子，不恥其躬之不顯，而憫其道之不行。不憂其名之不立，而憾其澤之不被于天下後世。錫之蓋有慕于此，區區著録之傳,豈足慰君地下哉。雖然天下事,皆欲出之于己,雖聖哲有所不能盡,子孫相繼,則太行王屋之峻,可移而厝之。方錫之之出《指海》之已成者,僅十有二集。今其孤兒録殘稿,重爲校訂,又得八集,合前爲二十集,複搜輯君所爲文筆及詩,囑予編次附于《指海》之末,其用心可謂勤矣。《易》曰:"鳴鶴在陰,其子和之。"推此以往征特義田、義塾之舉,屈指可計,而凡錫之所有志而未逮者,其必能次第成之。然則錫之雖没而不死者,固在也。夫何憾哉!錫之于辭章之事,非所措意,複隨手散佚。今所存,皆得之廢紙中,及友人所代記。其序、跋諸篇已見于《守山閣叢書》及《指海》者不復録。凡一卷率爲之序,以諗好君之爲人者,且以勉其孤雲。道光二十有六年八月既望。

據《舒藝室雜著乙編》(署光緒辛巳,1881,未詳刻本),浦東新區地方誌辦公室《浦東歷代要籍選・周浦歷史文獻叢刊》影印本(2018)

胡培翬:《守山閣叢書》序

自匯刊出,而古今載籍之傳漸廣。然擇焉不精,良莠雜見,別風淮雨,訛謬相襲,則刊或弗傳,傳或弗遠。國朝乾隆中宏開四庫,網絡放失歷代遺書,稍稍完具。以卷軼繇多,未能盡付聚珍。版擺印字,京城、陪都外,武林、京口、邗江各抄存一份,用資學士窺覽。近遂有撮取密逸,刻爲叢書者,其視鈔本流傳固易,然擇之精而校之審,蓋亦難矣。嘉慶間,昭文張若雲遵取著録,書輯《墨海金壺》,乃分爲四部,以類相次,體例頗整,然如《太白陰經》云,據影宋鈔本,乃闕至數篇;《珩璜新論》較唐宋叢考本,脱去數條;《漢武帝内傳》止據俗本,較《道藏》闕其大半;《大金弔伐録》原書已佚,惟有《四庫全書》從《永樂大典》録出之本,而若雲據所謂超然堂吴氏本者,脱文錯簡更不可枚舉。其他訛舛失檢者勿論,則猶未盡善矣。金山錢錫之府粹沖雅,嗜古讀書,喜校勘文字異同,每恨若雲氏書,抉擇未當,又版毁殆盡,計所以重訂。乃益出藏書,聚同志商榷去取,討論真贗,反復讎對民間之善本準則之。以文瀾閣本或注案語,或係札記。其取材分類,略仿張例而後出入之。書未入著録者,間亦附之。凡十易寒暑而後竣。余自己亥歲主講雲間,即耳君名。是秋游寓西湖,與君弟鱸香、張君嘯山寓居相接,過從談論,間以叢書相質于鄙見,甚洽。其後時時郵函來往,講求善本,遂屬序于余。夫余之弇陋,何足以益君者?顧自念半生耽慕典籍,自經史以下,百家有用之書,靡不省覽。數十年來,窮于蒐訪,有思之而不得見,見矣即其本末必皆善者。今讀君書,不覺撚然,心服其採擇之精,校讎之審,過若雲氏,奚止倍蓰?信足以津逮後學,俾昔憲著作苦心不致湮沒于譌文脱字,于是決其書必傳,而傳之必遠無疑也。曩者四庫之設,各省收藏家進呈書籍多至六七百種,少或百餘種,往往膺高廟賜書之寵,兹刻薈萃精華,蔚爲巨帙,信今傳後,俾助聖教,尤非僅僅藏書者比。異時當必有陳之黻座,懇邀宸賞,彰其好古者,且以余言爲左契可乎?道光二十三年,歲次癸卯,績溪胡培翬撰。

據光緒乙丑年(1889)嘉平月鴻文書局石印本

阮元：《守山閣叢書》序

　　金山錢錫之熙祚輯《守山閣叢書》，爲目百有十，爲卷六百五十有二。其書多從浙江文瀾閣録出，亦有後出之書，如《招捕總録》《征緬録》爲余嘉慶間所呈進者，錢氏從歸安嚴元照處録副刊刻。他如《大唐西域記》《華嚴經音義》則據嘉興楞嚴寺舊刻支那本，《能改齋漫録》則據臨嘯書屋刊本。其無別本可據，則廣引群籍以證之。或注案語，或係札記，其採擇、讎校之精，迴出諸叢書之上矣。夫刊刻秘籍，于人謂之有功，于己謂之有福。余作《虞山張氏貽經堂記》，嘗反復論之（續集卷三）。又曾作《紙頌》，寓刻書之意（續集卷四）。今錢氏薈萃群書，津逮後學，其志深可嘉尚，余故樂爲序之。錢氏又仿鮑氏《知不足齋叢書》，例輯爲小集，隨校隨刊，取《抱樸子》語，名曰"指海"。今先成者十二集，餘稿尚多，倘有同志者續爲校刊，俾古書日就彰顯，尤余之所甚望。錢氏以捐辦海塘石工，保舉得恩，即選通判。癸卯冬，入都待選，感疾卒于京寓。遺囑其友張嘯山（文虎）以叢書就正于余而乞爲序。錢氏讀書樂善，勤學敦行，年僅四十有四，是可傷也。嘯山送歸櫬，過揚州徐林門外，余命季子孔厚備壺酒簠飯，登舟祭之，而命匠特造木匱以庋此六百五十二卷之叢書，陳之雙松泉石間，籍以消夏。老見新書之刻，爲之一快，且序之，以酬逝者殷殷就正之意。至錢氏生平行誼，不愧古人，見于吳興凌氏撰《錢雪枝小傳》及嘯山所撰行狀，甚詳，不復贅。道光二十四年甲辰大暑日頤性老人阮元筆。

據光緒乙丑年(1889)嘉平月鴻文書局石印本

凌堃：錢雪枝小傳

　　世不經見，乃甚珍異，閭胡慕夫蕃且壽者？飛走特、祥麐鳳，憬然矣。蕃且壽，則將與豚雛等，何珍祥足云？賢豪君子若錢君雪枝，非人中麐鳳乎哉？生而慧敏耐深思，長益勵學探古籍，艱辭奧旨，靡間洪纖，洞若觀火。又劇不喜速化苟取，聲聞于當世。嘗慨俗薄尟敦躬行，競祿誘滔滔，儒衣冠輩巧梯榮以自快，一葉蔽目，兩豆塞耳，爲厲于生民無已時，末矣。幸不速化，又或緣飾文章，矜醜博丐潤，當路之愚無知，驚炫稱絕世，而卒爲有議者所深鄙悼。化不快、丐不偶，則又顯逃于禪，或又隱冒于腐坐屍噓，譚心說裏，思表異于庸流，而其家之子弟及戚黨姻族，有不堪爲之深諱者。蓋孝友睦姻之化不隆，而利物幹事之才不育，越數千百年于茲矣。君又嘗言，爲政大要在興禮樂，正人心，化邪慝。然其先必養欲給求，君子安政，小人安農。安政必先重祿，重祿必先重農。水利興，田賦均，國用足，而後可徐敦禮讓也。否則祿入不足以自贍，豐歲不免于流徙。一切聽民之自爲，乃汲汲督而之善，其道無繇。君先世自浙遷松江婁縣之秦山，今爲金山縣地。山塘諸水，大抵道自浙之平湖，南鄉籍以溉田，而潮汐北自呂巷太平寺、西自明珠庵入山塘者，沙淤河身日淺狹。嘗欲興大役疏浚，建閘以時啟閉。道光二十三年,南鄉大旱,塘河幾涸,力籌排剔深潴,民賴以不饑,而迆北猶有待也。縣故地瘠民貧,生不能育,死無殮者多,則又獨力爲之公所二,一曰興善、一曰接嬰,置田若干,以濟生送死無憾。他若杠樑涂路、溪堰亭堠,凡可利濟群生者,罔不率先倡道,規畫周詳,而佛、老、土木之神,則又峻拒焉,若有深吝者。秦山故多墦冢,道光十七年官築華亭海塘,議近山採石,省運費。君乃歙倍費,請當事,兆域賴以無恙者以千計。君又嘗欲建義莊、義田、義塾,以贍宗族鄉黨之婚嫁喪葬、延師應試之無力,鰥寡孤獨癈疾之不自存活者。營宗祠,修族譜,以聯子姓,明昭穆,秩然厘然,將次具舉。而適以海疆捐輸,敍選通判。抵京師,銓有日矣,乃邁微疾,卒廣齋,年四十有四,且無子。是天也夫!是命也夫!君諱熙祚,字錫之,故吳越武肅王之裔也。先世夙好施與,多隱德,祖父得援例請封。君故後,大宗遺囑以仲兄熙輔子培讓及弟熙哲子培傑爲之後。將卒,獨諄諄以義莊諸事,囑其友人李君蘭垞、張君嘯山,致昆季暨後嗣爲善終計。嗚呼!充其所志、所學、所行,夫豈止是,而乃竟止是也!余擇交數十年,粹美如君不經見,寓京師相隔止數武,而曾不得一覿面晤語也,悲夫!初,余聞君手校《守山閣叢書》百有十種,爲卷六百五十有二,亟欲得之,而君逝矣!既得讀其叙跋,精求實獲,已心折其爲人。嘯山深嗜篤信邁儕輩,佐君讎校久且精,復出《指海》書目十二集示余,且縷述君生平行事甚悉,而深悼天之不壽其身、不蕃其子孫如是。嗚呼!造物之吝賢豪俊傑,百甚于吝富貴壽考子孫,且壽夷不及跖矣,自

凌堃：錢雪枝小傳

古賢豪君子不必子孫百世，而千百年後往往祖有德，宗有功，馨香俎豆遍天下。嘯山其勿悲且思，無孤死友之託，翼厥子成厥所爲而未逮者，《指海》之廣其一矣。嘯山淵默盦述，亮可信余，故樂爲之次，以示錢君之德澤神光自足不朽，非瑣瑣綴名于他人簡末，籍爲傳久行遠，幸也。道光早辰清明日，吳興凌堃識。

據《金山錢氏家刻書目》卷二

附　　錄

《守山閣叢書》目錄
錢熙祚輯

經部：

〔宋〕趙善譽：《易説》四卷

〔明〕陳士元：《易象鈎解》四卷

〔清〕胡渭：《易圖明辨》十卷

〔宋〕傅寅：《禹貢説斷》十卷

〔清〕范家相：《三家詩拾遺》十一卷

〔清〕江永：《周禮疑義舉要》七卷

〔宋〕李如圭：《儀禮釋宮》一卷

〔清〕江永：《儀禮釋例》一卷

〔清〕江永：《儀禮訓義釋言》八卷

〔明〕高拱：《春秋正旨》一卷

〔清〕惠棟：《左傳補注》六卷

〔明〕孫瑴：《古微書》三十六卷

〔宋〕余允文：《尊孟辨》六卷

〔宋〕趙惪：《四書箋義纂要》十三卷

〔清〕江永：《律吕新論》二卷

〔清〕王引之：《經傳釋詞》十卷

〔清〕紀容舒：《唐韻考》五卷
〔清〕江永：《古韻標準》四卷

史部：

〔不詳年代〕失名：《三國志辨誤》一卷
〔元〕失名：《宋季三朝政要》六卷
〔宋〕郭允蹈：《蜀鑒》十卷
〔明〕薛虞畿：《春秋別典》十五卷
〔不詳年代〕失名：《咸淳遺事》二卷
〔不詳年代〕失名：《大金弔伐》四卷
〔元〕劉敏中：《平宋錄》三卷
〔元〕失名：《至元征緬錄》一卷
〔元〕失名：《招捕總錄》一卷
〔元〕失名：《京口耆舊傳》九卷
〔元〕失名：《昭忠錄》一卷
〔宋〕路振：《九國志》十二卷附拾遺
〔不詳年代〕失名：《越史略》三卷
〔宋〕范成大：《吳郡志》五十卷附校勘記
〔明〕姚虞：《嶺海輿圖》一卷
〔宋〕單鍔：《吳中水利書》一卷
〔宋〕魏峴：《四明它山水利備考》二卷
〔元〕沙克什：《河防通議》二卷
〔宋〕陳舜俞：《廬山記》三卷，附〔宋〕釋慧遠：《廬山紀略》一卷

〔宋〕王瓘：《北道刊誤志》一卷
〔元〕納新：《河朔訪古記》三卷
〔唐〕釋玄奘：《大唐西域記》十二卷
〔明〕艾儒略：《職方外紀》五卷
〔明〕董說：《七國考》十四卷
〔明〕鍾淵映：《歷代建元考》十卷
〔清〕俞森：《荒政叢書》十卷
〔宋〕陳傅良：《歷代兵制》八卷
〔宋〕翟耆年：《籀史》一卷

子部：

〔宋〕呂祖謙：《少儀外傳》二卷
〔元〕謝應芳：《辨惑論》四卷
〔唐〕李筌：《太白陰經》十卷
〔宋〕陳規：《守城錄》四卷
〔明〕戚繼光：《練兵實紀》十五卷
〔宋〕鄭克：《折獄龜鑒》八卷
〔晉〕王叔和：《脈經》十卷
〔明〕王九思等：《難經集注》五卷
〔宋〕蘇頌：《新儀法要》三卷
〔明〕熊三拔：《簡平儀說》一卷
〔明〕李之藻：《渾蓋通憲圖說》二卷
〔明〕李之藻：《圜容校義》一卷
〔清〕王錫闡：《曉庵新法》六卷

〔清〕王錫闡:《五經行度解》一卷
〔清〕江永:《數學》九卷
〔清〕江永:《推步法解》五卷
〔周〕李虛中:《命書》三卷
〔宋〕徐子平:《珞琭子三命消息賦注》二卷
〔宋〕釋曇瑩:《珞琭子三命消息賦注》二卷
〔清〕穆尼閣:《天步真原》三卷
〔周〕王樸:《太清神鑒》六卷
〔唐〕南卓:《羯鼓錄》一卷
〔唐〕段安節:《樂府雜錄》一卷
〔宋〕張儗:《棋經》一卷
〔明〕西洋鄧玉函:《奇器圖說》三卷
〔明〕王徵:《諸器圖說》一卷
〔周〕鶡熊:《鶡子》一卷附校勘逸文
〔周〕尹文子:《尹文子》一卷
〔周〕慎到:《慎子》一卷附逸文
〔周〕公孫龍:《公孫龍子》三卷
〔魏〕劉邵:《人物誌》三卷
〔宋〕李上交:《近事會元》五卷附校勘
〔宋〕黃朝英:《靖康緗素記》十卷
〔宋〕吳曾:《能改齋漫錄》十八卷
〔宋〕高似孫:《緯略》十二卷
〔宋〕邢凱:《坦齋通編》一卷
〔宋〕陳肪:《潁川小語》二卷

〔宋〕失名:《愛日齋叢抄》五卷
〔元〕黄溍:《日損齋筆記》一卷
〔清〕何琇:《樵香小記》
〔元〕李翀:《日聞錄》一卷
〔元〕王惲:《玉堂嘉話》八卷
〔宋〕鄧名世:《古今姓氏書辨證》四十卷附校勘記
〔唐〕鄭處誨:《明皇雜錄附校勘記》三卷附校勘記逸文
〔宋〕張洎:《大唐傳載》一卷
〔宋〕張洎:《賈氏談錄》一卷
〔宋〕范鎮:《東齋記事》六卷
〔宋〕孔平仲:《續世説》十二卷
〔宋〕釋文瑩:《玉壺野史》十卷
〔宋〕王讜:《唐語林》八卷附校勘記
〔宋〕朱彧:《萍洲可談》三卷附校勘記
〔宋〕曾慥:《高齋漫錄》一卷
〔宋〕張知甫:《張氏可書》一卷
〔宋〕陳長方:《步裏客談》二卷
〔明〕陸容:《東南紀聞》三卷
〔明〕陸容:《菽園雜記》十五卷
〔漢〕班固:《漢武帝內傳》一卷附錄外傳逸文校勘記
〔唐〕釋慧苑:《華嚴經音義》四卷
〔周〕文子:《文子》二卷附校勘記
〔宋〕陳顯微:《文始真經言外經旨》三卷
〔宋〕朱熹:《參同契考異》一卷

集部：

〔宋〕章樵：《古文苑》二十一卷附校勘記

〔宋〕吴聿：《觀林詩話》一卷附校勘記

〔宋〕王正德：《餘師錄》四卷

〔宋〕張炎：《詞源》二卷

《守山閣叢書》，清道光二十四年(1844)金山錢氏據《墨海金壺》刊版重編增訂本；光緒十五年(1889)上海鴻文書局據道光錢氏刊本影印本；民國十一年(1922)上海博古齋據道光錢氏刊本影印本。此據《中國叢書綜錄》(上海古籍出版社1982年版，第176—179頁)所載目錄整理

《珠塵別錄》叢書目錄

錢熙祚輯

〔宋〕龔明之:《中吳紀聞》六卷

〔宋〕蘇洵:《謚法》四卷

〔宋〕董煟:《救荒活民書》三卷,拾遺一卷

〔宋〕吳如愚:《準齋雜説》二卷

〔明〕仁孝文皇后:《内訓》一卷

〔明〕何良臣:《陣記》四卷

〔元〕魯明善:《農桑衣食撮要》二卷

〔宋〕王衮:《博濟方》五卷

〔宋〕董汲:《旅舍備要方》一卷

〔宋〕韓祇和:《傷寒微旨論》二卷

〔宋〕王貺:《全生指迷方》四卷

〔漢〕東方朔、〔晉〕顔幼明、〔劉宋〕何承天、〔元〕陳師凱、〔明〕劉基:《靈棋經》

〔宋〕劉仲甫:《祺經》一卷

〔明〕吕震:《宣德鼎彝譜》八卷附〔明〕項元汴《宣爐博論》一卷

〔宋〕歐陽修:《洛陽牡丹記》一卷

〔宋〕王觀:《揚州芍藥譜》一卷

〔宋〕范成大:《范村梅譜》一卷

〔宋〕陳仁玉:《菌譜》一卷

〔周〕程本:《子華子》二卷

〔南唐〕譚峭：《化書》六卷

〔宋〕孔平仲：《珩璜新論》一卷

〔宋〕任廣：《書叙指南》二十卷

〔宋〕趙崇絢：《雞肋》一卷

〔宋〕失名：《南窗紀談》一卷

〔宋〕馬純：《陶朱新錄》一卷

〔唐〕李荃：《陰符經疏》三卷

〔周〕尹喜：《關尹子》一卷

〔周〕庚桑楚：《亢倉子》一卷

《珠塵別錄》，清道光中金山錢氏據《墨海金壺》刊版重輯；民國十一年(1922)上海博古齋據道光錢氏刊本影印本。此據《中國叢書綜錄》(上海古籍出版社1982年版，第179頁)所載目錄整理

《指海》叢書目録

〔清〕錢熙祚輯，〔清〕錢培讓、錢培傑續輯

第一集：

〔宋〕程大昌：《禹貢山川地理圖》二卷

〔清〕陶正靖：《詩說》一卷

〔明〕陸粲：《春秋胡氏傳辨疑》二卷，道光十九年（1839）刊

〔宋〕蘇轍：《孟子解》一卷，道光二十一年（1841）刊

〔唐〕趙元一：《奉天録》四卷，道光十九年（1839）刊

〔明〕田汝成：《炎徼紀聞》四卷，道光二十年（1840）刊

〔清〕顧炎武：《譎觚》一卷，道光二十年（1840）刊

〔清〕葉鳳毛：《内閣小志》、《内閣故事》一卷，道光十八年（1838）刊

〔清〕顧炎武：《石經考》一卷，道光二十年（1840）刊

〔清〕西洋穆尼閣、〔清〕薛鳳祚：《天步真原》一卷，道光十九年（1839）刊

〔明〕王鏊：《震澤長語》二卷，道光十八年（1838）刊

第二集：

〔清〕惠棟：《易例》二卷，道光二十年（1840）刊

〔元〕舒天民，舒恭注、〔明〕趙宜中附注：《六藝綱目》二卷，附録一卷，道光十九年（1839）刊

〔清〕孫承澤：《思陵勤政記》一卷，道光二十二年

(1842)刊

〔宋〕趙萬年：《襄陽守城録》一卷，道光十六年(1836)刊

〔明〕逯中立：《兩垣奏議》一卷，道光十八年(1838)刊

〔清〕蔣伊：《條奏疏稿》一卷，續刊一卷，道光十八年(1838)刊

〔宋〕朱熹：《紹熙州縣釋奠儀圖》一卷，道光二十年(1840)刊

〔清〕黃生：《義府》二卷，道光二十年(1840)刊

第三集：

〔清〕江永：《儀禮釋宮增注》一卷

〔清〕陶正靖：《春秋説》一卷

〔宋〕鄭汝諧：《論語意原》四卷，道光十六年(1836)刊

〔清〕顧炎武：《韻補正》一卷，道光十九年(1839)刊

〔清〕江永：《音學辨微》一卷，道光十九年(1839)刊

〔唐〕杜寶：《大業雜記》一卷，道光十九年(1839)刊

〔明〕黃省曾：《西洋朝貢典録》三卷，道光二十一年(1841)刊

〔清〕梅文鼎：《中西經星同異考》一卷

〔宋〕李如篪：《東園叢説》三卷，道光二十一年(1841)刊

〔明〕王世貞：《歷朝盛事》一卷，道光二十二年(1842)刊

第四集：

〔清〕惠周惕：《詩説》三卷，道光二十年(1840)刊

〔元〕熊朋來:《瑟譜》六卷,道光十六年(1836)刊

〔清〕惠棟著,〔清〕江聲參補:《惠氏讀說文記》十五卷,道光二十年(1840)刊

〔清〕萬斯同:《崑崙河源考》一卷,道光二十一年(1841)刊

〔宋〕呂希哲:《呂氏雜記》二卷,道光二十年(1840)刊

〔清〕嚴有禧:《漱華隨筆》四卷,道光二十年(1840)刊

第五集:

〔清〕惠棟:《易大誼》一卷

〔清〕蔣廷錫:《尚書地理今釋》一卷,道光十八年(1838)刊

〔清〕黄生:《字詁》一卷,道光二十一年(1841)刊

〔明〕朱睦㮮:《革除逸史》二卷,道光十六年(1836)刊

〔明〕燕客:《詔獄慘言》一卷,附〔明〕失名:《天變邸抄》,道光二十年(1840)刊

〔清〕錢良擇:《出塞紀略》一卷,道光二十年(1840)刊

〔明〕朱明鎬:《史糾》六卷,道光二十年(1840)刊

〔清〕吴殳:《手臂録》四卷,附〔清〕釋普恩立法、程真如達意:《峨嵋槍法》一卷,道光二十年(1840)刊;〔清〕釋洪轉:《夢緑堂槍法》一卷,道光二十二年(1842)刊

第六集:

〔清〕顧炎武:《左傳杜解補正》三卷,道光二十年

(1840)刊

〔宋〕蘇轍：《論語拾遺》一卷，道光二十一年(1841)刊

〔晉〕皇甫謐撰，〔清〕顧觀光輯：《帝王世紀》一卷，道光二十年(1840)刊

〔清〕圖理琛：《異域錄》二卷，道光十九年(1839)刊

〔明〕章懋：《楓山語錄》一卷，道光二十二年(1842)刊

〔宋〕何去非：《何博士備論》一卷，道光十六年(1836)刊

〔清〕董豐垣：《識小編》二卷，道光二十年(1840)刊

〔宋〕呂本中：《紫薇雜說》一卷，道光二十一年(1841)刊

〔清〕趙晉：《文選敏音》一卷，道光十九年(1839)刊

第七集：

〔清〕席世昌：《席氏讀說文記》十五卷，道光十八年(1838)刊

〔周〕司馬穰苴：《司馬法》三卷，〔清〕錢熙祚輯：《逸文》一卷，道光十九年(1839)刊

〔明〕呂坤：《救命書》二卷，道光二十二年(1842)刊

〔周〕鄧析子：《鄧析子》一卷，道光十九年(1839)刊

〔周〕商鞅：《商子》五卷，道光十九年(1839)刊

〔明〕西洋利瑪竇口譯，〔明〕徐光啟筆受：《測量法義》，道光十六年(1836)刊

〔明〕徐光啟：《測量異同》一卷，道光十六年(1836)刊

〔明〕徐光啟：《勾股義》一卷，道光十六年(1836)刊

第八集：

〔唐〕李絳撰，〔唐〕蔣偕輯：《李相國論事集》六卷，道光二十年(1840)刊

〔元〕辛文房：《唐才子傳》十卷，道光十九年(1839)刊

〔明〕許元溥：《吳乘竊筆》一卷，道光十九年(1839)刊

〔明〕錢希言：《戲瑕》三卷

〔明〕高拱：《本語》六卷，道光二十一年(1841)刊

第九集：

〔清〕吳守一：《春秋日食質疑》一卷

〔元〕王鶚：《汝南遺事》四卷，道光十九年(1839)刊

〔宋〕路振：《乘軺錄》一卷，道光十九年(1839)刊

〔清〕彭遵泗：《蜀碧》四卷，道光二十一年(1841)刊

〔清〕朱彭：《南宋古迹考》二卷，道光十八年(1838)刊

〔清〕錢塘：《淮南天文訓補注》二卷，道光十九年(1839)刊

〔明〕王世貞：《觚不觚》二卷，道光二十二年(1842)刊

〔明〕彭時：《彭文憲公筆記》一卷，道光二十一年(1841)刊

第十集：

〔清〕顧炎武：《九經誤字》一卷

〔明〕周怡：《訥谿奏稿》一卷，道光十九年(1839)刊

〔宋〕胡知柔輯：《象臺首末》五卷，附錄一卷，道光二十年(1840)刊

〔清〕戴兆祚：《于公德政錄》一卷

〔清〕陸隴其:《三魚堂日記》二卷,道光十九年(1839)刊

〔晉〕張華、〔宋〕周日用注:《博物志》十卷,逸文一卷,道光十九年(1839)刊

〔宋〕沈義父:《樂府指迷》一卷

第十一集:

〔明〕姚宗典:《存是錄》一卷,道光十九年(1839)刊

〔宋〕趙與裕:《辛巳泣蘄錄》一卷,道光十六年(1836)刊

〔明〕王世懋:《閩部疏》一卷,道光十九年(1839)刊

〔清〕失名:《寧海將軍固山貝子功績錄》一卷,道光二十一年(1841)刊

〔元〕戴啟宗:《脈訣勘誤》二卷,附錄一卷;〔明〕汪機輯:附錄一卷

〔清〕馮班著,〔清〕何焯評:《鈍吟雜錄》十卷,道光二十一年(1841)刊

〔宋〕朱熹:《陰符經考異》一卷,〔宋〕王瑞節附錄,道光十六年(1836)刊

〔元〕王構:《修辭鑒衡》二卷,道光二十二年(1842)刊

第十二集:

〔清〕徐鬆:《漢書西域傳補注》二卷,道光二十二年(1842)刊

〔清〕西洋南懷仁:《坤輿圖說》二卷,道光二十一年(1841)刊

〔清〕顧炎武：《金石文字記》六卷，道光十九年(1839)刊

〔清〕黃宗羲：《明夷待訪錄》一卷，道光十九年(1839)刊

第十三集：

〔清〕胡培翬：《燕寢考》二卷首一卷，道光二十三年(1843)刊

〔清〕楊陸榮：《三藩紀事本末》四卷，道光二十一年(1841)刊

〔明〕文秉：《先撥志始》二卷，道光十八年(1838)刊

〔元〕李志常：《長春真人西游記》二卷，附〔清〕沈垚：《西游記金山以東釋》一卷，道光二十三年(1843)刊

〔梁〕陶弘景：《古今刀劍錄》一卷

〔漢〕桓譚：《桓子新論》一卷，〔清〕失名輯，道光二十三年(1843)刊

第十四集：

〔明〕宋濂：《洪武聖政記》一卷，嘉慶十三年(1808)刊

〔明〕王世貞：《嘉靖以來內閣首輔傳》八卷，道光二十一年(1841)刊

〔漢〕孔鮒撰、〔宋〕宋咸注：《孔叢子》七卷

〔宋〕陳景元：《南華真經章句音義》十四卷，《章句餘事》一卷，《餘事雜錄》二卷

〔宋〕李元卓：《莊列十論》一卷

第十五集：

〔晉〕皇甫謐：《高士傳》三卷，附〔清〕錢熙祚輯逸文一卷，道光二十三年（1843）刊

〔明〕失名：《海道經》一卷附錄一卷，道光二十二年（1842）刊

〔清〕孫承澤：《思陵典禮記》四卷，道光二十二年（1842）刊

〔唐〕馬總：《意林》五卷

〔明〕楊士聰：《玉堂薈記》二卷，道光十九年（1839）刊

〔明〕王鏊：《震澤紀聞》二卷，道光十八年（1838）刊

第十六集：

〔清〕吳喬：《難光錄》一卷，道光二十三年（1843）刊

〔明〕失名撰，〔明〕蔣平階輯：《秘傳水龍經》五卷

〔清〕鄒一桂：《小山畫譜》二卷，道光二十一年（1841）刊

〔明〕陳士元：《名疑》四卷，道光二十二年（1842）刊

第十七集：

〔清〕戴震：《孟子字義疏證》三卷，道光二十三年（1843）刊

〔周〕晏嬰：《晏子春秋》，錢熙祚校，道光二十二年（1842）刊

〔清〕周裕：《從征緬甸日記》一卷，道光二十一年（1841）刊

〔晉〕傅玄：《傅子》三卷，〔清〕錢熙祚輯，道光二十三年(1843)刊

〔清〕桂馥：《續三十五舉》一卷，道光二十三年(1843)刊

〔清〕蔣驥：《傳神秘要》一卷，道光二十二年(1843)刊

〔明〕唐昌世：《隨筆漫錄》一卷，道光二十五年(1845)刊

〔漢〕劉向：《列仙傳》二卷

〔明〕王驥德：《曲律》四卷

第十八集：

〔唐〕王涇：《大唐郊祀錄》十卷附錄一卷，道光二十五年(1845)刊

〔清〕方式濟：《龍沙紀略》一卷，道光十九年(1839)刊

〔清〕馮一鵬：《塞外雜識》一卷，道光十九年(1839)刊

〔清〕孔廣森：《少廣正負術內篇》三卷，《外篇》三卷，道光二十三年(1843)刊

〔晉〕郭璞撰，〔清〕錢熙祚輯：《爾雅圖讚》一卷

〔晉〕郭璞撰，〔清〕錢熙祚輯：《山海經圖讚》一卷，道光二十六年(1846)刊

第十九集：

〔清〕戴震：《毛鄭詩考證》四卷

〔宋〕趙順孫：《格庵奏稿》一卷，道光二十九年(1849)刊

〔清〕李善蘭：《對數探源》二卷

〔唐〕封演：《封氏聞見記》十卷，道光二十三年（1843）刊

〔唐〕王真：《道德經論兵要義述》四卷

〔清〕凌廷堪：《燕樂考原》六卷，道光二十五年（1845）刊

第二十集：

〔清〕孔廣森：《經學卮言》六卷，道光二十三年（1843）刊

〔清〕孔廣森：《禮學卮言》六卷

〔清〕朱朝瑛：《壇庵雜述》二卷附一卷，道光二十六年（1846）刊

〔唐〕陸希聲：《道德真經傳》四卷

〔梁〕陶弘景：《華陽陶隱居集》二卷，道光二十三年（1843）刊

〔清〕錢熙祚：《守山閣賸稿》一卷，道光二十六年（1846）刊

清道光中錢氏據借月山房匯抄刊本重編增刊本，後有民國二十四年（1935）上海大東書局影印錢氏刊本。此據《中國叢書綜錄》（上海古籍出版社1982年版，第180—183頁）所載目錄整理

《墨海金壺》叢書目錄

張海鵬輯

經部：

〔宋〕張根：《吳園周易解》九卷附錄一卷

〔宋〕趙善譽：《易說》四卷

〔宋〕胡瑗：《洪範口義》二卷

〔宋〕傅寅：《禹貢說斷》四卷

〔宋〕楊簡：《五誥解》四卷

〔宋〕呂祖謙：《呂氏家塾讀詩記》三十二卷

〔宋〕戴溪：《續呂氏家塾讀詩記》三卷

〔宋〕王安石：《周官新義》十六卷附《考工記解》二卷

〔宋〕李如圭：《儀禮釋宮》一卷

〔清〕江永：《儀禮訓義擇言》八卷

〔宋〕張大亨：《春秋通訓》六卷

〔明〕高拱：《春秋正旨》一卷

〔清〕惠棟：《春秋左傳補注》六卷

〔明〕孫瑴：《古微書》三十六卷

〔唐〕韓愈、李翱：《論語筆解》二卷

〔宋〕鄭汝諧：《論語意原》四卷

〔清〕程大中：《四書逸箋》六卷

〔元〕熊朋來：《瑟譜》六卷

〔元〕餘載：《韶舞九成樂補》一卷

〔元〕劉瑾：《律呂成書》二卷

〔宋〕司馬光：《切韻指掌圖》二卷附《檢圖之例》一卷及〔明〕邵光祖《檢例》

〔清〕江永：《古韻標準》四卷，《詩韻舉例》一卷，戴震參訂

史部：

〔宋〕失名：《三國志辯誤》三卷

〔宋〕蕭常：《續後漢書》四十二卷，《音義》四卷

〔明〕薛虞畿：《春秋別典》十五卷

〔唐〕余知古：《諸宮舊事》五卷，《補遺》一卷

〔宋〕失名：《咸淳遺事》二卷

〔金〕失名：《大金弔伐錄》二卷

〔元〕劉敏中：《平宋錄》三卷

〔宋〕失名：《昭忠錄》一卷

〔宋〕滕元發：《征南錄》一卷

〔宋〕陳彭年：《江南別錄》一卷

〔宋〕鄭文寶：《江表志》三卷

〔宋〕周仲翔：《三楚新錄》三卷

〔宋〕馬令：《南唐書》三十卷

〔宋〕范成大：《吳郡志》五十卷

〔宋〕單鄂：《吳中水利書》一卷

〔元〕王喜：《治河圖略》一卷

〔宋〕龔明之：《中吳紀聞》六卷

〔元〕費著：《歲華紀麗譜》一卷

〔元〕費著：《蜀箋譜》一卷

〔元〕費著：《蜀錦譜》一卷

〔元〕陸友仁：《吳中舊事》一卷

〔元〕高德基：《平江記事》一卷

〔唐〕釋玄奘：《大唐西域記》十二卷

〔明〕西洋艾儒略：《職方外紀》五卷

〔宋〕王溥：《五代會要》三十卷

〔宋〕李攸：《宋朝事實》二十卷

〔宋〕蘇洵：《謚法》四卷

〔清〕鐘淵映：《歷代建元考》十卷

〔宋〕董煟：《救荒活民書》三卷，拾遺一卷

〔清〕俞森：《荒政叢書》十卷，附錄二卷

〔宋〕陳傅良：《歷代兵制》八卷

子部：

〔宋〕呂祖謙：《少儀外傳》二卷

〔宋〕吳如愚：《准齋雜說》二卷

〔明〕仁孝文皇后：《內訓》一卷

〔唐〕李筌：《神機制敵太白陰經》十卷

〔宋〕陳規、湯壽：《守城錄》四卷

〔明〕何良臣：《陣記》四卷

〔明〕戚繼光：《練兵實記》九卷，《雜集》六卷

〔宋〕鄭克：《折獄高抬貴手》八卷

〔元〕魯明善：《農桑衣食撮要》二卷

〔宋〕王袞：《博濟方》五卷

〔宋〕董汲：《旅舍備要方》一卷

〔宋〕韓祗和：《傷寒微旨論》二卷

〔宋〕王貺：《全生指迷方》四卷

〔漢〕東方朔、〔晉〕顏幼明、〔劉宋〕何承天、〔元〕陳師凱、〔明〕劉基：《靈棋經》

〔唐〕李虛中：《李虛中命書》三卷

〔宋〕釋壇瑩：《珞琭子賦注》二卷

〔後周〕王樸：《太清神鑒》六卷

〔唐〕南卓：《羯鼓錄》一卷

〔唐〕段安節：《樂府雜錄》一卷

〔宋〕張儗：《棋經》一卷

〔宋〕劉仲甫：《棋經》一卷

〔明〕呂震：《宣德鼎彝譜》八卷

〔清〕乾隆飭撰：《欽定錢錄》十六卷

〔宋〕歐陽修：《洛陽牡丹記》一卷

〔宋〕王觀：《揚州芍藥譜》一卷

〔宋〕范成大：《范村梅譜》一卷

〔宋〕陳仁玉：《菌譜》一卷

〔周〕鬻熊：《鬻子》一卷

〔周〕程本：《子華子》二卷

〔周〕尹文：《尹文子》一卷

〔周〕慎到：《慎子》一卷

〔周〕公孫龍：《公孫龍子》一卷，〔宋〕謝希深注

〔魏〕劉邵：《人物志》三卷，〔後魏〕劉昞注

〔南唐〕譚峭：《化書》六卷

〔唐〕李匡乂：《資暇集》三卷

〔宋〕黃朝英：《靖康緗素記》十卷

〔宋〕吳曾：《能改齋漫錄》十八卷

〔宋〕高似孫：《緯略》十二卷

〔元〕黃溍：《日損齋筆記》一卷

〔宋〕孔平仲：《珩璜新論》一卷

〔元〕李翀：《日聞錄》一卷

〔元〕王惲：《玉堂嘉話》八卷

〔宋〕任廣：《書敘指南》二十卷

〔宋〕趙崇絢：《雞肋》一卷

〔唐〕鄭處誨：《明皇雜錄附校勘記》三卷附校勘記逸文

〔宋〕范鎮：《東齋紀聞》五卷，補遺一卷

〔宋〕釋文瑩：《玉壺野史》十卷

〔宋〕王讜：《唐語林》八卷

〔宋〕失名：《南窗紀談》一卷

〔宋〕朱彧：《萍洲可談》三卷

〔宋〕曾慥：《高齋漫錄》一卷

〔宋〕張知甫：《張氏可書》一卷

〔宋〕陳長方：《步裏客談》二卷

〔元〕失名：《東南紀聞》三卷

〔明〕陸容：《菽園雜記》十五卷

〔漢〕班固：《漢武帝內傳》一卷

〔宋〕馬純：《陶朱新錄》一卷
〔唐〕李荃：《陰符經疏》三卷
〔周〕尹喜：《關尹子》一卷
〔周〕辛研：《文子》二卷
〔周〕庚桑楚：《亢倉子》一卷

集部：
〔宋〕章樵：《古文苑》二十卷
〔宋〕王正德：《餘師錄》四卷

據上海圖書館編《中國叢書綜錄》（上海古籍出版社1982年版，第160—162頁）收錄民國十年（1921）上海博古齋影印清嘉慶中海虞張氏刊本目錄整理

清末各家評《守山閣叢書》

王韜：

（李善蘭、偉烈亞力續譯《幾何原本》）功亦不在徐、利下。（《與韓綠卿孝廉》，《弢園尺牘新編》，上海古籍出版社2020年版，第63頁）

張鑒：

去金山縣十八里曰秦山，山石柔脆。道光丁酉，官以築海塘伐石，別駕錢雪枝尊甫持論爲無益。廬墓千計，徒被毁掘，命雪枝倍其輸，以告當事得已。由是間裏相與慶于路，乃構宗祠于麓，複爲閣以貯藏書，顏曰"守山"，蓋自其祖羽章先生來居此，垂二百載，冀與此山相守于無窮也。（《金山錢氏守山閣藏書記》）

曾國藩：

《幾何原本》前六卷，明徐文定公受之西洋利瑪竇氏，同時李涼庵匯入《天學初函》，而《圜容較義》《測量法義》諸書其引幾何頗有出六卷外者，學者因以不見全書爲憾。咸豐間海甯李壬叔始與西士偉烈亞力續譯其後九卷，複爲之訂其舛誤，此書遂爲完帙。松江韓綠卿嘗刻之，印行無幾，而板毁于寇。壬叔從余安慶軍中，以是書示余曰："此算學家不可少之書，今不刻，行複絕矣。"會余移駐金陵，因屬壬叔取後九卷重校付刊。繼思無前六卷，則初學無由得其蹊徑，而亂後書籍蕩泯，《天學初函》世亦稀覯，近時廣東海山仙館刻本紕繆實多，不足貴重，因並取前六卷屬校刊之。(《〈幾何原本〉序》，[古希臘]歐幾里得著，張卜天譯：《幾何原本》，商務印書館2020年版，第932頁)

葉德輝：

張文襄之洞《書目答問》附勸人刻書説，云：凡有力好事之人，若自揣德業學問不足過人，而欲求不朽者，莫如刊佈古書一法。其書終古不廢，則刻書之人終古不泯。如歙之鮑，吴之黄，南海之伍，金山之錢，可決其五百年中必不泯滅，豈不勝于自著書、自刻集乎？(《書林清話》，嶽麓書社1999年版，第3頁)

張之洞、范希曾：

《禮儀集釋》三十卷、《禮儀釋宫》一卷，宋李如圭，聚珍本、福本、經苑本，釋宫有守山閣本、金壺本。

《律吕新論》二卷，江永，守山閣本。

《左傳補注》六卷，惠棟，貸園從書本、守山閣本、金壺本、學海堂本。

《古微書》三十六卷，明孫瑴，章刻本、陳刻本、活字版本、守山閣本、金壺本。孫書本有《焚微》《線微》《闕微》《删微》四種，總名《微書》。此其《删微》一種。

《經傳釋詞》十卷，王引之，家刻本、守山閣本、學海堂本。

《歷代建元考》十卷，鐘淵映，守山閣本、金壺本。

《大金弔伐録》,金[闕名],守山閣本、金壺本。

《近事會元》五卷,宋李上交,守山閣本。

《玉堂嘉話》八卷,元王惲,守山閣本、金壺本。

《玉壺野史》十卷,宋釋文瑩,知不足齋本、守山閣本、金壺本。

《九國志》十卷附拾遺,宋路振,守山閣本、又粵雅堂本、海山仙館本、龍氏活字本。

《吳郡志》五十卷,附校勘記,宋范成大,守山閣本,汲古閣本、金壺本。

《昆侖河源考》一卷,黃宗羲,指海本、守山閣本。

《越史略》三卷,明越南人,守山閣本。

《職方外紀》五卷,明艾儒略,守山閣本、金壺本、龍威本。

《慎子》一卷附逸文,嚴可鈞校輯,守山閣本、金壺本。

《尹文子》一卷附校勘記、遺文,守山閣本、又湖海樓本、又金壺本。

《緯略》十二卷,宋高似孫,收三個本、金壺本。

《練兵實紀》九卷、《雜卷》六卷,明戚繼光,守山閣本、金壺本。

《折獄龜鑑》八卷,宋鄭克,守山閣本、金壺本。

《荒政叢書》十卷,俞森,收三個本、金壺本。

《素問王冰注》二十四卷,明仿刻高保衡等校本,近人重刻本,互見前古子(錢熙祚校,咸豐三年守山閣單行本)。

《靈樞經》十二卷,晉人,醫統本、通行本(錢熙祚校,咸豐三年守山閣《素問》單行本)。

《脈經》十卷，晉王叔和，借月山房本，守山閣本。

《天學初函》器編三十卷，明徐光啟等，明刻本，十種，目列後。《泰西水法》六卷，明熊三拔；《渾蓋通憲圖說》，明李之藻，又守山閣本；《幾何原本》六卷，明徐光啟譯，又海山仙館本，全書十五卷，餘九卷未譯，今始譯行；《表度說》一卷，明熊三拔；《天問略》一卷，明陽瑪諾，又珠塵本；《簡平儀》一卷，明熊三拔，又守山閣本；《同文算指》前編二卷、統編八卷，明李之藻譯，又海山仙館本，明本有別編一卷；《圜容較義》一卷，明李之藻，又海山仙館本，守山閣本；《測量法義》一卷，又海山仙館本、指海本；《勾股義》一卷，明徐光啟譯，又海山仙館本、指海本。

《測量異同》一卷，明徐光啟，海山仙館本、指海本。

新譯《幾何原本》十三卷，續補二卷，李善蘭譯，上海刻本。

《經天該》一卷，明利瑪竇，珠塵本，亦在高厚蒙求內。

《中星表》一卷，明徐朝俊，珠塵本，亦在高厚蒙求內。

《曉庵新法》六卷，王錫闡，守山閣本。

《五星行度解》一卷，王錫闡，守山閣本。

《天步真原》一卷，薛鳳祚，守山閣本、指海本。

《中西經星異同考》一卷，梅文鼎，指海本。

《江慎修數學》八卷，續一卷，江永，守山閣本，海山仙館本用原名，題曰"翼梅"。

《推步法解》五卷，江永，守山閣本。

《大唐西域記》十二卷，唐釋玄奘，守山閣本、金壺本、津逯本、學津本。此書與《佛國記》意在記述釋教,不爲地理而作,故入此類。

《藝海珠塵》,吳省蘭,刻未精(補:八集,一百六十四種,乾隆末聽彝堂刻本)。

《學津討源》,張海鵬,校未精(二十集,一百七十三種,嘉慶十年張氏曠照樓原刻本,民國十一年上海函芬樓影印原刻本)。

《借月山房叢書》,張海鵬,一名"澤古叢抄"(一百三十五種,原刻本;民國九年上海博古齋影印原刻本)。

《墨海金壺》,張海鵬(一百一十五種,原刻本,民國十年上海博古齋影印原刻本)。

《守山閣叢書》,錢熙祚(一百一十種,道光間刻本;光緒己醜上海鴻文書局影印原刻本;民國年上海博古齋影印原刻本)。

《珠叢別錄》,錢熙祚(二十八種,道光間刻本)。

《指海》,錢熙祚,止刻十二集(十二集,九十種,道光間刻;光緒間錢培讓、培傑續刻八集,四十八種,合前成二十集)。

勸刻書說:凡有力好事之人,若自揣德業、學問不足過人,而欲求不朽者,莫如刊佈古書一法。但刻書必須不惜重費,延聘通人,甄擇秘笈,詳校精雕(刻書不擇佳惡,書佳而不讎校,猶糜費也)。其書終古不廢,則刻書之人終古不泯,如歙之鮑,吳之黃,南海之伍,金山之錢,可決其五百年中必不泯滅,豈不勝于自著書、自刻集者乎?(假如就此錄中,隨舉一類,刻成叢書,即亦不惡)且刻書者,傳先哲之精蘊,啟

後學之困蒙,亦利濟之先務,積善之雅談也。(張之洞撰,范希曾補正:《書目答問補正》,上海古籍出版社2001年版)

傅蘭雅:

中國著名算學家李壬叔暫時在館譯書,後至北京同文館爲算學總教習。李君系浙江海寧人,幼有算學才能,于一千八百四十五年初印其新著算學。一日,到上海墨海書館禮拜堂,將其書予麥先生展閱,問泰西有此學否?其時有住于墨海書館之西士偉烈亞力見之甚悦,因請之譯西國深奧算學並天文等書。又與艾約瑟譯重學,與韋廉臣譯植物學,以至格致等學無不通曉。又與偉烈亞力譯奈端數理數十頁,後在翻譯館内與傅蘭雅譯成第一卷。此書雖爲西國甚深算學,而李君亦無不洞明,且甚心悦。又常稱讚奈端之才。此書外另設西國最深算題,請教李君,亦無不冰解。想中國有李君之才者極稀,或有略與頡頏者,必中西廣行交涉後,則似李君者庶乎其有。或云:"金山人顧尚之,與李君不分高下",但未知然否。(《江南製造總局翻譯西書事略》,張静廬輯注:《中國近現代出版史料》(近代初編),上海書店出版社2003年版,第13頁)

梁啟超:

道光末迄咸、同之交,則錢塘戴鄂士煦、錢塘夏紫笙鸞翔、南海鄒特夫伯奇、海甯李壬叔善蘭,爲斯學重鎮。……壬叔早慧而老壽,自其弱冠時,已窮天元、四元之秘,斐然述作。中年以後，盡瘁譯事，世共推爲第二徐文定，遂以結有清一代算學之局。當是時，江、浙間斯學極盛，金山顧尚之觀光、長洲馬遠林釗、嘉定時清甫曰淳、興化劉融齋熙載、烏程淩厚堂堃、張南坪福僖、南匯張嘯山文虎，與徐、項、戴、李諸君作桴鼓應焉。（《中國近三百年學術史》，復旦大學出版社 2016 年版，第 390 頁）

道光末葉，英人艾約瑟、偉烈亞力先後東來，約瑟與張南坪、張嘯山文虎、顧尚之最善，約爲算友。偉烈則納交于李壬叔，相與續利、徐之續，首譯《幾何原本》後九卷，次譯美之羅密士之《代微積拾級》，次譯英人侯失勒約翰之《談天》。其後壬叔又因南坪等識艾約瑟，與之共譯英人胡威立之《重學》，又與韋廉臣共譯某氏之《植物學》。十九世紀歐洲科學之輸入，自壬叔始業。（《中國近三百年學術史》，復旦大學出版社 2016 年版，第 396 頁）

自明徐光啟、李之藻等廣譯算學、天文、水利諸書，爲歐籍入中國之始，前清學術，頗蒙其影響，而範圍亦限于天算。鴉片戰役以後，漸怵于外患；洪楊之役，借外力平內難，益震于西人之"船堅炮利"。于是上海有製造局之設，附以廣方言館，京師亦設同文館。又有派學生留美之舉，而目的專在養成通譯人才，其學生之志量，亦莫或逾此。故數十年中，思想界無絲毫變化，惟製造局中尚譯有科學書二三十種，李善蘭、華衡芳、趙仲涵等任筆受。其人皆學有根柢，對于所譯之書，責任心與興味皆極濃重，故其成績略可比明之徐、李。而教會之在中國者，亦頗有譯書。光緒間所謂新學家者，欲求知

識于域外,則以此爲枕中鴻秘,蓋學問饑餓,至是而極矣。(《清代學術概論》,上海古籍出版社1998年版,第97頁)

曾文正開府江南,創製造局,首以翻譯西書爲第一義。數年之間,成者百種,而同時同文館及西士之設教會于中國者,相繼譯錄,至今二十餘年,可讀之書略三百種。……故國家欲自强,以多譯西書爲本;學子欲自立,以多讀西書爲功。(《西學書目表序例》,張静廬輯注:《中國近現代出版史料》(近代初編),上海書店出版社2003年版,第57頁)

孫寶瑄:

覽《幾何原本》,余謂天下萬事萬物,莫不有自然之理。欲顯其理,而印諸吾心,則有法。文與算,等法也。(《忘山廬日記》,上海古籍出版社1983年版,第102頁)

章炳麟:

家中書籍,有《問經堂叢書》《大觀本草》《本事方》《二酉山房叢書》《孔巽軒遺書》《經韻樓叢書》《瑜伽師地論》《唯識撰要》及自著書爲要。此皆小種,易攜。其餘多在哈同花園,書亦多缺,唯《守山閣叢書》《藝文類聚》《周禮正義》《墨子間詁》尚完耳。僕所作文集,經季剛移寫,甚好。唯篋中尚有改定《訄書》,未能愜意,今欲重加磨琢,此稿亦望先期帶致也。(《與龔寶銓》(1914年8月20日),《章太炎家書》,上海人民出版社2020年版,第280頁)

葉昌熾：

錢熙輔鼎卿、熙祚錫之、熙泰鑪香、熙載嘯樓、熙經心傳：湖上群山山上樓，校書人共住樓頭；寫官樓下雁成行，門外借書人系舟。（《藏書紀事詩》，古典文學出版社 1958 年版，第 352 頁）

張蔭麟：

《諸器圖說》爲鄧玉函所著書，按《諸器圖說》所見及《守山閣叢書》本，乃明王徵所自著。王徵嘗往鄧玉函，譯《遠西奇器圖說》。（《明清之際耶穌會教士在中國者及其著述》，《清史論叢》，北京師範大學出版社 2020 年版，第 4 頁）

李天綱：從江南文化到海派文化

　　一般人的親身感受，就說明了上海文化與江、浙地區文化的淵源關係。無論是在民間，還是在學界，滬、蘇、浙之間的文化一體性，是一個不證自明的經驗事實。最近幾年輿論界談論"海派文化"與"江南文化"之間的密切關係，指向是"長三角一體化"，議題自然也就集中在"地緣相近，人緣相親，財源相通，方言相似，風俗相類"等。"一體化"的現象既明顯，又重要。在近代上海崛起的過程中，江南地區先是作爲奧援，輸出人、財、物資源；後又接受上海現代文化、經濟和政治力量的有效輻射，帶動本地發展。這種培育、反哺、協同進步的模式，從19世紀以來一直延續，已經毋庸贅言。

　　然而，還有進一步的議題需要討論。仍然是就歷史淵源而言，在"江南文化"與"海派文化"的傳承問題上，存在後者對于前者的近代發展；亦即在兩者的同一性之外，還存在着時代性的差異，"海派文化"不但繼承，而且發展、改造和昇級了"江南文化"。對于海派文化與江南文化關係的討論，這也是題中應有之義。講上海文化與江南文化的差異，也不是新鮮話題，自有"海派"的討論以來，很多學者都在"別異"。別異，就能夠看清上海文化在19世紀轉型過程中,如何從江南地區的原有文化傳統中脫穎而出,成爲一個早期工業化、城市化和現代化的都會城市,並成就其"海派"特徵。這樣的論述太多了,一篇短文難以説明。爲此,仿照做一般論文的方法,大處設題,小處論證,舉一個例子,來比喻"海派文化"與"江南文化"既有延續性,又有創新性。

筆者要舉的例子是歐幾里得《幾何原本》中文本的翻譯過程,這個 250 年文化傳承的接力運動,正好發生在上海地區的文化從"江南"到"海派"的轉型過程中。從 1607 年利瑪竇(Matteo Ricci,1552—1610)、徐光啟翻譯《幾何原本》前六卷,到 1857 年偉烈亞力(Alexander Wylie,1815—1887)、李善蘭翻譯後九卷,兩個半世紀的故事全程,正好發生在上海松江、金山,嘉興,蘇州,杭州等江南核心地帶,最後又歸結到開埠以後的上海英租界福州路上。徐光啟生活的明朝萬曆、天啟年間,是"江南文化"的全盛年代,而李善蘭工作的清朝同治、光緒年間是"海派文化"的萌芽時期。我們把《幾何原本》作爲一個象徵,正好可以看到作爲"現代性"核心内容的近代科學思想,如何率先在江南文化中扎根,然後在海派文化中生長。用這個例子來説明兩種文化在歷史上的延續性和創新性,大概是最合適不過的了。

利瑪竇就把《幾何原本》帶來江南,曾經和常熟瞿太素、金壇王肯堂、江寧張養默一起討論過翻譯出版的問題,都沒有成功。生于上海的徐光啟(1562—1633),有着更好的算學知識和溝通能力,他從 1604 年開始幫助利瑪竇,經過四年的艱苦翻譯,終于在北京出版了《幾何原本》。《幾何原本》被稱爲科學家的"聖經",經過"文藝復興運動"的整理、研究和提煉,它成爲現代人類科學思想的基石(cornerstone)。近代科學的方法和體系都是建立在一種"公理化"的"幾何學精神"(Esprit geometrique)之上的,因而將《幾何原本》從古希臘文化中復活過來,具有劃時代的進步意義。法國科學家、哲學家帕斯卡提出的説法是:"幾何學精神並不是和幾何學緊緊捆在一起的,它也可以脱離幾何學而轉移到别的知識方面去。一部道德的、政治的,或者批評的著作,别的條件都全都一樣,如果能按照幾何學的風格來寫,就會寫得好些。"[1]

徐光啓參與翻譯的《幾何原本》是全書前六卷,1607 年刻印後,一直在江南地區流傳。乾隆、嘉慶時期的江南學術,考據學占據上風,江南文人在詩酒風流之外,又發展出"實事求是"的扎實學風。雖不能説"幾何學"在"乾嘉學派"中像"經學""漢學"那樣"家家許鄭,人人賈馬"地流行,但是《幾何原本》以及以幾何、測量、計算爲基礎的天文、地理、曆法學問,即那種被稱爲"利徐之學"的計算學問,也是一代代傳習,不絶如縷。明朝以上,到漢代爲止,中國古代歷史上已經多少年没見過這種口占筆畫的儒生了,他們不再是那種問卦卜算,空談三玄的命師,而是在那裏畫圖形、列等式、求公理,絞盡腦汁地計算,已是另一種類型的讀書人。這樣的學者數量不是很多,但學問好,聲譽高,未必都去考試做

---

[1] 譯序,[古希臘] 歐幾里得著,張卜天譯:《幾何原本》,商務印書館 2020 年版。

官,但受到江南文化風氣的推崇,他們是黃宗羲(1610—1695,餘姚人)、顧炎武(1613—1682,崑山人)、王錫闡(1628—1682,吳江人)、梅文鼎(1633—1721,宣城人)、江永(1681—1762,婺源人)、錢大昕(1728—1804,嘉定人)、阮元(1764—1849,揚州人)、李鋭(1769—1817,蘇州人)。"利徐之學"經過他們的接力傳授,19世紀中葉以後又傳回了上海地區,在松江府和鄰近地區涌現了一批算學家。他們可是在1840年鴉片戰争之前,在江南地區已經没有"西洋"教師直接傳授的情況下,把"利徐之學"當做自己的志向,作爲"經學"和"漢學"的重要内容,自覺而摯愛地加以研究。

我們説在鴉片戰争之前,"利徐之學"已經回到了徐光啓的故鄉上海地區,有一段已近湮没的江南地方文化歷史可以作證。道光十七年(1837),松江府金山縣張堰鎮士紳錢熙祚(1801—1844)出資校勘、刻印《守山閣叢書》,有幾位只有秀才身份的學者在《幾何原本》和天文、曆算的學問上下了大工夫,他們是顧觀光(1799—1862,金山錢圩人)、張文虎(1808—1885,南匯周浦人)和李善蘭(1811—1882,海寧硤石人)。《守山閣叢書》收入112種圖書,大部分是乾嘉學派一般學者都樂于從事的傳統四部文獻。但難能可貴的是其中還有多達11種是"利徐之學"的天文、曆算、輿地之作。明清科舉考試没有數學和自然科學内容,但顧、張、李三位秀才硬是把這些"無用"又繁難的學問給啃下來了。值得注意的是,利、徐翻譯的《幾何原本》還不在《守山閣叢書》的11種天文、曆算、輿地書目中,但松江府學者已經盯上了這部"科學家的聖經",潛心研究,造詣深厚。顧觀光、張文虎、李善蘭,矢志科學,不事科舉,數十年聚集在金山張堰鎮"守山閣",在鴉片戰爭以後成爲中國第一批"數學家"。

顧觀光去世較早,無緣參與清朝的"同光中興";張文虎加入了曾國藩幕府,有所作爲,曾任新建改良南菁書院山長;李善蘭的成就最大,他在外國教師壟斷教職的京師同文館擔任算學館教習,即數學系主任,而他的數學造詣並非是傳教士培養的,這一點讓曾國藩等"中興名臣"覺得自豪。1843年開埠以後,上海恢復了明末曾經有過的文化寬鬆氛圍,"西士願習中國經史,中士願習西國天文曆法"(李善蘭《〈幾何原本〉續譯序》),江南地區又復活了"利徐之學"那種"翻譯、會通、超勝"的學術風氣,中外士人共同探討科學真理("公理")的機構,紛紛在上海建立。如墨海書館、土山灣印書館、美華書館、江南製造局譯書館、益智書會、廣學會、徐匯公學、格致書院、中西書院等"海派文化"機構,都是江南學者的聚集場所,是中國近代科學、文化、教育的發源地。1852年,李善蘭應偉烈亞力邀請,來到英租界福州路"麥家圈"(今仁濟醫院原址),一起翻譯《幾何原本》後九卷。1857年,《幾何原本》後九卷譯成。在利瑪竇、徐光啟翻譯《幾何原本》的250年以後,這部標誌着近代科學起源的重要著作又回到了上海地區,完成了全書的翻譯和出版。

《幾何原本》的最後刊刻成書,又一次表現了上海地區學者對于傳承《幾何原本》的責任感和主體性。本書剛剛譯竟,松江學者、富紳韓應陛就主動提出由他出資刊刻。上海交通大學《幾何原本》專家紀志剛教授的研究說,當時倫敦會認爲《幾何原本》還不算是傳教用品,不太願意資助出版。于是,松江韓君、金山顧君、南匯張君,一如《守山閣叢書》的贊助人金山錢氏,挺身而出,自己籌資刻印。這一義舉,確實表明了上海地區學者接續"利徐之學"的熱情,而說到底還是江南學者對于確定知識的長期執着,對于科學"公理"的一貫探求。衍生出去說,近代上海地區在新文化、新思想、新知識的開拓中走在前列,得了風氣之先,肯定是與《幾何原本》研究爲代表的250年翻譯運動有關聯。梁啟超把明末清初的"西學"運動與唐代的佛經翻譯相比較,稱爲第二次文化輸入。這個說法,似乎還不夠。我們知道,世界史上歷次"文藝復興",包括歐洲文藝復興、阿拉伯文藝復興、俄羅斯文藝復興,在各自的"復興"之前,都有高強度的翻譯運動。"海派文化"能夠從"江南文化"中脫穎而出,在中國的近代文化中有所表現,與《幾何原本》代表的"百年翻譯運動"相關聯。

  《幾何原本》前六卷和後九卷的翻譯刊刻,跨越了兩個半世紀,都是在江南文化區域範圍內傳承和發展,從徐光啟時代的上海開始,在清末新的思想、學問、文化和生活方式,即"海派文化"全面興起的當口,又回到了上海。這一翻譯、會通的事業,在空間和時間上,正與大多數學者定義的"江南"和"海派"一致,因而可以拿來討論和比較。我們可以看到在1843年上海開埠前後,一,江南文風開始從蘇州向松江府各屬縣轉移,早在乾隆、嘉慶年間,上海、松江、金山城裏已經出現了衆多藏書家、刻書人，不亞于"蘇藏""蘇版"；二，開埠以後，由于墨海、美華、土山灣、江南製造局等書館的建立，著書、譯書、銷書也隨着上海城市經濟的崛起，福州路上的大書局以不同于江南原有的方式興盛起來；三，倫敦會等機構在清末進入上海後，繼承了耶穌會的做法，大批學人不再是像徐光啟那樣與會士們個人交往，而是從江南往租界内外聚集，參與機構活動。徐光啟時代分散在江南各地的文人學者，在上海開埠後都聚集到上海福州路、虹口、徐家匯周圍，出現了前所未有的新氣象，生產出一大批新知識、新學風、新思想，就形成了"新文化"，或所謂"海派文化"。這就使"海派文化"不但傳承了"江南文化"的傳統性，而且還發展出更多的現代性、普適性的特徵。

在自然科學發展史上，就像達爾文《物種起源》導致了"進步"觀念一樣，《幾何原本》代表了人類"求真"精神。從科學家個人創造的角度，我們通常認爲學說、思想和智慧，都是一種個人貢獻。但是，從文化環境來說，我們又認爲像"實事求是""科學求真"的思想方法，和"精打細算""錙銖必較"的社會風俗也有關聯。很多研究表明，中世紀威尼斯、佛洛倫薩、米蘭等地的商業風氣，是意大利文藝復興的社會基礎，《幾何原本》正是在這種民間風氣下復活。在中國，爲什麼是在江南、在上海率先引進和發展近代科學，這當然也是和江南市鎮經濟繁榮，商業文明復興，以及中西文化密切交流的獨特局面有關係。近代的"海派文化"，正是全面繼承了明清時期的"江南文化"，又新融入了19世紀世界先進文明，才在 20 世紀達到了一個能夠在長江三角洲地區反哺和引領江南文化的高位。

　　過去對"海派文化"的一個批評，就是它的商業性、世俗性。在很多場合，提出這樣的批評都是很有道理的，因爲我們都討厭莎士比亞筆下的"威尼斯商人"的價值觀。但是，如果我們要説的是一個地方、一座城市的整體精神，不能一概而論，要做出比較仔細的區分。比如説用"上海人精明不高明"這個全稱負面判斷，來判斷所有的人和事，那是不科學的。要求每個上海人都有大學士那般"高明"應該是不現實的，而徐階、徐光啟兩個"徐上海"，在明朝的文淵閣裏恰恰都被稱爲既"精明"，又"高明"，徐光啟甚至還有"迂執"之名。其實，商業文明中的"精明"，不都是弱點，如果江南社會、上海市井沒有一個普遍的商業環境，"錙銖必較"的做法受到普遍抵制，那麼"實事求是"的學風也就不會出現，更不會持久，那麼也不會有徐光啟、李善蘭在數學上表現出來的那番"精明"。"海派文化"中一些小小的"精明"，烘托出一個文明整體的"高明"，總的來説也不是一件可恥、可惡的東西。

　　《幾何原本》這樣一部改變人類思維方式的著作，在上海傳承 250 年，正是江南地區文化轉型，走入近代，走向世界的過程，也是中國人民族思維趨于理性，懂得辨別和分析，使用邏輯來説理的一個學習過程。如果説上海文化、江南文化中確有一些溫和、理智、守規矩、講程序、用邏輯、"不躐等"的特點，那都和"利徐之學"中的"幾何學精神"有點關係。無論是在"江南文化",還是在"海派文化"中,民衆除了服從權力之外,也講一些道理。對于確定的"公理""定律""法律",一般市民傾向于遵守和應用。徐光啟宣佈"不必疑,不必揣,不必試,不必改",是放之四海而皆準的"公理",就是想推動理性的普及,限制權力的濫用。

"幾何學精神"率先在"江南文化"中復活,近代理性精神更在"海派文化"中發展,這種文化特徵確實是應該被注意到,值得好好研究,并且提煉出來作爲思想資源來使用的。戊戌變法前期,《幾何原本》從江南傳到了廣東和全國,康有爲專門摹寫了一部《實理公法全書》,試圖用公理推論的方法,一攬子解答中國文化的所有問題。《幾何原本》這樣一本近代科學奠基之作,是在明清"江南文化"的全盛時期,由一位上海人引進的,這當然是中國文化史上的大事件,它附帶的"現代性"意義應該是比17世紀任何其他中文著作都重要。上海人、江南人,率先通過翻譯《幾何原本》,復活了周秦、漢代的"九章之學"。要説上海人精明,會算計,那他們的科學源頭還在這裏。科學普及和啟蒙之前,《幾何原本》這種書不但被認爲無用,而且都非常晦澀。然而,"幾何學精神"却改變了我們的生活方式和交往方式。"海派文化"和"江南文化"有今天這樣的活力,這種精神是不可或缺的。

本文爲删改稿,以《"海派"何以反哺與引領"江南"》爲題,刊登在《解放日報・思想週刊》,2022年1月11日

湖樓校書記：守山閣學案

蔣志明：《幾何原本》後九卷續譯記

《幾何原本》是古希臘偉大的數學家歐幾里得于公元前300年寫成的一部數學經典之作，在歷史上有"數學家的聖經"之稱。該書不僅給出了許多經典證明，而且還給出了一種非常優美的知識表達方法——公理化方法。

1000多年後《幾何原本》才進入中國，把它譯成中文也是一波三折。《幾何原本》在元朝來到中國，但沒有翻譯；意大利傳教士利瑪竇于1582年來華之後，認識明末禮部尚書瞿景淳之子瞿太素，開始了最早的《幾何原本》的漢譯，但沒有成功；一直到利瑪竇認識徐光啟後，才得以完成《幾何原本》前六卷漢譯。無奈徐光啟丁憂，三年後，再回京城，利瑪竇已去世，利、徐兩人合作的數學翻譯工作就此中斷。

中斷250多年後，《幾何原本》漢譯才真正完成，這要從金山錢氏家族説起。

金山錢氏家族是晚清重要藏書、刻書家族，尤以錢熙祚所刻《守山閣叢書》最負盛名。錢氏還興建藏書樓，以"守山閣"命名。1835年10月4日，錢熙祚邀請顧觀光、張文虎、李善蘭等青年才俊去杭州文瀾閣抄書、刻書，而這些年輕人皆爲道光年間（1821—1850）成長起來的著名學者。

李善蘭，1811年1月2日在浙江海寧硤石東山出世。

此時其父已年逾 40。中年得子,自是欣喜,正好案頭上蘭花正盛開,于是,給兒子取名心蘭,庠名善蘭。李善蘭 10 歲讀《九章算術》,15 歲讀《幾何原本》前六卷。後來,他去杭州參加鄉試,却名落孫山。落第的原因,應該是他的志趣在天文算學,而不在經學,故落選在情理之中。對他來說,算學才是他一生的追求。機遇正在眼前,一是海寧藏書家蔣光煦,藏有元朝數學家李冶的《測圓海鏡》等,李善蘭如獲至寶,讀起書來孜孜不倦。二是金山錢熙祚此時正招徠塾師,李善蘭來到錢氏"守山閣",與先他來的張文虎匯合,開始了他們的坐館工作。

張文虎,1808 年出生于南匯,兒童時代連失父母,靠友人資助才得以上學,20 歲到金山南塘張氏處爲童子生。道光十二年(1832)經顧觀光之薦,先後坐館于金山錢氏處三十年,爲錢氏守山閣校核的書有數百種。1864 年張文虎受曾國藩之聘,任金陵書局校勘之職,著名的金陵書局本《史記》,即出自其手,成爲一代宗師。張文虎小時亦喜歡天文算學,錢大昕與惠棟的數學書,被他翻得非常"破舊",也精通天文、數學,是參與《幾何原本》校訂工作的主要人員之一。

而顧觀光年齡最大,所學也最豐富。他出生在 1799 年,童稚時即聰穎過人,九歲學完四書五經,十三歲中秀才。他博通經、傳、史、子百家,尤究極天文曆算。他撰寫《周髀算經校勘記》,指出《周髀算經》二十七處錯誤,又撰寫了《算賸初編》《算賸續編》《算賸餘編》《九數外錄》《九數存古》等專著。

顧觀光、張文虎和李善蘭三人應錢熙祚之邀來到杭州校書、抄書。年輕的張文虎撰寫的《湖樓校書記》記述了當時的情景,工作雖然辛苦,但富于詩情畫意:

> 道光乙未,錢雪枝通守,以校刊叢書,約同人游西泠,同行者顧尚之、李蘭陀及予與雪枝、鱸香昆季凡五人。十月初四午刻,由秦山解維,戌刻至平湖,泊舟東湖。霜露既零寒颼刺骨,星光萬點,蕩漾波中,遥望鸚鵡洲等處,模糊不可辨視,惟聞櫓聲人語而已。

張文虎後于1839年、1840年二次與同人去文瀾閣閱書、抄書。就這樣,錢熙祚堅持整整十年,把文瀾閣及散落在民間的天文、算學、醫學等重要典籍重新刻印,並廣爲傳播。這個十年,也是李善蘭、張文虎、顧觀光從青年學者成爲一流學者的十年,真正的"十年磨一劍"。1844年初春,錢熙祚積勞成疾,突然因病仙逝。逝世當天,錢熙祚除了對家族作遺囑外,猶諄諄教導李善蘭、張文虎兩位青年才俊要善終所志、所學、所行。而他們也確實不負所望,繼續努力,都成爲大家。

1845年,在嘉興陸費家,顧觀光贊美李善蘭數學新著《四元解》,并親自作序。第二年,李善蘭又撰新書《對數探源》,顧觀光又作序,並對李善蘭獨創的"尖錐術"中問題進行修正,但不攬功。從中看出,他與李善蘭亦師亦友,對其厚愛有加。李善蘭撰寫的《對數探源》《方圓闡幽》和《弧矢啟秘》三篇力作，在顧觀光推薦並作序下，分別編入錢熙祚輯《指海》第十九集（1845）和錢熙輔輯《藝海珠塵》（1850）增刊壬集中。編入集中文章均係大家所作，可見顧觀光之厚愛，也足以説明李善蘭的數學水平已達到一流。後來李善蘭所譯《幾何原本》《重學》等均請顧觀光總審核，也就是自然而然的事了。

咸豐五年（1855），李善蘭開始譯《幾何原本》後九卷，需尋找資助刊刻。韓應陛主動向李善蘭提出自己願意出資刊刻並組織校對，李善蘭收到書信後，異常興奮，將譯文初稿寄給韓應陛。韓應陛（1815—1860），道光二十四年（1844）舉人，官内閣中書舍人。他是松江府望族，家貲巨萬，藏書豐富，從小也喜天文算學。他是錢熙祚二哥錢熙輔女婿，經常耳聞目睹李善蘭和張文虎工作，對他們非常敬佩。于是，韓應陛和顧觀光、張文虎一起對譯稿進行了費時兩年的校對。譯者難，校者同樣不易。漢譯《幾何原本》後九卷成書的背後，亦是韓、顧、張等人共同的心血。

咸豐七年（1857），《幾何原本》後九卷譯本正式完稿。韓應陛爲續譯本作後記一篇，名爲《題幾何原本續譯本後》，簡述了《幾何原本》十五卷前後兩代譯者的因緣際會。他在結尾寫下了感念徐光啟當年之語，並望後人重視《幾何原本》全本的地位。之後，譯稿于咸豐八年正式刊行。

由韓應陛出資刊行的《幾何原本》，在太平天國運動中損毀。1866 年，在李善蘭和張文虎共同努力下，由曾國藩出資，重刊《幾何原木》。這本重要著作重印和傳播對中國近代科技發展有重要意義。而我們從《幾何原本》翻譯、雕刻、刊行傳播中，不難看出，錢氏家族所具有的家國情懷和顧觀光、李善蘭、張文虎等的學術成就。

時至1866年，李善蘭成爲京師同文館天文算學館總教習；1883年張文虎也以其學術聲望和成就出任南菁書院首任山長。正如李天綱教授所言："張文虎和李善蘭，一南一北，掌握了地方和中央新派學問的樞紐，可見《守山閣叢書》知識群體的領袖作用。"信哉其言。

（本文爲作者之未刊稿，特供本書發表）

李天綱：金山錢氏《守山閣叢書》與它的時代

　　道光年間，金山錢氏對江南文化作了兩項特殊貢獻，值得今人銘記。第一項是十五年（1835）的冬天，錢熙祚（1801—1844）出資，率領弟弟熙泰、同邑顧觀光、南匯張文虎、平湖錢熙咸、嘉興李長齡及海寧李善蘭，"寓西湖，就文淵閣校書"（白蕉《〈錢鱸香先生筆記〉序》，上海圖書館藏稿本）。他們三度去杭州文瀾閣，抄《四庫全書》所收書四百三十二卷，校書八十多種。回到金山後，顧觀光、張文虎等人把錄得的欽定本與江南藏家諸本詳細校勘，定爲善本。第二項是在十七年（1837）的春天，朝廷强令開採位于金山縣的秦望山、查山，石塊用于修築海塘。金山，縣以山名，却本來少山。兩座不足十丈之高的山丘位于錢氏阡陌之中，一旦開採，百姓墳塋毀去不說，十里山水頹然，一方文脈殘斷，局勢萬分危殆。當此之時，富户錢熙祚挺身而出，義捐運費，說動了官府改在吳興縣的大山裏採石。保住了這兩座孤山，令金山地區至今仍然有山，"錢氏守山"的事迹遂世代傳誦，且爲鄉人所撰的《張堰鎮志》記載。道光二十四年（1844），錢熙祚資助的這一叢書雕版刻成，開門刷印，求購者中有遠自朝鮮趕來的。爲此，錢氏專門建造了一座四層樓的藏書閣,儲版藏書。書樓和叢書均以"守山"之訓命名,這就是清末讀書人都很熟悉的金山"守山閣"和《守山閣叢書》。

《守山閣叢書》當時就很成功,書樓和叢書命名得更是不同凡響。"守山",人所謂"爲天地立心,爲生民立命,爲往聖繼絶學"的家國天下情懷涵焉;陳子昂《登幽州臺歌》那種"前不見古人,後不見來者"的愴然,也隱然其中。然而,還是有一些錢氏命名"守山"時不知道的重大意義,愈到後來愈加顯現,今人就看得更加清楚。首先,《守山閣叢書》的刻成,標誌着清代中葉以後松江府及上海地區作爲藏書、刻書中心地位的上昇。江南是傳統的刻書、藏書中心,有錢就刻書,詩書以傳家是古訓,書界有"蘇本""浙本"之譽。從狹義的江南來説,蘇、鬆、常、杭、嘉、湖,尤以蘇州府的藏書家最爲著名。明代萬曆年間,常熟毛晉的"汲古閣"馳名江南;清代順治年間,常熟錢謙益的"絳雲樓"異軍突起;乾隆年間,常熟瞿紹基"鐵琴銅劍樓"建造完成;到嘉慶年間,又是吳縣黄丕烈的"士禮居"蔚爲大觀。然而,文運流轉,時至道光年間,經過又一次的財富積累,地處海輒的松江府文風强勢崛起,出現了一批大藏書家、藏書樓。嘉道之際著名文人龔自珍(1792—1841)因父親擔任蘇松太道道臺,青年時期在上海住了十二年,兩個兒子還都入籍上海。以龔自珍讀書、交游之廣博,他在内閣、翰林院都不曾寓目的版本,回上海時却在李筠嘉(1766—1828)的"慈雲樓""古香閣"裏覓到了,因而對本地的藏書風氣刮目相看。"大江以南,士大夫風氣淵雅……上海李氏乃藏書至四千七百種,論議臚注至三十九萬言。承平之風烈,與鄞范氏,歙汪氏,杭州吳氏、鮑氏,相輝映于八九十年之間。"(龔自珍《〈上海李氏藏書志〉序》)。

繼萬曆年間因棉布生產的經濟繁榮之後,康熙年間開埠,雍正年間蘇鬆太道移治,沿海地區的南北貨貿易令上海地區又一次財富集聚。富而好禮,讀書、藏書、刻書的風氣漸漸興盛,已有領先江南的勢頭。龔自珍說上海李氏的"慈雲樓"可以與寧波范氏"天一閣"相稱,並非虛語。金山錢氏"守山閣"之外,上海十六鋪大沙船商人鬱鬆年薈集的"宜稼堂"五十萬卷藏書更是驚人,晚清時期湖州陸心源"皕宋樓"、豐順丁日昌"持靜齋",甚至商務印書館東方圖書館的"涵芬樓",無不取自"宜稼堂"。時至晚清,上海地區的圖書收藏、刊刻、印刷、發行,古今並行,中外雜糅,福州路的圖書事業已然引領了江南和全國。但是,如果我們今天要選一個事件來象徵"上海文化"在中國近代史上的中心地位的開端,"鴉片戰爭"前就從事校勘,戰爭甫結束刊刻、發行的《守山閣叢書》庶幾可以應之。《守山閣叢書》之外,金山錢氏還編輯《藝海珠塵》《小萬卷樓叢書》和《指海》。這一系列叢書的刻成,標誌着上海地區的刻書、藏書事業的強勢崛起。從這個意義上來說,"鴉片戰爭"之前金山及松江府各處藏書家的崛起,爲清末上海地區新式圖書事業的繁榮打下了扎實的基礎。同時,他們正好居于上海圖書事業從江南邊緣到近代中心的中間時期,具有新舊時代過渡的蘊意。

其次,《守山閣叢書》的意義,還在于它是一套延續"江南文化"學術傳統的著作,其蘊含就體現在書目中。我們知道，錢熙祚編輯《守山閣叢書》的動因是他購得了常熟刻書家張海鵬(1755—1816)"傳望樓"的《墨海金壺》。該書樓在嘉慶年間過火之後，難以爲繼，殘版散出，被金山錢氏收購。爲了補齊和校勘這些殘版，錢熙祚起意去杭州西湖邊的文瀾閣抄書。按張之洞、范希曾《書目答問補正》提示，1921年上海博古齋影印《墨海金壺》115種(原爲117種)，大部分是翻刻宋、元版本的經史注疏。在江南考據學風氣中，該叢書採入了幾種"乾嘉之學"的經史考證作品，如惠棟的《春秋左傳補注》、江永的《禮記訓義擇言》《古韻標準》。眼光獨到的是，《墨海金壺》收入了西洋教師艾儒略(Giulio Aleni，1582—1649)的作品——《職方外紀》。收入這一本"西學"作品，異乎尋常！表明江南的一般讀書人確實是見識宏闊，並不拒斥"泰西"學說！現在看起來，《守山閣叢書》中的經史考證、諸子異說的版本之優良都是其次的，"西學"才是它的價值核心。當時"海內好學之士皆欲得其書，朝鮮使人至以重價來購"(張文虎《〈守山閣賸稿〉序》，上海圖書館藏稿本)。原因在此。阮元(1764—1849)是嘉道年間的江南學術領袖，曾在他主編的《疇人傳》收入牛頓(奈端)傳，推崇西方自然科學。他在《〈守山閣叢書〉序》中表揚說："其書採擇校讎之精，迥出諸叢書之上。"阮元亦應該是特別賞識了這一點，才給予如此之高的評價。

  錢熙祚和他邀請的這一批編書、校書、刻書的學問人，眼光獨到，匠心獨運，收入了許多難度極高的"西學"著作。在17世紀初的明末就進入江南的"西學"，被稱爲"利徐之學",即由利瑪竇、徐光啟等中西人物合作奠定,主要是指其中的歐洲天文、曆算、數學、醫學、哲學等自然學說。我們知道,《職方外紀》是杭州李之藻編輯《天學初函》中的一種。正是沿着《墨海金壺》的綫索,《守山閣叢書》從《四庫全書》的《天學初函》中又抄出了《簡平儀説》(熊三拔、徐光啟)、《渾蓋通憲圖説》(李之藻)、《圜容較義》(利瑪竇、李之藻)三種。其他"西學"著作,如《曉庵新法》(王錫闡)、《五星行度解》(王錫闡)、《數學》(江永)、《推步法解》(江永)、《天步真原》(穆尼閣、薛鳳祚)、《遠西奇器圖説録最》(鄧玉函、王徵)、《新制諸器圖説》(王徵)等六種。加上《職方外紀》,本叢書一共收入了"西學"著作 11 種。又據《書目答問補正》提示,1889 年上海鴻文書局、1921 年上海博古齋影印《守山閣叢書》110 種,"西學"占了十分之一。繼徐光啟萬曆年間引進之後,"西學"的種子又一次在上海地區復蘇,再度與傳統的儒家經學角力。

我們注意到,《守山閣叢書》的刊刻始于 1835 年,那時候還没有"鴉片戰争",金山學者已經在復興"西學"。一般學者都喜歡説"鴉片戰争"以後,清代士人才開始"睁眼看世界"。也有説因爲粵籍或在粵學者更加關注"夷情",所以在"西學"研讀和傳播上得風氣之先。然而,我們看到金山的這個知識群體,他們並不是受了"堅船利炮"的刺激才研讀"西學"的,而是在此之前就一直自習天文、曆算、測量、力學。確實,廣東人對"鴉片戰争"反應强烈,粵商潘仕成刻《海山仙館叢書》收録了《幾何原本》(利瑪竇、徐光啟)、《測量法義》(利瑪竇、徐光啟)、《測量異同》(徐光啟)、《勾股義》(徐光啟)、《圜容較義》(李之藻)、《同文算指》(李之藻)、《火攻挈要》(湯若望)、《全體新論》(合信)、《翼梅》(江永)。但是,《海山仙館叢書》中收入的"西學"著作,刊刻時間晚至1849年(道光己酉);《守山閣叢書》則是篳路藍縷,從1835年(道光乙未)就開始了。研究中國的學者有說"衝擊-反應論",強調"鴉片戰爭"的震懾作用;另有主張中國內部的思想文化變化,稱爲"內在理路"。如果說《海山仙館叢書》的解釋模式適用于"衝擊-反應論"的話,那我們理解《守山閣叢書》則可以順着"江南文化"已有的進步綫索,按照思想上的"內在理路",看他們如何遵循一種學問自覺,走上了中國文化的現代轉型之路。

　　《守山閣叢書》刻成的第三項意義還在于,它爲咸同之際開始的"洋務"和"變法"培養了一批最早的"西學"人才。在"守山閣"校書、刻書的人物中,錢熙祚積勞成疾,過早去世。叢書刻成之日,他在北京等候政府表彰,猝然去世。錢熙祚去世後,他的哥哥熙輔,弟弟熙泰,堂弟熙經,兒子培讓、培傑,還有姻親韓應陛,繼續出資出力,聘請更多學者加入選書、校書、刻書。這一系列叢書的刊刻,令金山知識群體人物走出江南,享譽全國。精通數學、天文、地理和醫學的學問大家,金山錢圩人顧觀光(1799—1862)是刻書的實際主持者。錢熙祚去世之後,他繼續"守山閣"圖書事業。海寧秀才,繼承"乾嘉之學"數學成就的李善蘭(1811—1882),被邀請了一起校讀數學書。顧觀光爲他的《四元解》

(1846)作序,幫他刻印《麟德曆解》(1848)。這些數學、天文著作的寫作和出版,直接傳承是清代"乾嘉之學";再追遡的話,他繼承的就是明末的"利徐之學"。1852年,李善蘭被邀請到上海英租界墨海書館,和倫敦會傳教士偉烈亞力(Alexander Wylie, 1815—1887)一起翻譯《幾何原本》後九卷(1856),那就和利瑪竇、徐光啟翻譯的《幾何原本》前六卷直接貫通了。《幾何原本》前六卷和後九卷的翻譯,都和上海有關。從某種意義上來說,這個可貴的延續性案例並非偶然。從明末徐光啟,到清末李善蘭,在衆多的傳承人中間,有王錫闡、梅文鼎、江永、錢大昕、李鋭……也有"守山閣"學者這一群體。這一學者群體,都是過去所謂的"吴派""皖派",以及他們的餘脈。百多年中,"利徐之學""乾嘉之學"一直在江南徘徊,却都離上海不遠。顧觀光、李善蘭,是清末最早精通"西學"的江南學者,他們的活動地就在上海。值得再一次强調的是,他們的老師並不是"鴉片戰争"以後來華的倫敦會傳教士,而是萬曆年間已經到達江南的耶穌會士。

校書、刻書、讀書,沉潛往復,守先待後,最後才是自己立說著書,這是古人研究學問的最佳方法。因爲《守山閣叢書》的刊刻,聚集起來的專業學者不止一個人,而是一整個群體。在19世紀40年代,他們是江南和全國最早,也是惟一精通近代數學、曆算、天文、地理的人群。我們大致可以這樣理解這個特殊的知識群體:全國士子都還在皓首窮經,苦讀"文科"(四書五經)的時候,江南學子已經另辟蹊徑，迎難而上，研習起"理科"（數學、物理、天文、地理，即清末所謂"格致之學"）來了。繼上海徐光啟、仁和李之藻之後，江南學者在清代道咸之際再一次對"西學"孜孜以求，研讀、翻譯和著述"利徐之學"。我們至今還是不太明白，在數學、物理、天文、地理等學問換不來秀才、舉人、進士功名的科舉時代，是什麽樣的力量激發了金山和江南士人的學術熱情，去學習"格致之學"？大家知道，"格致之學"（自然科學）能夠拿出來到社會上去"經世致用"，那是在曾國藩、李鴻章、左宗棠推動的"洋務運動"以後了。在"西學"篳路藍縷、困頓寒酸的嘉道年間，他們自帶盤纏，自備棗梨，耗盡家産，並没有實用目的，爲的只是守住前人的學問，刻下能被後代認可的"不刊之説"。在没有找到更加確切的解釋之前，我們只能説這些不帶有功利目的的奉獻行爲，是來自一種"純學術"的衝動，是受到了自然之理的感召。

"同光中興"中的"洋務運動"，中國思想學術的主流一度向"西學"開放。倫敦會墨海書館、江南製造局譯書館，以及地方官辦的蘇州書局、杭州書局、金陵書局刊刻了不少"天文、曆算、推步、測量"和"聲、光、化、電、重學"著作。這些活動中隱隱約約地都有《守山閣叢書》知識群體的身影。上海地區的學者又一次得風氣之先，因而在近代科學、文化、出版和教育事業中有大的施展和發揮。顧觀光在1862年去世，這一年十月，清朝在北京開設了"京師同文館"（外語學院）。1866年，同文館增設"算學館"（數學系）。如果顧觀光還在世的話，同文館總教習（校長）丁韙良（William

Alexander Parsons Martin，1827—1916）或許就會選這位精通算學、幾何、天文、曆算和重學的金山學者來擔任教習。海寧李善蘭趕上了時代，經曾國藩幕府推薦，丁韙良聘請他擔任算學館教習（係主任），是同文館裏惟一的華人教習。

另一位有幸進入清朝"同光中興"事業的學者，是南匯縣周浦人張文虎（1808—1885）。張文虎也是被曾國藩羅致到幕府，作爲著名幕僚，受到洋務大員的推薦而顯露頭角。清末政治有一個鮮明的特點，就是真正有能力的幹才不在中央，而在地方，尤其在直隸，在兩江。張文虎、李善蘭等這一群專業人士都有實際才幹，都不是一般用來裝點門面的搖頭晃腦儒生。曾國藩、李鴻章把他們招致幕中，繼續校書、刻書、教書，主持學術和學校，對中國文化的近代轉型起了重要作用。清朝同光之際開始的"變法"，既不是民間的訴求，也不是中央的號召，而是處于"中興"大員在內憂外患逼迫之下的不得已、不自覺的地方治理行爲。因此，曾國藩、李鴻章的幕府才是"變法"的中樞，而支撐幕府的人才，則是像張文虎、李善蘭等來自基層的地方學者。按張文虎《舒藝室詩存》中記錄的情況看，他在同治二年（1863）就已經進入到曾國藩在安慶的幕府，並且在文官中扮演士林領袖的角色。同治二年十二月十九日，文人們以蘇東坡生日爲名在周縵雲家裏雅集，張文虎主盟，出席者有海寧李善蘭、瑞安孫衣言、陽湖方元徵、歸安楊見山，以及王孝鳳、葉雲岩、陳小舫、劉開生、李小石等（參見《孫衣言孫詒讓父子年譜》，上海社會科學院出版社 2003 年版，第 48 頁）。張文虎憑着過硬的考據和廣博的見識，1882年被江蘇學政、瑞安黃體芳（1832—1899）聘請爲江陰南菁書院首任山長。南菁書院取朱熹"南方之學，得其菁華"之意，是清末"變法"以後第一座開設數學、天文、曆算課程的地方書院。張文虎和李善蘭，一南一北，掌握了地方和中央新派學問的樞紐，可見《守山閣叢書》知識群體的領袖作用。

　　當代研究近代史的學者，大多是通過張文虎、李善蘭的治學事迹，或者是張之洞的《書目答問》，才依稀知道一些《守山閣叢書》及金山錢氏的事迹。中國近代史其實是一門比較粗疏的學問，不需要查證很多，就可以下很重大的結論。比如我們盡可以說林則徐是"睁眼看世界的第一人"，而不顧徐光啟在此前的200多年已經翻譯《幾何原本》；我們也常常說近代數學只是從京師同文館算學館開始的，而不顧顧觀光、張文虎、李善蘭的數學學問其實從"利徐之學""乾嘉之學"而來。認識到這一點，我們仍然可以評論說《幾何原本》和"乾嘉之學"中的數學知識非常有限，不成體系，落後于時代。但是當瞭解了《守山閣叢書》及這個知識群體的事迹，我們至少會同情地理解這批知識人的"守山"精神。我們可以看到，一群地方上的知識人士是如何用搜書、校書、刻書的方式，傳承着一種殊關重要的學問，守先待後，發揚光大，確實是一種了不起的科學精神。

　　2019年2月11日，復旦大學中華文明國際研究中心有一個關于江南文化在縣、鎮、鄉級地方轉型的研究計劃。爲了搞清楚《守山閣叢書》的刊刻情況，我和中心特約研究員項宇博士、馬相伯研究會會長馬天若兄一起訪問了金山區張堰鎮。接待我們的是老朋友，原金山區教育局局長、上海顧野王文化研究院院長蔣志明先生。作爲數學博士，蔣院長非常崇敬徐光啓，曾專程邀請我到金山中學向師生們介紹明末的數學翻譯成就。作爲金山亭林鎮人，蔣院長又對《守山閣叢書》中的人物、環境和刊刻有直達基層的瞭解，遠超我們從書本上得來的印象。經他熱情接待，我們踏勘了秦山，面對這座頹然的孤山，我們對金山人的"守山"精神的敬佩之心油然而生。2020年4月23日，新冠病毒疫情稍緩，我和項宇博士又一次驅車前往張堰鎮，這一次同行的是金山錢氏後人錢基敏女士，她多年來奔波於上海市區和金山及江、浙各地，孜孜不倦地編寫金山錢氏家族史。地方人士對本土文化的堅守精神，遠超我們的想象，讓我們感受到這才是一種文化發展"生生不息"的原動力。

這一次陪同錢女士的訪問，時任金山區文旅局副局長的陸佰君先生正式接待了我們。陸副局長除了支持和鼓勵錢基敏女士的家族史研究之外，還鄭重提出要與上海圖書館、復旦大學等機構合作，做好"守山閣文化"的發掘、研究和推廣工作，令大家都很興奮。我們都說"守山閣"這個名字起得好，有着極強的象徵意義，要加以介紹和推廣。蔣志明院長的概括更加好，他說金山人的"守山精神"，就是要守住三座大山。一守秦山，那是自然之山，魚米之鄉的環境不能毀去；二守書山，那是文化之山，藏書讀書，刻苦求實的風氣不能中斷；三守人山，那是人才之山，金山人在"吳根越角"地帶創建出來的繁盛文脈要一代代地傳承下去。金山人的"守山精神",何嘗不是江南文化的精神、上海文化的精神?它也應該成爲當代中國文化的精神。每思及此,看到這一群群、一代代地方人士的堅守,覺得這塊土地上的文化還有希望。以此小文,代爲錢基敏女士《一個書香世家的千年回眸》書序,並對金山人的"守山精神"再一次表示敬意。

本文爲唐昱霄、錢基敏著《金山錢氏家族史:一個書香世家的千年回眸》(文匯出版社 2017 年版)代序。全文另刊于《書城》,2020 年 9 月號

跋

　　《湖樓校書記》原計劃是爲"新守山閣"叢書編一本資料集,把《守山閣叢書》的源流鈎沉出來,奉獻給學界。在加上了幾篇討論守山閣學人群體的文章之後,"分其宗旨,别其源流"(黄宗羲《〈明儒學案〉序》),看上去隱約有點像是黄宗羲編《宋元學案》《明儒學案》的體例,故而借喻爲"守山閣學案"。按黄宗羲學生仇兆鰲《〈明儒學案〉序》的説法,學案體例是"尋源泝委,别統分支,秩序有條而不紊。于敘傳之後,備載數語,各記其所得力,絶不執己意爲去取,蓋以俟後世之公認焉爾"。編著《湖樓校書記:守山閣學案》是希望通過存録有關守山閣學人群體的原始文獻,對這一批在學術思想史上湮没人物事迹的重要性加以揭示。

　　研究守山閣學人群體藏書、校書、刻書事業,以及他們在清代學術史上的重要地位,開始于一次郊游。2019年2月11日,李天綱、項宇、馬天若爲調研《幾何原本》和明清"西學"翻譯事迹,到金山區張堰鎮訪問。數學博士、前區教育局長蔣志明教授帶我們踏勘了秦山"守山閣"故址。大家感奮于"守山閣精神",決計研究這個中國思想史上的重要群體。研究得到時任金山區文化局副局長陸佰君先生的支持,他決定將此納入本區的文化振興工作,守山、守文,以守鄉土。此後，2019年中間，陸副局長發動金山區博物館、圖書館、檔案館的專業人員，在張堰鎮數次與李天綱等人商談研究項目。2021年2月22日，新冠疫情管控稍馳，李天綱與復旦大學中華文明國際研究中心同人金光耀、陳引馳、項宇、章可、王啟元等再次赴金山考察，商定由區文旅局和復旦本中心落實此項工作。金山區博物館的余思彦館長、王斌副館長、陳吉館員提供了諸多幫助，他們掌握的"地方知識"，令一度塵封的歷史文獻變得栩栩如生。商討之後，我們決定一起編定金山歷史文獻與文化讀物等系列圖書，計劃與復旦、上圖、上海市方志辦通志館合作舉辦守山閣文獻展。此後，熟悉金山張堰鎮錢氏、姚氏、高氏文獻收藏歷史的復旦大學圖書館吳格教授，上圖歷史文獻中心黃顯功主任，梁穎、陳穎館員慨然加入，令此項研究的學術分量大大增強。浦東新區地方誌辦公室的柴志光主任是著名的上海地方文獻專家，他提供自己主持編定的《周浦歷史文獻叢刊》，方便我們編輯《湖樓校書記：守山閣學案》。另外，張堰鎮錢氏後裔錢基敏女士携多年收集、整理的研究資料加入，則使得此項研究接上了更深的"地氣"，更廣的"人脈"。

　　本書的編輯由本人負責擬目、選篇并收錄相關文章。蔣志明先生提供了若干篇目的整理稿，并就數學史內容提供意見。復旦大學中華文明國際研究中心爲中文、歷史、哲學各院系提供國際、國內學術交流平臺，執行學者訪問、研討會組織和成果出版等工作，自身並不設獨立研究項目。

本項目采取了委托研究的方式,由區文旅局資助中心進行。因本項研究復旦文、史、哲學者出力較多,故《湖樓校書記:守山閣學案》納入中華文明國際研究中心的合作項目,出版則由金山區文化旅游局項目經費資助。編輯過程中,中心項目主管章可、王啟元、陳特副教授,特約研究員項宇博士,以及錢宇、黃晨等參與了不少協調工作。王啟元承擔了大量聯繫、統籌事務,助推項目進展。在此,對以上人員一並表示感謝。

李天綱

2023 年 2 月 15 日

圖書在版編目(CIP)數據

湖樓校書記:守山閣學案/李天綱,蔣志明編撰.—上海:復旦大學出版社,2024.12
(金山人文叢書.新守山閣)
ISBN 978-7-309-16788-7

Ⅰ.①湖… Ⅱ.①李… ②蔣… Ⅲ.①學術思想-思想史-中國-明清時代 Ⅳ.①B248.05

中國國家版本館 CIP 數據核字(2023)第 051437 號

湖樓校書記:守山閣學案
李天綱　蔣志明　編撰
責任編輯/顧　雷

復旦大學出版社有限公司出版發行
上海市國權路 579 號　郵編:200433
網址:fupnet@fudanpress.com　http://www.fudanpress.com
門市零售:86-21-65102580　團體訂購:86-21-65104505
出版部電話:86-21-65642845
江陰市機關印刷服務有限公司

開本 890 毫米×1240 毫米　1/32　印張 7　字數 134 千字
2024 年 12 月第 1 版
2024 年 12 月第 1 版第 1 次印刷

ISBN 978-7-309-16788-7/B・780
定價:78.00 圓

如有印裝質量問題,請向復旦大學出版社有限公司出版部調換。
版權所有　侵權必究

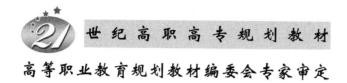

世纪高职高专规划教材

高等职业教育规划教材编委会专家审定

超市经营管理实务

颜 威 编著

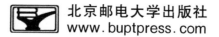

北京邮电大学出版社
www.buptpress.com

内容简介

本书是根据高职学生今后从事超市工作实际所需的操作技能编写的实操类教材。和其他的超市管理类书籍有所不同，该书按照超市经营的顺序进行编排，按照类型确定、店铺选址、商品分类、布局管理、采购管理、陈列管理、定价管理、销售管理八个项目构建。每个项目都设置了"学习目标""案例""知识点讲解"并辅以各类习题和实操项目，力求探索"以职业需求、职业目标、职业训练项目、职业素材、教学做一体、形成性考核"六位一体的新型教材模式。

图书在版编目(CIP)数据

超市经营管理实务 / 颜威编著．－－北京：北京邮电大学出版社，2013.12(2020.1重印)
ISBN 978-7-5635-3734-1

Ⅰ.①超… Ⅱ.①颜… Ⅲ.①超市－商业管理－高等职业教育－教材 Ⅳ.①F717.6

中国版本图书馆 CIP 数据核字(2013)第 245726 号

书　　　名：超市经营管理实务
编　著　者：颜　威
责任编辑：王晓丹　马晓仟
出版发行：北京邮电大学出版社
社　　　址：北京市海淀区西土城路 10 号(邮编：100876)
发　行　部：电话：010-62282185　传真：010-62283578
E-mail：publish@bupt.edu.cn
经　　　销：各地新华书店
印　　　刷：北京玺诚印务有限公司
开　　　本：787 mm×1 092 mm　1/16
印　　　张：10
字　　　数：244 千字
版　　　次：2013 年 12 月第 1 版　2020 年 1 月第 2 次印刷

ISBN 978-7-5635-3734-1　　　　　　　　　　　　　　定　价：22.00 元

· 如有印装质量问题，请与北京邮电大学出版社发行部联系 ·

前　　言

市场经济蓬勃发展促进了零售行业的繁荣，作为零售行业的主要代表业态——超市对人才的需求也越来越旺盛。不论是开办一个小便利店还是加入大超市作管理都需要大量懂理论会操作的专业人才。

在市场经济条件下，职业技术教育应以满足经济生产需要，培养具有较强动手能力的专业技术人才为目标，因此，教材就应围绕职业教育的本质，加强技巧的传授，加强实际操作实训练，围绕如何培养学生职业能力来编写。

本书根据超市企业经营流程设计，同时考虑学生对经管理解方面的需要，主要强调能力培养，又辅之以理论的讲解，深入浅出地引导学生学习超市经营管理知识。在具体教学中，理论知识讲解之后，辅以各种实训项目加强学生对知识点的领悟和理解。在每个实训项目开展之前，建议教师尽可能地将所需要的各种资源协调妥当，以保证实训效果。

本书设计的八个模块，除项目三超市商品分类及组合外，都是按照超市开办的基本流程进行安排。项目三主要是帮助初学者掌握超市运营管理的基础，理论内容比较多，读者在阅读项目四时如遇到关于商品分类的内容可在项目三查找。

在本书的整理过程中，借鉴了许多专家学者的研究成果，在编写过程中得到了系部谢平楼主任的大力支持，彭石普教授的悉心指导。本书的插图部分由周正义老师选取，同时周老师还负责了部分项目八内容的编写。

为方便教学，本书配有教学 PPT 资源包。

本书可用作高职高专院校工商管理类课程的教材或参考书，也可作为企业管理培训用书。

编　者

目 录

项目一 超市概述及类型确定 ·· 1

  第一节 超级市场概述 ·· 2
    一、超市定义及特点 ·· 2
    二、超市经营管理的主要内容 ···································· 3
    三、我国超市发展存在的不足 ···································· 5
    四、我国超市发展的新趋势 ······································ 6
  第二节 业态类型选择 ·· 7
    一、超市的业态类型 ·· 8
    二、进行业态类型选择的原则 ···································· 11
    三、业态类型选择步骤 ·· 12

项目二 超市选址确定 ·· 17

  第一节 超市选址概述 ·· 18
    一、超市选址原则 ·· 18
    二、超市选址步骤 ·· 19
  第二节 超市选址管理具体操作1——选择城市 ······················ 20
    一、影响城市选择的因素 ·· 20
    二、选址影响因素信息采集办法 ·································· 21
    三、选址的决策方法 ·· 22
  第三节 超市选址管理具体操作2——选择城市功能圈 ················ 26
    一、各城市功能圈特点及划分方法 ································ 26
    二、影响城市功能圈选择的因素 ·································· 28
    三、城市功能圈选择方法 ·· 28
  第四节 超市选址管理具体操作3——具体位置选择 ·················· 29

项目三 超市商品分类及组合 ·· 44

  第一节 超市商品的经营范围 ·· 44
  第二节 超市商品分类 ·· 45
    一、商品分类的概念 ·· 45
    二、分类中存在的问题 ·· 45
    三、商品分类的要求 ·· 46

四、商品分类的方法 …………………………………………………… 46
　　五、商品的编码 ………………………………………………………… 50
　第三节　商品组合及决策 …………………………………………………… 51
　　一、超市的商品组合 …………………………………………………… 51
　　二、商品组合的相关概念及构成要素 ………………………………… 51
　　三、商品组合的基本策略 ……………………………………………… 52

项目四　超市布局管理 …………………………………………………………… 56
　第一节　超市布局概述 ……………………………………………………… 57
　　一、超市布局概念 ……………………………………………………… 57
　　二、超市布局的原则 …………………………………………………… 57
　第二节　超市具体布局操作1——外观部分 ……………………………… 58
　　一、店名 ………………………………………………………………… 58
　　二、店招 ………………………………………………………………… 59
　　三、店门 ………………………………………………………………… 60
　　四、橱窗 ………………………………………………………………… 61
　第三节　超市具体布局操作2——内部购物环境设计 …………………… 62
　　一、超市地面设计 ……………………………………………………… 62
　　二、超市天花板设计 …………………………………………………… 63
　　三、墙面 ………………………………………………………………… 63
　　四、照明 ………………………………………………………………… 64
　　五、声音 ………………………………………………………………… 65
　第四节　超市具体布局操作3——内部各功能区域相关位置划分 ……… 65
　第五节　超市具体布局操作4——卖场区出入口及收银台 ……………… 66
　　一、卖场入口位置 ……………………………………………………… 66
　　二、卖场出口位置 ……………………………………………………… 67
　　三、出入口大小 ………………………………………………………… 67
　　四、收银台的配置 ……………………………………………………… 67
　第六节　超市具体布局操作5——商品大类具体陈列区域及陈列面大小确定 ……… 67
　　一、动线研究及规划 …………………………………………………… 67
　　二、初步规划各大类商品陈列区域 …………………………………… 68
　　三、分配并调整商品大类陈列区面积 ………………………………… 70
　第七节　超市具体布局操作6——通路设置 ……………………………… 71
　第八节　超市具体布局操作7——磁石理论 ……………………………… 73

项目五　超市商品采购管理 ……………………………………………………… 78
　第一节　采购的流程 ………………………………………………………… 79
　　一、重复采购 …………………………………………………………… 79
　　二、全新采购 …………………………………………………………… 79

三、手工采购 80
四、电子采购 80
第二节 采购决策要素 81
一、采购的商品决策 81
二、采购的数量决策 82
三、采购时间决策 82
四、供应商决策 83
五、采购地点决策 84
六、采购价格决策 84
第三节 采购谈判 84
一、谈判流程 84
二、采购合同 85
第四节 采购人员管理 87
一、采购人员的选用标准 87
二、采购部门的职责 87
三、采购人员的绩效考核 88
第五节 供应商管理 88
一、供应商选择步骤 88
二、供应商评估方法 89
三、供应商奖励 90

项目六 商品陈列 94

第一节 超市主要陈列设施设备 95
第二节 陈列位置 97
一、卖场中的好区域 97
二、陈列线上的货架 97
三、货架陈列高度 98
第三节 陈列原则 99
第四节 商品配置表 100
一、商品配置表的管理功能 101
二、商品配置表的编制 101
第五节 商品陈列的基本要求 102
一、丰满 102
二、便利 103
三、清洁 103
四、先进先出 104
五、商品正面朝向消费者 104
六、推陈出新 104
第六节 价格标识管理规范 104

一、价格标识分类 ·· 104
　　二、价格标识管理规范 ·· 106

项目七　超市商品定价管理 ·· 111

第一节　超市商品定价步骤 ·· 111
　　一、商品定价 ··· 111
　　二、定价步骤 ··· 111

第二节　超市商品定价整体目标 ·· 112

第三节　超市单位商品定价原则 ·· 113
　　一、符合超市类型原则 ·· 113
　　二、标志商品低价原则 ·· 113
　　三、符合产品生命周期原则 ··· 113

第四节　一般定价方法 ·· 114

第五节　价格修正方法 ·· 115
　　一、需求导向定价 ··· 115
　　二、竞争导向定价 ··· 116
　　三、促销定价策略 ··· 117
　　四、产品组合定价策略 ·· 118

第六节　价格调整 ·· 118
　　一、价格调整原因 ··· 118
　　二、价格调整策略 ··· 119

第七节　价格带调研寻找标志性商品 ·· 119
　　一、价格带概念及研究 ·· 119
　　二、寻找标志性商品 ··· 120

第八节　定价与陈列 ··· 120

项目八　超市商品销售管理 ·· 125

第一节　理货员管理 ··· 126
　　一、理货员的工作职责 ·· 126
　　二、理货员工作流程 ··· 126
　　三、理货员的工作考核 ·· 130
　　四、商品推销技巧 ··· 132

第二节　收银员管理 ··· 135
　　一、收银员工作职责 ··· 135
　　二、收银员作业规范及流程 ··· 135
　　三、收银员对商品及价格的管理规范 ·· 137
　　四、收银员工作纪律 ··· 137
　　五、收银员离开收银台作业规范 ··· 137
　　六、收银员营业款管理规范 ··· 137

七、收银员损失防范工作内容 …………………………………………………… 140
　第三节　防损管理 ………………………………………………………………… 141
　　一、防损设施设备 ………………………………………………………………… 141
　　二、顾客偷窃行为 ………………………………………………………………… 141
　　三、对顾客偷窃行为的揭发时机 ………………………………………………… 142
　　四、对顾客偷窃行为的揭发技巧 ………………………………………………… 142
　　五、防损员业务流程 ……………………………………………………………… 142
　　六、超市防损员各岗位工作职责 ………………………………………………… 143
　　七、防损员值班流程 ……………………………………………………………… 144
　　八、防损员的常规考核 …………………………………………………………… 145

参考文献 ……………………………………………………………………………… 148

项目一

超市概述及类型确定

【能力目标】
- 能运用超市的经营特征对其他行业经营方式进行联想
- 能根据掌握的资源,进行超市类型选择
- 基本掌握超市经营的基本运作流程,并能进行运用

【知识目标】
- 正确理解超市经营的基本概念
- 掌握各类型超市的基本特征
- 了解我国超市的不足与未来发展趋势

【案例导入】

专栏1-1 沃尔玛公司

美国零售业的传奇人物山姆·沃尔顿于1918年出生在美国俄克拉荷马州的金菲舍镇,是一个土生土长的农村人。从小家境就不好,7岁的时候,山姆就开始打零工,靠送牛奶和报纸赚得自己的零花钱,另外还饲养兔子和鸽子出售。大学毕业后正值"二战"爆发,山姆毅然参军,在陆军情报团服役。

1945年,山姆回到故乡,他向岳父借了2万美元,和妻子海伦在只有7 000人口的小镇——纽波特经营一家富兰克林杂货连锁店的分店。

1950年,山姆·沃尔顿在只有3 000人口的阿肯色州本顿维尔镇,买下了哈里森杂货店,店铺总面积不到400平方米。

同年在本顿维尔镇以南约3万米的阿肯色大学所在地买下了一家小杂货店,面积不过250平方米。

经过10年的摸索,山姆·沃尔顿在积累了令企业能大获成功的经验和管理方法后,他决定在更大的城镇开设更大的商店,首先他在密苏里州的圣罗伯特开了第一家更大的杂货店,取名沃顿家庭中心。

1962年在罗杰斯城开设了第一家沃尔玛折扣百货店,经过几次扩建,此店经营面积达到了5 000平方米。

1987年,在德克萨斯州加伦市开设了第一家综合性百货商店,1988年在华盛顿市开设了第一家购物广场。

直至今日,沃尔玛仍然不断地发展壮大,在世界各地拥有数以千计的超市、购物广场、会员商店,俨然成为一个威力无比的"沃尔玛帝国"。连续多年位居世界500强首位。

思考

1. 除了面积更大之外,你认为山姆·沃尔顿开设的沃顿家庭中心和杂货店还有哪些区别?
2. 为什么山姆·沃尔顿首先开的是杂货店而不是数千平方米的大型超市?
3. 山姆·沃尔顿在阿肯色州本顿维尔镇开个数千平方米的大型超市是否可行,为什么?

【知识学习】

第一节 超级市场概述

自1930年世界上第一家超市由迈克加伦在美国创立以来,这种不同于传统百货店的经营形式,经过近百年的发展,在今天已经成为各国零售行业的主要业态形式。自1978年引入我国,超市在中国已有30年的发展历史,成为中国经济的一个重要组成部分。超市的发展不仅提升了中国消费者的生活品质,为中国零售业带来巨大的变化,而且超市自身也在这一过程中,不断完善和创新,成为中国零售业最具活力的一部分。

一、超市定义及特点

超级市场一词来源于英文supermarket,常简称为超市,是指以顾客自选方式经营以食品、家庭日用品为主的综合性零售商场。自第一家超市创立以来,超市的经营模式和经营范围已经有了很大的变化。但和传统百货商店相比,超市仍然具有显著的特征。

1. 开架自选

开架自选是指零售店将商品陈列在完全敞开的货架上,顾客可以自行挑选购买。如图1-1所示。

2. 顾客自主服务

与百货店售货员能提供各种服务不同,顾客在超市里为自己的购买行为提供服务,从挑选商品、搬运商品,到结账埋单都由顾客自行完成。如图1-2所示。

图1-1 开架自选

图1-2 顾客自主服务

3. 应用条码技术

商品条码是实现商业现代化的基础,条码已成为商品进入超市的必备条件,通过条码技术的运用,超市可以实现售货、仓储和订货的自动化管理,使销售信息及时为超市所掌握。如图 1-3 所示。

图 1-3 超市条码技术

4. 商品高速流转

超市的净利一般在 2‰~4‰,超市的获利不靠毛利高而是靠周转快。保持商品的高速流通是超市良性经营的重要法宝。

二、超市经营管理的主要内容

超市运作千头万绪,经营管理内容复杂多样,只有理清思路,才能保证超市经营的成功。超市经营管理的主要内容包括:业态类型选择、店铺选址、布局管理、采购管理、商品定价、商品陈列、商品销售、防损管理等。超市经营管理作业流程如图 1-4 所示。

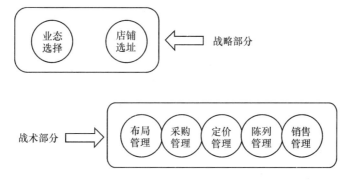

图 1-4 超市经营管理作业流程

1. 业态类型选择

超市的业态类型有若干种，超市业态类型选择就是要选择其中一种类型作为将来企业经营的方向，在未来按该类型的特点进行经营。业态类型的选择是企业加入零售业竞争首先要考虑的问题。它是确定企业未来的经营方向、店铺选址、服务群体、商品结构等关键内容的基础。根据企业资源情况选择未来的超市业态，以选择好的业态类型标准进行运营，能使零售企业更加适应市场环境的要求，能更有利地参与到竞争中。

2. 店铺选址

根据企业资源特点确定好未来超市的业态类型后，接下来要做的事情就是选址。如果要开个便利店，只需要100平方米左右的地方，大型综合超市则需要数千平方米的空间。店铺选址，简单的解释就是选择一个开店的地方，它是关系到企业成败的一个重要环节，它是零售战略组合中灵活性最差的要素，不但本身资金投入大，同时又与企业后期经营战略制定息息相关，很容易受到长期的制约，选址的失误将直接导致超市运营的低效率甚至是投资损失。

3. 布局管理

布局管理紧接在选址之后进行，布局说起来非常简单，无非就是超市店面的设计、卖场通道的规划以及商品的陈列展示等。它解决的是超市内外部购物环境是否科学合理、是否形成特色的问题，不仅关系到超市的商品销售，同时也是超市整体品牌形象在店面和卖场内部的直接表现。

4. 采购管理

超市满足顾客需要的载体是商品，没有商品，满足顾客需要就是空话，超市的采购工作就是从供应商处购进商品，采购人员就是要掌握市场的需要及趋势，在适当的时间、以合适的价格、引进适合的商品满足顾客需要，实现销售目标和利润目标。

5. 商品定价

商品采购到库后，还需为其制定一个合适的销售价格，顾客在决定购买某一件商品时，价格是其考虑的首要因素。定价看起来是一个简单的问题，其实不然，定价太高，顾客会无法接受，定价太低又会造成企业利润损失。只有科学、合理、专业的定价，才能赢得更多的顾客。

6. 商品陈列

定价之后的商品就可以从仓库送到卖场中进行陈列准备销售，商品陈列是指以产品为主体，运用一定艺术方法和技巧，借助一定的道具，将产品按销售者的经营思想及要求，有规律地摆设、展示，是方便顾客购买，提高销售效率的重要手段，是销售产业广告的主要形式。合理地陈列商品可以起到展示商品、刺激销售、方便购买、节约空间、美化购物环境等各种重要作用。据统计，店面如能正确运用商品的配置和陈列技术，销售额可以在原有基础上提高10%。

7. 商品销售

超市的商品销售是指超市方为了更好地为顾客服务而安排的人员导购、促销工具引导、收银员收银等销售服务手段。虽然超市特点之一是顾客的自我服务，但由于各种原因如消费者商品知识的缺乏、购物安全需要等，在商品陈列上架后，人员销售和促销工具引导成为超市提高服务水平，促进顾客购买，赢得竞争优势不可或缺的手段。

超市的开架自选、自主服务的经营特点决定了因偷窃造成的损失成为超市非经营性损失的主要因素。损失在所有的企业都是普遍存在的，区别在于损失范围的不同。据统计，美国超市每年因失窃造成的损失占到销售额的1.43%，而法国则达到惊人的2%，相对于超市不到4%的纯利润而言，这个数字不可忽视，超市商品安全管理越来越受到经营者的高度重视。

三、我国超市发展存在的不足

自1978年超级市场引入我国，到今天已经有30多年的发展，取得了令人瞩目的成绩，但与发达国家的零售企业相比，我国的超市还存在着许多的不足。

1. 销售规模仍然偏小、难以实现规模效应

2004年，我国100强连锁企业中，年销售额在100亿元以上的企业有15家，有70家年销售额在50亿元以下。大多数超市经营规模小，营业面积在500平方米以下。而美国的沃尔玛2003年的销售额已经达到2 600亿美元。根据专家预测，对于300～500平方米的营业面积而言，只有当连锁店超过15家，才能实现规模经济。小规模经营，不仅在进货方面形成不了批量优势，难以降低成本，而且，由于定位雷同，在满足顾客需求方面也受到了限制，很难同家乐福、沃尔玛这些大型国外超市竞争。

2. 超市地域布局极不平衡

大中型超市在东部沿海地区较为集中，而西部一些省份、城市几乎还处于真空地带；在大中型城市比较多，而在小型城镇却远未能满足市场需要。根据中国连锁经营协会的资料，1999年销售额超过5 000万元的超市有117家（包括外资），其中数量排名前5位的是：北京（18家）、广东（17家）、上海（15家）、江苏（14家）、浙江（8家），分别占16%、15%、13%、12%和7%；而贵州、西藏、新疆、宁夏、内蒙古等地区一家都没有，其他一些西部地区数量也不多。

3. 超市业发达地区市场定位雷同、竞争激烈、没有经营特色

在超市发达的上海，在一个居民小区的周围，往往会有好几家超市，如华联、联华、农工商、家得利、顶顶鲜等，但这些超市无论是在经营的商品，还是服务、价格、开放的时间方面都极为相似，没有各自的特色。并且，受经营规模的限制，品种不全，经营范围有限，因此，尽管被超市包围，小区的居民常常还每周去较远的家乐福采购一次。

> **［案例1-1］ 国外超市实行差别化市场定位**
>
> 著名经济学家茅于轼教授在他的《生活中的经济学》一书中就描写了美国超市的差别定位。3家超市同处于一个地区，一家以日常的家庭采购者为目标顾客，商品多采用大包装，并且备有停车场；一家以中低收入者为目标顾客，价位相对较低，并且该超市还经常有一些保存日期快到期的特价商品；还有一家24小时营业，以习惯于夜归、贪图方便的人为目标顾客，由于营运成本高，其价格也比一般的商品高10%左右。由于每家超市的目标市场都不同，因此，尽管处于同一个区，却都能赢利。

4. 信息化水平不高、物流基础设施薄弱

近年来，我国的超市企业在信息化和物流配送系统化建设方面投入不少，并且取得了一定的成绩，但零售技术水平，物流配送系统开发利用的深度较发达国家仍有一定差距。

目前,在我国厂家生产的商品仍有部分缺失条形码,使一些超市在送回商品后,不得不进行流通加工,用人工的方式往商品上打条形码。这样做,一方面增加了成本,降低了效率;另一方面,部分中小型超市也限制了先进的网络技术在超市经营中的应用,使POS(销售时点系统)、EOS(电子订货系统)、VAN(网络信息交换系统)难以实施。大部分超市对于贵重易失窃商品必须进行贴防盗磁条、贴防盗扣等操作,增加了成本。目前,大部分超市的物流配送系统还停留在收货、补货、送货层面,对于优化采购结构、库存合理化、规划配送路线、降低配送成本等方面的应用仍比较低。据央视《经济半小时》栏目披露的数据,中国物流成本比发达国家高出一倍,占国内生产总值的比重约18%。这种情况的形成,一方面是超市企业自身信息化水平不高;另一方面是超市企业和供应商很难实现信息共享,不能形成从消费者到零售商,再到供应商之间的信息反馈系统,缺乏对市场需求变化的灵敏反应。供应商应及时了解零售商的销售与库存,安排生产与运输,从而降低超市库存成本,保证货源的及时充分。

5. 各类经营管理人才缺乏

超市作为一种新生事物,近几年来在我国如雨后春笋般涌现,虽然已经经历了经营管理人才严重短缺的时期,但从目前超市从业人员结构来看,高管紧缺,普通员工过剩现象仍然存在。而且管理人员几乎很少接受过专业教育,绝大多数是"半路出家",凭经验做事,由于理论的缺失,很容易让管理者在外部环境发生改变后,仍按照原有经验操作,从而不可避免地导致水土不服情况发生。

总之,与国外一些资金雄厚、管理先进的大型超市相比,中国超市不尽如人意之处还很多,这是我们不得不面对的现实。但是,中国的市场很大,由于WTO的保护条款,目前国外超市还不能畅通无阻地进入中国市场。并且,即使面对面地竞争,国内商家还有本土化优势,共同的文化使国内商家在对消费者消费习惯、消费心态的了解方面,与消费者进行沟通方面具有更大优势,这是国内商家的发展机遇。但是,这必须以中国商家彻底转变经营观念、经营方式、经营手段为前提。为了能在严酷的竞争中生存,中国商家必须改变经营策略,以现代化的营销观念与手段去迎接挑战。

四、我国超市发展的新趋势

1. 国际、国内大型零售连锁加速对中小型城镇的渗透

目前,我国沿海地区和大中型城镇的零售市场接近饱和,国际、国内大型零售连锁都将目光投向中小型城镇,国际大型连锁从二级城市开始向三级城市及农村市场进军,国内本土连锁则是在巩固二级市场的同时走农村包围城市的路线。

全球知名连锁企业已悉数进入中国,在一线城市已趋于饱和。以上海为例,半径3.5千米范围内,集中了9家大卖场,大型超市的发展空间正越来越小,此时二线城市的商业网点也就显得相当紧俏。提早抢占二线城市优质的商业网点资源,迅速织密门店网络,尽可能降低成本并加速扩张,成为各大外来巨头不约而同的共识。沃尔玛于1996年进入中国,在深圳开设了第一家沃尔玛购物广场和山姆会员商店后,截至2013年2月,已经在全国21个省的150多个城市开设了390多家商场,其中二线城市拥有100多家,这些都是近5年来新开设的。

2. 加速进行一体化发展

我国的超市经营起步比较晚，发展水平低。通过不断从国际大型企业挖掘人才，加速发展，我国本土超市和国际大型企业的差距正在缩小，但我国超市目前的竞争策略仍处于价格竞争的低层级上。面对沃尔玛2007年开始的农超对接项目的尝试以及其30%以上自主品牌等经营特点，我们已经落后比较多。我国超市已经不可能按部就班地去走国外超市企业的发展道路，而是应当迅速推进向后一体化，组建产供销相结合、跨地区、跨部门的大型商贸集团，控制供应渠道，形成自身优势，以对抗外来商业资本的竞争。

3. 连锁规模化经营已经成为众多超市未来相当长时间内的发展重点

美、日两国的超市销售额都已经占到它们各自国家零售总额的70%左右，而我国远没有达到这一程度，说明我国的超市的发展前景是非常广阔的，作为超市的管理者可以考虑通过连锁规模化经营，力争在有限的时间内抢占足够的市场，连锁可以使超市的网点数量迅速增加，规模化可以进一步降低采购及物流等的成本。

4. 电子信息产品将进一步得到大量使用

物流成本的高启、供应商关系的紧张这两个问题的形成主要是电子信息技术运用得不深入和不彻底，超市方对电子信息产品的有效使用可以降低物流成本，同时加强与供应商的沟通。

5. 从价格制胜的竞争观念向集价格、文化、服务、品牌等多种因素的复合型竞争理念过渡

价格是一把利剑，之于消费者，可以使得超市实现理想中的客流、客源和市场比率；之于竞争对手，可以有效地增强自身竞争优势。以这种杀伤力极强的价格手段，的确可以起到实实在在、看得见摸得着的短期效果。然而，这种效果毕竟只是一种眼前利益，而且市场比率的增大、客流量的加大并非意味着超市能够在大赚人气的同时大赚钞票。

纵观现阶段我国商业发展势头，喜人的现象比比皆是：物流配送系统渐趋成形，大物流、大流通的概念已深入人心；以计算机应用和互联网技术发展为基础的电子商务（B2B）正在继纳斯达克指数回升之后，越发彰显成熟的魅力；厂商联合，供应链不断发展，规模生产和规模销售已能够缩减控制成本；健全的营销网络和日臻完善的供销组织已经不是某一家超市企业的独家本事……一系列的现象最终必将使超市里的各种商品统统走上同质化、同价化、同步化的经营阶段。至此，单纯的价格优势荡然无存，集合了文化、价格、服务、传播、附加值等多种销售因素的复合型竞争观念将随着国际超市巨头涌入中国、涌入各大城市，而最终以重新洗牌的名义在大大小小超市人的脑海里"生根发芽"。

第二节　业态类型选择

业态是经营形态的简称，是零售店向确定的顾客群提供确定的商品和服务的具体形态，是零售活动的具体形式。根据目标环境情况以业态标准来创办零售企业，能使零售企业更适应市场环境的要求，能更有利地参与到竞争中。

一、超市的业态类型

超级市场的业态,就是指超级市场服务于某一消费者群体,或满足某种消费需求的店铺经营形态。超市的种类和规模复杂多样,各国、各行业分类皆有不同。根据选址、商圈及目标消费者、规模、商品结构、服务时间、销售价格、管理信息系统等方面的不同,我国2010年《零售业态分类》国家标准修订中,将超市的业态模式划分为以下几种典型类型:便利店、社区超市、大型综合性超级市场、仓储式超市。

1. 便利店

便利店是以满足顾客便利性需求为主要目的的零售业态。便利店有如下特点。

(1) 选址在居民住宅区、主干线公路边以及车站、医院、娱乐场所、机关、团体、企事业单位所在地。

(2) 营业面积在100平方米左右,营业面积利用率极高。

(3) 营业时间一般在16小时以上,甚至24小时。

(4) 商品结构以速成食品、小包装商品、文具杂志为主,具有即时消费性、少容量、应急性等特点。

(5) 目标顾客:居民徒步购物5分钟可到达,80%顾客为有目的的购物。

图1-5所示为7-11便利店。

图1-5 遍布广州地铁站的7-11便利店

便利店在时间上、空间上及品项上都是对其他业态的一种补充。随着人们生活水平的提高及生活节奏的加快,便利店有较大的发展空间。

在我国很多几十平方米甚至几平方米的杂货店,都可以归属为便利店性质。

2. 社区超市

社区超市是采取自选销售方式,以销售食品、生鲜食品、副食品和生活用品为主,满足顾客每日生活需求的零售业态。社区超市有如下特点。

(1) 选址在居民住宅区、交通要道、商业区。

(2) 营业面积在500~1 000平方米。

(3) 商品结构以购买频率高的商品为主。
(4) 营业时间不低于 12 小时。
(5) 目标顾客：以居民为消费对象，10 分钟左右可到达。

图 1-6 所示为社区超市。

图 1-6　社区超市

作为必需商品的生鲜食品是商圈消费者基本生活的组成部分，生鲜食品成为该类店铺的主要商品。店家需以提高生鲜食品的鲜度、加工工艺等手段吸引家庭主妇光顾，并且积极参与或组织各类的社区活动，让消费者感到是去邻居家购物，而不是去店里购物。

3. 综合性超市

综合性超市是以销售大众化实用品为主，满足顾客一次性购足需求的零售业态。综合性超市有如下特点。

(1) 选址在住宅区、城乡结合部或商业密集区。
(2) 营业面积在 2 500 平方米以上。
(3) 商品结构：生鲜食品、衣食用品齐全。
(4) 目标顾客：满足消费者中比率最大的中等收入阶层的消费需求。
(5) 设施装饰较仓储式超市好。

图 1-7 所示为综合性超市——沃尔玛。

图 1-7　长沙黄兴步行街沃尔玛超市

综合性超市是一种比仓储式超市更能提供一种良好舒适的购物环境及多品种商品选择机会的业态。

4．仓储式超市

仓储式超市是以经营生活资料为主的，储销一体，低价销售，提供有限服务的销售业态（其中有的采用会员制，只为会员提供服务）。仓储式超市有如下特点。

（1）选址在城乡结合部，但交通便利性强，并有大型停车场。

（2）营业面积大，一般为6 000平方米以上。

（3）库架合一、装饰简单、节约成本。

（4）商品结构主要以食品（有一部分生鲜食品）、家用品、服装衣料、文具、家用电器、汽车用品、室内用品为主。重点在商品的广度要宽（指商品的种类要多）。

（5）目标顾客：以中小零售商、餐饮业、集团购买和有交通工具的消费者为主。此种店铺大都实行大量销售和大批订货等方式，从而实现廉价销售。

图1-8所示为德国的一家仓储式超市。

图1-8　德国麦德龙仓储式超市

每一种超市业态类型都有自己的特点，有其长处，也有其对环境的特殊要求，而且各种业态之间既有一定的竞争关系，又能互相弥补对方的不足，合理布局就能起到优势互补和繁荣市场的作用。只有切实了解各种零售业态的优缺点，广泛地调研，认真分析各类消费者的消费心态和需求，合理布局，才能充分发挥各种业态的长处，以最小的投资取得最大的效益。

表1-1所示为超市的业态分类和各业态的基本特点。

表1-1 超市的业态分类和各业态的基本特点

业态	基本特点						
	选址	商圈与目标顾客	规模	商品(经营)结构	商品售卖方式	服务功能	管理信息系统
便利店	商业中心区、交通要道以及车站、医院、学校、娱乐场所、办公楼、加油站等公共活动区	商圈范围小,顾客步行5分钟内到达,目标顾客主要为单身者、年轻人。顾客多为有目的的购买。	营业面积在100平方米左右,利用率高	即时食品、日用小百货为主,有即时消费性、小容量、应急性等特点,商品种类在3 000种左右,售价高于市场平均水平	以开架自选为主,结算在收银处统一进行	营业时间16小时以上,提供即时性食品的辅助设施,开设多项服务项目	程度较高
社区超市	市、区商业中心,居住区	辐射半径2 000米左右,目标顾客以居民为主	营业面积在500~1 000平方米以下	经营包装食品、生鲜食品和日用品。食品超市与综合超市商品结构不同	自选销售,出入口分设,在收银台统一结算	营业时间12小时以上	程度较高
综合性超市	市、区商业中心,城乡结合部,交通要道及大型居住区	辐射半径2 000米以上,目标顾客以居民、流动顾客为主	实际营业面积2 500平方米以上	大众化衣、食、日用品齐全,一次性购齐,注重自有品牌开发	自选销售,出入口分设,在收银台统一结算	设不低于营业面积40%的停车场	程度较高
仓储式超市	城乡结合部的交通要道	辐射半径5 000米以上,目标顾客以中小零售店、餐饮店、集团购买和流动顾客为主	营业面积6 000平方米以上	以大众化衣、食、用品为主,自有品牌占相当部分,商品在4 000种左右,实行低价、批量销售	自选销售,出入口分设,在收银台统一结算	设相当于营业面积的停车场	程度较高并对顾客实行会员制管理

二、进行业态类型选择的原则

业态选择指确定超市未来的经营形态,是制定解决超市"选址、商圈及目标消费者、规模、商品结构、服务时间、销售价格、管理信息系统"等方面问题的经营战略决策。为此,超市的业态类型选择应遵循以下原则,才有可能达到适应市场环境、更有利地竞争的要求。

1. 必须与企业的发展战略目标相一致

战略目标是对企业战略经营活动预期取得的主要成果的期望值,是企业宗旨中确认的企业经营目的、社会使命的进一步阐明和界定,也是企业在既定的战略经营领域展开战略经营活动所要达到的水平的具体规定。超市企业选择业态类型时首先要与发展战略目标相一致，只有这样才能避免管理中的杂乱、运营过程中思路的分歧。超市企业的战略目标一般包括以下几个方面。

（1）市场方面的目标：应表明本公司希望达到的市场占有率或在竞争中达到的地位。

（2）利润方面的目标：用一个或几个经济目标表明希望达到的利润率。

（3）人力资源方面的目标：人力资源的获得、培训和发展，管理人员的培养及其个人才能的发挥。

（4）社会责任方面的目标：注意公司对社会产生的影响。

2. 不超出自身的经营能力

企业经营能力是企业对包括内部条件及其发展潜力在内的经营战略与计划的决策能力，以及企业上下各种生产经营活动的管理能力的总和。它包括资金实力、市场地位、价格水平、人力资源、质量控制及企业信誉等若干方面。

超市企业在进行业态类型选择时，应充分考虑自身的经营能力，不应超出能力范围去决策。如没有资金实力、人力资源，开大型综合超市显然是不现实的。

3. 符合目标市场要求

所谓目标市场，就是指企业在市场细分之后的若干"子市场"中，所运用的企业营销活动之"矢"而瞄准的市场方向之"的"的优选过程。企业所处的市场环境决定了目标市场特点，只有符合目标市场要求，才会受到这部分消费者的欢迎，从而迅速提高市场占有率。

[案例 1-2] **步步高超市的发展之路**

在20世纪90年代中期，国外的超市品牌开始陆续登陆我国。1996年8月，沃尔玛进入中国并开设第一家商店，1995年家乐福在中国大陆首开大卖场，一、二线城市本土百货店也加速向超市业态转变或扩张。国内知名连锁超市加速抢占二线城市。

在这种历史背景下，步步高果断决定加入到超市行业的竞争中去，该超市前身是湖南湘潭的一家日化批发部，年收入仅几十万元。1995年投资开的第一家超市，营业面积只有100多平方米，但此后的发展势头锐不可当，截至2010年年底，连锁门店已遍及湖南、江西各地州市，多业态门店共计162家，2010年预计实现销售收入近100亿元。

案例讨论与思考

（1）为何步步高不先在省会城市或一线大城市开店？

（2）为何步步高首先开设的是相当于便利店业态类型的超市？

三、业态类型选择步骤

1. 进行企业经营环境分析

企业经营离不开市场环境，就像营销理论所说，市场营销活动必然是市场营销环境的产物。要确定未来超市业态类型，必须先研究市场先对企业所处经营环境进行分析。

（1）企业内部资源分析

1）企业战略：任何企业都必须在其战略范围内开展业务活动。企业应考虑的是，从事超市业务是否与企业战略相冲突，选择某种业态是否与现有战略相冲突。

2）人力资源：检查一下自己现有的经营班子，人员的结构、学历、经验、能力等，企业是否在相应的业态领域已经具备较高的经营能力或是能尽快具备这一领域需要的能力。

3）资金实力：检查财务运营状况，资金实力程度，流动资金数量，这样可以给企业提供一个有效布局的依据。在现代市场经济条件下，企业从事生产经营所需的资金流有相当一部分来自外部，这就要求企业具备较强的融资能力，特别是在资金链出现问题时，能否有超强的融资能力帮助企业渡过难关。

4）品牌资源：这涉及在以往的经营中，企业的品牌属于什么档次，现在在市场上是上升还是下滑，预计市场占有率是多少，在消费者心目中口碑如何，在供应商中信誉如何。

5）机会资源：所谓机会资源，就是在未来市场的竞争地位上，企业现在处于什么位置，如要成功地达到营销目标有多少阻力，克服阻力所需的资源。

（2）企业外部环境分析

1）经济环境分析

1978年超市就被引入我国，但直到20世纪90年代，我国超市行业才开始迅猛发展。2000年我国制定了零售业态标准，在2002年又重新规定了17种零售业态，2010年再一次在前一次的基础上进行了修改，超市业态类型规范到4种。不断变化的原因是经济环境发生了改变。经济环境是制约超市业态发展的主要因素，在超市设店前的基础决策中，占有优先的地位。每一种超市业态都有自身特定的基本经济环境，包括人均国民收入、汽车拥有量、信息化水平等。

2）政治和法律环境分析

政治和法律环境与社会经济生活是紧密相连、息息相关的，它必然会影响社会经济生活的各个方面。企业要搞好市场营销，也就毫无疑问地要对政治和法律环境有一个敏感的认识和深刻的理解与领会。政治和法律环境是又一影响超级市场决策的主要因素之一。

地方政府的各项政策是各地政府根据本地具体情况和其经济发展的要求，在国家宏观政策的指导下制定的。对国内政治环境的分析主要须了解党和政府的各项方针、政策的制定和调整对企业市场营销活动的影响。例如，党的十一届三中全会、十三大、十四大、十五大、十六大等对国家重大方针政策的决定与调整，以及近年来我国在产业政策方面制定的《关于当前产业政策要点的决定》等对我国生产领域、基本建设领域、技术改造领域以及对外贸易都产生了重大影响。

法律是体现统治阶级意志，由国家制定或认可，并以国家强制力保证实施的行为规范（规则）的总和。这些法律主要是指国家、政府主管部门及地方政府（如省、市、自治区）颁布的各项法规、法令、条例、办法等。近年来，我国颁布了许多经济法规，如《企业法》、《合同法》、《商标法》、《环境保护法》、《专利法》、《广告法》、《食品卫生法》、《消费者权益保护法》，还有许多与超市经营直接相关的政策法规，如《关于中国连锁经营的发展规划》、《连锁店经营管理规范意见》等。企业了解法律，熟悉法律环境，既可保证企业自身严格按法律办事，不违反各项法律法规，规范自己的企业行为；又能够用法律手段来保障企业自身权益。

3）文化环境分析

社会文化环境是指企业所处的社会结构、社会风俗和习惯、信仰和价值观念、行为规范、生活方式、文化传统、人口规模与地理分布等因素的形成和变动。它是影响企业营销诸多变量中最复杂、最深刻、最重要的变量。是某一特定人类社会在其长期发展历史过程中形成的，它主要由特定的价值观念、行为方式、伦理道德规范、审美观念、宗教信仰及风俗习惯等内容构成,它影响和制约着人们的消费观念、需求欲望及特点、购买行为和生活方式,对企业经营行为产生直接影响。

文化因素影响超市经营的主要表现有:价值观念、教育程度、消费习俗、地区差异等。

4) 竞争环境分析

无论是否已经参与超市竞争还是准备加入竞争,如果不了解超市的业态竞争,等于找不到自身所处的行业位置,企业将无法正确判断未来的走势。零售行业竞争是异质性的垄断竞争,异质是指竞争主体在业态选择上和经营条件上是多种多样的,垄断是因为存在许多具有垄断性质的大型商业组织,它们或有较雄厚的资本,或早已抢占了先机。所以在超市竞争环境分析时应侧重于零售行业之间的竞争分析和同业态超市之间的竞争分析两个方面。

进行竞争环境分析的目的是认识市场状况和市场竞争强度,根据本企业的优势,制定正确的竞争策略。通过竞争环境调查,本企业可以了解竞争对手优势,取长补短,与竞争者在目标市场选择、产品档次、价格、服务策略上有所差别,与竞争对手形成良好的互补经营结构。竞争环境调查,重在认识本企业的市场地位,制定扬长避短的有效策略,取得较高的市场占有率。

2. 目标消费者确定

超市企业的整体市场是相当庞大的,任何超市企业由于受到自身实力的限制,都不可能向整体市场提供能够满足一切需求的产品和服务。为了有效地进行竞争,超市企业必须选择最有利可图的目标细分市场,集中企业的资源,制定有效的竞争策略,以取得和增加竞争优势。只有确定了目标市场,才能对超市的商品组合、店铺选址、价格制定等做出一致的决策。超市的目标消费者确定从市场细分开始。

(1) 整体市场细分

市场营销学的细分按地区、人口、心理、行为这4大变数来对整体市场进行细分,所有这些变数的核心就是找出整体市场中消费需求的差异性。对超市企业而言,其细分的对象是城镇;也是以消费需求的差异性为依据进行细分。适合超市企业细分整体市场的方法主要有按行政区划对城市进行细分。

行政区划就是国家根据政治和行政管理的需要,根据有关法律规定,将全国的地域划分为若干层次大小不同的行政区域,设置相应的地方国家机关,实施行政管理。

行政区划对城市进行细分的依据包括按行政级别划分、按经济实力划分、按地理分布划分3种。不同的区划方式将市场细分为经济环境、地理条件、民族分布、风俗习惯、地区差异、人口密度等条件存在差异的不同需求群体,即细分市场。

例如,行政区划可以按地域在我国划分为华北、华南、华中、华东、东北、西南、西北7个地理区,显然每个地理区内的经济情况、人口密度、民族特点等条件相近,而不同地理区之间存在较大差异。湖南可划分为湘南、湘北、湘西3个地理区,3区之间同样存在差异。

(2) 目标市场选择

当相关人员根据有效的市场细分对各细分市场进行了初步筛选后,超市企业从细分市场中选择一些细分市场作为企业准备服务的对象,这就是目标市场选择。

目标市场选择从企业外部和内部两个方面综合衡量,通过细分后判断哪种类型的城市对于超市企业是真正有效的。一般而言,在选择目标市场时,应考虑以下几个方面的因素。

1) 市场容量足够大。即这个类型细分市场中存在足够数量的城市。

2）供给有限。即现阶段瞄准这个类型细分市场的企业有限或竞争还不激烈。

3）企业具备相应的资源及能力。企业在开拓该类细分市场时有足够的资源和经验,只有选择那些与企业资源匹配的细分市场,经营才能成功。

3. 确定业态类型

市场营销战略3步骤是市场细分、目标市场选择、定位,对于超市企业而言,确定业态类型就是定位,它是指从目标细分市场出发根据竞争者所处的市场情况结合自身企业特点,选择某一超市业态类型的过程。超市企业要通过业态类型的选择来更好地参与目标市场竞争。

业态类型确定的原则是通过业态不同来制造与对手的明显差异,或者通过同业态形式来争抢市场中的尚未满足的需求。当竞争能力强于对手时可选同业态类型,当竞争能力不足以与竞争对手抗衡时,选择不同业态类型。

在进行业态类型确定时,竞争对手的选择应具有相当的代表性,能代表某类目标市场主要的业态类型。

【实训教学】

1. 判断分析训练

(1) 要上百平方米的经营面积才能称之为超市。(　　)

(2) 便利店的营业时间是从早上7:00到晚上11:00。(　　)

(3) 1915年世界上第一家超市在美国创立。(　　)

(4) 在超市经营活动中一般是先进行布局再进行选址。(　　)

(5) 便利店营业面积在200平方米左右。(　　)

(6) 仓储式超市选址在城乡结合部。(　　)

(7) 社区超市辐射半径2 000米左右,目标顾客以居民为主。(　　)

(8) 业态类型确定的原则是通过业态不同来制造与对手的明显差异,或者通过同业态形式来争抢市场中的尚未满足的需求。(　　)

2. 混合选择训练

(1) 超市的特点是(　　)。

A. 开架自选　　　B. 自主服务　　　C. 商品高速流转　　　D. 应用条码技术

(2) 超市经营管理的主要内容是(　　)。

A. 业态类型选择　　B. 布局管理　　C. 商品陈列　　　D. 商品销售

(3) 超市企业的战略目标一般包括(　　)。

A. 市场目标　　　B. 利润目标　　　C. 人力资源目标　　　D. 社会责任目标

(4) 企业内部资源分析包括(　　)。

A. 企业战略　　　B. 人力资源　　　C. 资金实力　　　D. 品牌资源

(5) 湖南可划分为湘南、湘北、湘西是根据(　　)来划分。

A. 行政级别　　　B. 地理　　　C. 方言　　　D. 经济

(6) 超市企业选择业态类型的基本出发点和切入点是(　　)。

A. 企业战略　　　B. 市场需求　　　C. 企业条件　　　D. 竞争对手

(7) 在选择目标市场时,应考虑的因素有(　　)。

A. 市场容量足够　　B. 供给有限　　C. 企业实力　　D. 目标特色

(8) 便利店的特点有(　　)。

A. 即时食品、日用小百货为主　　B. 售价高于市场平均水平

C. 售价低于市场平均水平　　D. 生鲜食品为主

3. 案例分析训练

沃尔玛的中国之行

沃尔玛在美国的战略是"农村包围城市",先在大城市周边的城镇开设杂货铺(按我国业态分类相当于便利店或社区超市),一步步蚕食原西尔斯等零售大鳄的地盘;但其在中国却反向行之,实施"先大城市再小城市"的城市渗透战略。1996年进入中国,首先在深圳开设了第一家沃尔玛购物广场店(按我国业态分类相当于大型综合超市),截至2013年2月,沃尔玛已经在全国21个省的150多个城市开设了390多家商场,其中二线城市拥有100多家,这些都是近5年来新开设的。而且基本是一线城市开设饱和后再转向二线城市,新疆、甘肃、西藏、宁夏、青海等西北省份仍未开设分店。

案例讨论与思考

(1) 沃尔玛不在中国实施它在美国运用成功的战略的原因。

(2) 沃尔玛没有先在西北省份开店的原因。

(3) 沃尔玛在进行业态选择时为何不选社区超市或便利店业态类型?

4. 实习实训操练

项目1:请学生们将所在城市的超市按业态进行分类,说明各超市归属的原因。

项目2:请学生们将整体市场按某划分依据进行市场细分,分别说明便利店、社区店、大型综合超市可选择的目标市场,并说明选择的原因。

(1) 目标

通过项目1、2的实训锻炼,引导学生基本掌握超市业态的分类标准;各业态类型目标市场如何选择。

(2) 方法和步骤

在授课教师指导下,全班分成若干小组,利用自习时间展开讨论分析,然后每组推选一名学生对本组的共识进行讲解,最后授课教师作总结点评。

(3) 实训要求

1) 精心进行相关资料准备,包括研究报告;

2) 讲解者口齿清楚,语言流利;

3) 分析有一定深度和广度,所学知识运用自如,言之有理,逻辑性强;

4) 总结实训的收获,分析存在的问题。

(4) 实训成绩考核

考核采取"过程考核"与"成果考核"相结合的方式,最后按各占50%的比例计入学生学习这个单元实践实训考核成绩。过程考核包括实训态度、出勤情况、自我学习等考核指标;成果考核包括理论运用、结果的正误、思维与创新、实训报告撰写质量等考核指标。

项目二

超市选址确定

【能力目标】
- 掌握超市选址的步骤
- 能运用科学方法对各类意向选址进行调查分析
- 能运用所学知识独立进行超市的正确选址

【知识目标】
- 正确理解商圈的概念
- 掌握各类型超市的基本选址要求
- 掌握各种调查手法及调查表格的运用

【案例导入】

专栏 2-1　私房菜馆选址

刘先生应该算是相当有眼光的投资者,几年的时间在房地产行业挣得自己第一桶金。一个偶然的机会让刘先生了解到市郊一处私人休闲茶座正在转让,茶座位于一高档居民小区的一楼,面积有 200 多平方米,有 5 间房,2 个洗手间,装修很完善,各种配套设施齐全。通过了解,刘先生得知对方是因为内部管理问题导致经营不善而转让,直觉告诉刘先生,那个位置不错,正好在市政府办公大楼边上,过条马路就到;而且小区里环境优雅恬静,很适合政府部门工作人员吃饭、谈事的环境要求。如果把休闲茶座改成私房菜馆,只要经营得当,应该有利可图。刘先生丝毫没有犹豫,当即拍板拿下了那个门面。

刘先生没有餐饮行业的经验,请了专业施工人员对厨房进行改造时很快发现了问题。负责施工的人员反映,烟道达不到餐馆排烟的要求,必须重新改道才行,后来只得改用大功率排烟设备来解决问题。

总算一切就绪,私房菜馆开业后也如刘先生预期设想的那样,生意很不错。但不久顾客就少了很多,原来是菜馆所在小区附近的马路是禁停路段,而小区内又不允许车辆进入,好多顾客就因为找不到车位而放弃到店里吃饭。

这个还不算完,不久楼上的住户又向物管部门投诉,称菜馆产生的噪声和油烟严重影响了他们的正常生活,为此警察还进行了调解。

一系列的问题,让刘先生的私房菜馆遭遇了不断的打击,为此,刘先生也好生懊恼,不得不将私房菜馆转让。

思考

1. 刘先生是相当有眼光的投资者,为何在房地产行业成功了,而在餐饮行业却遇到了一次滑铁卢?

2. 是开设私房菜馆没有前景，还是选错了商圈，抑或是选错了店址？
3. 导致刘先生这次投资失败的主要原因是什么？

【知识学习】

第一节　超市选址概述

店铺选址是零售战略组合中灵活性最差的要素，它不但投入资金大，而且还制约着企业后期经营战略的选择，同时又影响着各项经营决策的调整，很容易对店铺的发展产生长期的约束。很多大公司，在决定增开新网点时，对新店的选址，往往是慎之又慎，麦当劳有一整套新店店址开发操作流程，有时一个新店从立项到拍板要经过长达3年左右的调查分析。可见良好的店址选择是超市开发过程中最需重视的因素，店铺位置选择的失误将直接导致店铺运作的低效率甚至是投资失败。

一、超市选址原则

1. 现在或未来具有足以支持门店赢利的市场需求

对于超市企业而言，某个地区现在是否已经有了其他竞争对手的存在，并不是进入或放弃该市场的决定因素。经营就是为了赢利，赢利分析来自于对市场规模的分析，来自于对竞争对手的研究。应该研究该区域现有超市企业满足市场需求达到的程度，分析其是否还拥有支持新门店赢利的市场需求，再作决定。

2. 具有满足门店业态类型的经营场所

经营场所是限制超市选址的重要因素之一，超市对经营场所的要求包括经营面积、建筑高度、停车场容量、采光、交通条件等多个方面，各业态类型的超市对经营场所的要求又有所不同。例如，大型综合超市需要楼面单层建筑高度在4米以上，而便利店的高度只要求在3.2米。如果战略规划是选择大型综合超市这种业态类型，而目标区域只有楼面3.2米高的场地，那么很明显，应放弃在该区域开店的设想。

3. 符合城镇发展的需要

为了保护超市投资人的权益，减少恶性竞争，许多国家出台了关于超市投资方面的限制政策。在洛杉矶，当地法规规定新开商业建设经营地必须取得当地颁发的施工许可证，甚至规定在多少平方千米范围内只能有多少家大型综合超市等政策。和美国一样，我国在2002年出台的《全国连锁经营"十五"发展规划》对连锁经营各种业态结构进行合理规划，并限制大卖场和仓储式商店的盲目发展。

超市企业开设新店应了解该地区的发展规划，以及新店是否符合城镇发展需要；同时还要了解未来3~5年内的城市规划、道路建设改造、公共设施建设等方面的规划等。只有这样，才能避免投资因不可抗因素造成的损失。例如，长沙在2008年开工修建地铁，工期长达7年，如果店铺正好选择开在地铁工地边，收益可想而知。

4. 适应目标消费人群的行为特征

适应目标消费人群的行为特征是指超市选址时应考虑目标消费人群购买时间、购买地点、购买习惯、行走路线、购买方式、购买能力等多方面的因素。

各地经济发展水平是存在差异的，10年前中国是自行车王国，那时开办超市不用考虑汽车的停放保管；而10年后的今天选址开办大型综合性超市时就应考虑停车场地的问题。同样，如果选择学校区开店则不需要考虑停车问题，因为学校区的消费者主要为学生，不太可能开车来购物。又比如，消费者主要靠着马路的东侧行走，这时应考虑选择东侧的位置还是西侧的呢？

二、超市选址步骤

在确定好未来超市的业态类型后，接下要做的事情就是选址。许多企业管理人员凭借经验和直觉来判断店址，没有科学依据，风险非常大。其实选址可以借鉴系统工程的思维模式和操作方法，运用科学的方法建立严谨的选址和评估体系，规范操作流程，从而减少选址过程中人为因素的影响，提高选址工作的质量和效率。

一般可按照"从大到小"的操作流程进行选址。首先选可以开新店的城市，然后选该城市中可以开新店的城市功能圈，最后在目标功能圈中找出有价值的目标店铺，从它们中选出最可行的作为新店店址。

超市选址并不是为了选择而选择，条件达不到要求就应放弃此次选址行动，以避免开店后带来更大的损失。超市选址作业流程如图2-1所示。

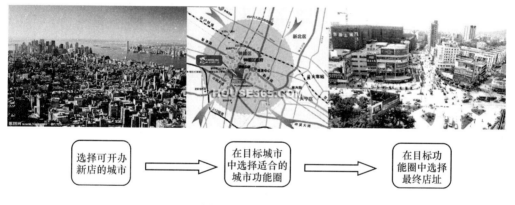

图 2-1　选址作业流程

1. 城市选择

沃尔玛的"城市逐级渗透战略"、步步高连锁超市的"农村包围城市战略"，虽然一个是先攻取大城市市场再开发小城镇市场，另一个直接是先抢占小城镇市场再突破大城市市场。但它们都从战略的角度诠释了城市选择是超市企业新店选址时要做的第一步工作，这项工作主要是通过对目标城市消费潜力、市场容量、竞争对手情况、政策法规等方面的分析，研究目标对象是否拥有支持新门店赢利的市场需求及城市发展需要，从中找出适合的开办新店的城市。

2. 城市功能圈选择

按照市场营销中营销战略基本原理，超市企业应有自己的市场定位，服务细分市场。每一座城市都可以很清晰地按照聚集人群特点进行区域功能划分，如商业区、教育区、居住区、工业区等。俗话说"物以类聚，人以群分"，每个功能区适合的超市业态类型、商品品项是有差别的,在选择好目标城市后,超市企业应根据自身条件选择适合自身发展并且具有支持新门店赢利的市场需求的城市功能圈。

3. 具体目标店址的选择

在目标功能圈中寻找符合未来超市业态类型特点的所有可能店址,通过科学方法对待选对象的交通情况、市场潜力、商圈大小、竞争水平、资本要求等方面进行分析评估,从中判断最适合的目标店址作为最终选择。

第二节 超市选址管理具体操作1——选择城市

借鉴系统工程的思维模式,运用科学的方法建立严谨的选址和评估体系,规范操作流程,意味着选址工作每一个步骤都应拥有具体而细致的操作规范及评估标准。

一、影响城市选择的因素

1. 城市类型

在进入一个新城市选址前,应该对城市的性质进行分类,以确定自己的业态类型、目标顾客、商品结构、价格带等。因为不同类型的城市需求的差异相当明显。通过研究行政、经济、历史、文化等社会条件,从而判断城市类型。一般可将城市分成工业城市、商业城市、卫星城市3类。

(1) 工业城市,如大庆、鞍山、顺德等。工业化城市的功能比较单一,大部分是某个或某些大型企业的员工及家属。居民呈金字塔形消费结构,底层消费人群数量多,收入不高却稳定;居民消费需求简单,生活较有规律。

根据城市人群消费的特点,许多常住居民人口少于流动人口的旅游城市也应划分到工业城市中。

(2) 商业城市,如北京、上海、长沙等直辖市、省会城市。不论属于行政中心还是经济中心,它们都有一个共同的特点,就是能不断吸引周边地区各类资源向其汇集。这些资源包括人口、财富、知识等。

目前,中国城市发展道路正在创造越来越多的商业化城市,例如,湖南省郴州市。根据我国城市规模分类标准,在20年前,郴州还是一个人口不足20万人的小城市,通过不断吸收郴州其他10个县市的人口及其他资源,在今天已经成为人口超过50万的中等城市,目前正稳步向超百万大城市迈进。很明显,郴州应划为商业城市类型。

(3) 卫星城市,这类城市依托大城市存在,或是交通枢纽或是资源产地。它们的共同特征是流动人口少,收入水平不高。城市对资源的掌控力较弱,人口和其他各类资源不断被工业城市或商业城市吸引去。

2. 城市规划宏观方面

城市规划内容很多,在超市选址时选取其中的部分内容将其分成宏观和微观两个方面来分步研究。宏观方面用于城市选择,微观方面用于城市功能圈选择。不论是宏观还是微观,它们都对超市企业未来商业的发展产生巨大的影响,应该及时捕捉,准确把握其动态。

宏观方面包括:城市未来发展规模、发展方向。城市未来是向工业化发展还是商业方面突破。对于部分权威的报告要有辩证的思想,所有的城市都会去谋求发展,但必须意识到许多城市随着资源、人口的大量流失,高速发展只会成为口号。

3. 城市规模

城市规模在超市设店前的基础决策中,占有优先地位。它是指在城市中居住的人口数量,包括常住人口和流动人口两部分。在超市企业眼里,市场就是顾客,人口越多,城市规模越大,市场也就越大。

4. 城市经济发展水平

可以简单地运用城市中居民平均收入水平来衡量城市经济发展水平,人均收入水平是限制各业态类型进入的标准之一。城市的经济发展水平对选址的影响主要表现为该城市能否容纳规模更大、商品更丰富的业态类型的生长。例如,仓储式超市生存的基本经济条件是所在城市人均年收入在 10 000 美元。如果某目标城市的居民人均收入低于此标准,则一般可判定此城市不能开设仓储超市。同理,可以知道为何沃尔玛在国外实施"农村包围城市"战略,而在中国却实施"城市逐级渗透"战略。

5. 城市超市饱和度指数

考察一座城市是否具有开设新门店的商业价值,在很大程度上可以通过城市超市饱和度指数来判断。超市发展的饱和度与该市的现有超市总面积成正比,与该市的总人口成反比。计算公式如下。

$$城市超市饱和度指数 = 城市超市营业总面积 / 城市总人口$$

指数越高,表明该城市现有超市面积对于人口来说越多;指数越低,表明该城市的现有超市面积对于人口来说越少。指数低则开设新店空间更大。一般饱和度指数在 1 300 以下的城市还有进一步发展的空间。

6. 城市的商业属性

城市的商业属性指标包括零售总销售额、人均零售额、人均可支配收入、人均可支配收入增长率。通过人口与人均零售额的研究,寻找具有市场吸引力的城市,再结合人均可支配收入及可支配收入增长率的分析,从而判断最有投资价值的城市。一般而言,人口多、人均零售额高的城市具有吸引力,人均可支配收入及人均可支配收入增长率均应超过所有目标城市平均值的城市才具有投资价值。

二、选址影响因素信息采集办法

表 2-1 将影响选址因素中涉及的各项指标列出,并标明了具体数据的获取途径。

表 2-1 城市影响因素信息采集办法及途径

影响因素	涉及指标	信息采集途径	调查方法	备注
城市类型	• 各产业职工人数 • 历年城市人口变化	统计局、网络	文案法 二手资料收集	工业职工占城市人口的比重高于第一、三产业总人口之和为工业城市
城市规划宏观方面	• 未来人口规模 • 发展方向	经济发展委员会、规划局、网络	文案法 二手资料收集	要对照城市过往发展来判断未来发展

续表

影响因素	涉及指标	信息采集途径	调查方法	备注
城市规模	• 城市人口总量	统计局、网络	文案法 二手资料收集	有时数据会滞后,要注意修正
城市经济发展水平	• 居民平均收入水平	统计局、网络	文案法 二手资料收集	—
城市超市饱和度指数	• 城市超市营业总面积 • 城市总人口	工商局、统计局、实地走访、网络	文案法 实地调查法	应注意调查人员的培训与监控
城市的商业属性	• 零售总销售额 • 人均零售额 • 人均可支配收入 • 人均可支配收入增长率	统计局、网络	文案法	—

三、选址的决策方法

选择就是决策,就是要从多种备选方案中选择最佳方案。决策成功,企业得以发展;决策失误,企业轻则受损,重则被毁。决策过程是分析判断的过程,要按科学的程序来进行。在选择城市方面,可采用逐层排除法和指标加权评估法。

1. 逐层排除法

把影响城市选择的因素按重要程度及信息收集调查难易程度进行排列分层,逐层调查收集数据,对比已确定超市未来业态类型的要求,逐层排除不符合要求城市,最终剩下适合的开办新店的城市。

第1层包括:城市类型、城市规模、城市经济发展水平3个方面。它们的资料收集容易,而且对超市的生存发展起到决定性影响。

第2层包括:城市规划宏观方面。它的资料收集稍难,而且数据信息必须进行重新修正才能使用,对超市未来的发展存在一定影响。

第3层包括:城市超市饱和度指数、城市的商业属性。这一层数据的收集较为烦琐,甚至需要投入大量人力和物力进行实地调查,所收集的数据信息还必须加工整理后才能使用。只要前两层符合要求,这方面即使城市整体达不到标准,也可以通过城市功能圈或具体店址的选择来回避影响。表2-2按重要程度及信息收集调查难易程度对影响选址的各因素进行分层排序。

表 2-2 影响城市选择因素信息排序

层	影响因素	涉及指标	信息采集途径	调查方法	排序原因
第1层	城市类型	• 各产业职工人数 • 历年城市人口变化	统计局、网络	文案法 二手资料收集	资料易收集、影响程度大,对超市的生存发展起到决定性影响
第1层	城市规模	• 城市人口总量	统计局、网络	文案法 二手资料收集	
第1层	城市经济发展水平	• 居民平均收入水平	统计局、网络	文案法 二手资料收集	
第2层	城市规划宏观方面	• 未来人口规模 • 发展方向	经济发展委员会、规划局、网络	文案法 二手资料收集	收集稍难,数据信息必须进行修正,对超市未来的发展存在一定影响
第3层	城市超市饱和度指数	• 城市超市营业总面积 • 城市总人口	工商局、统计局、实地走访、网络	文案法 实地调查法	收集较为烦琐,数据信息必须加工整理,可以通过城市功能圈或具体店址的选择回避影响
第3层	城市的商业属性	• 零售总销售额 • 人均零售额 • 人均可支配收入 • 人均可支配增长率	统计局、网络	文案法	

在选址过程中,将收集到的数据资料与表2-3逐层进行比较,可筛选出符合条件的目标城市。

表 2-3 各业态类型超市选址对城市的要求

影响因素 超市业态	第1层			第2层	第3层	
	城市类型	城市人口规模	城市发展水平 (城市人均年收入)	城市规划	超市饱和度	城市商业属性
便利店	—	1~5万人及以上	3 000美元	保持现状	—	—
社区超市	—	5~8万人及以上	1 000美元	保持现状或发展	<1 300平方米/万人	人均可支配收入及增长率大于目标城市均值
大型综合超级市场	商业城市	15~20万人及以上	3 000美元	稳步发展	<1 300平方米/万人	人口多、人均零售额高、人均可支配收入及增长率大于目标城市均值
仓储超市	商业城市	市区人口100万人及以上	10 000美元	稳步发展	<1 300平方米/万人	同上

说明:"—"表示各类型城市在该项目要求上不设条件。

[例2-1] 某超市企业计划增开一家大型综合超市,目前有5座城市可供选择,它们的情况如表2-4所示。

表2-4 目标城市特征信息表

目标城市 \ 影响因素	各业态类型超市选址对城市的要求				
	第1层		第2层	第3层	
	城市类型	城市人口规模	城市发展水平（城市人均年收入）	城市规划	超市饱和度	城市商业属性
A	卫星城市	15万人	800美元	保持现状	800平方米/万人	人均可支配收入500美元,增长率4%
B	工业城市	10万人	1 500美元	保持现状	1 000平方米/万人	人均可支配收入1100美元,增长率8%
C	商业城市	20万人	1 000美元	稳步发展	1 600平方米/万人	人均可支配收入1 200美元,增长率7%
D	商业城市	25万人	2 000美元	稳步发展	1 500平方米/万人	人均可支配收入1 100美元,增长率7%
E	商业城市	100万人	3 000美元	稳步发展	1 400平方米/万人	人均可支配收入1 300美元,增长率8%

根据表2-4所示数据,你认为该超市企业会选择哪一座城市来增开大型综合超市?

根据大型综合超市对第1层因素的要求,商业化城市、城市人口在15万人以上,人均收入在1 000美元以上这几个条件,排除A、B两座城市。根据分析,剩下的3座城市在规划方面都是稳健发展的,调查也没有发现可能导致不好走向的情况存在,接下来进入第3个层级的分析。

在城市饱和度方面,3座城市都超出了1 300;在城市商业属性方面,C、D、E 3座城市的平均人均可支配收入均值为1 200美元,3座城市的平均人均可支配收入增长率为7.33%,在商业属性指标方面只有E城市符合要求。

虽然说城市饱和度都未达到要求,但可以通过城市功能圈或具体店址的选择来回避影响,所以认为E城市最适合作为未来超市选址所在。

[例2-2] 下列城市都符合第1层和第2层的要求,城市的超市商业属性如表2-5所示,请判断哪座城市最适合开设新店?

表 2-5　目标城市人口与人均零售额表

序号	城市名称	人口/万人	人均零售额(元/人)	人均可支配收入(元/人)	人均可支配收入增长率
1	北京	1 300	11 000	8 000	7%
2	上海	1 200	10 000	8 500	6%
3	长沙	500	5 000	7 200	8%
4	郴州	50	1 000	5 000	8%
5	重庆	3 000	2 000	6 000	6%
城市平均人均支配收入及增长率				6 940	7%

表 2-5 中,人均可支配收入增长率=(居民当年人均可支配收入－居民去年人均可支配收入)/居民去年人均可支配收入

首先,使用人口及人均零售额两个指标构建市场发达程度矩阵,如图 2-2 所示。选择人口多、人均零售额高的城市进入下一步的筛选。

图 2-2　城市市场发达程度矩阵

经城市市场发达程度矩阵筛选过后,在剩下的北京和上海两座城市中,只有北京的人均可支配收入及人均可支配收入增长率均超过所有目标城市平均值,所以最终选择北京作为目标投资城市。

2. 指标加权评估法

指标加权评估法是对各影响因素根据重要程度的不同分配权重,通过评估,总分最高的城市为最终选择。它在一定程度上可降低逐层排除法造成的选址风险,是一种普遍适用的决策方法。

操作步骤如下。

(1) 确定对选择有影响的因素;
(2) 收集各影响因素的相关数据;
(3) 根据对决策的重要程度分配权重,权重之和等于 1;
(4) 对收集到的数据进行打分,0 分代表不满足,100 分代表充分满足;
(5) 将分数和对应的权重相乘,并相加得出整体分数;

(6) 总分最高者为最终选择；

(7) 和逐层排除法相互印证决策结果，如有偏差则找出原因，形成最终报告。

[例2-3] 某超市企业准备选择某一城市开设新店，在表2-6中，收集了3个候选城市的数据，并进行了评分，而且根据影响因素的重要程度分配了权重，用指标加权评估法选择哪个城市作为新店选址的目标城市。

表2-6 目标城市评分情况表

影响因素 城市	选择城市的影响因素评分					
	城市类型	城市规模	城市发展水平	城市规划	超市饱和度	城市商业属性
A	0	20	100	70	100	60
B	80	60	100	80	60	80
C	100	80	80	80	40	90
权重分配	0.2	0.2	0.1	0.1	0.1	0.3

说明：上表的得分及权重由作者随意安排，在现实工作中应根据具体情况重新设置。

A城市总分=0.2×0+0.2×20+0.1×100+0.1×70+0.1×100+0.3×60=49
B城市总分=0.2×80+0.2×60+0.1×100+0.1×80+0.1×60+0.3×80=76
C城市总分=0.2×100+0.2×80+0.1×80+0.1×80+0.1×40+0.3×90=83
C城市的总得分是83分，在3座城市中排名第一，最终选择在C城市开设新店。

第三节　超市选址管理具体操作2——选择城市功能圈

城市是由多种复杂系统所构成的有机体，各种城市功能是城市正常运转的基础，通过行政指导或自发形式，城市被明确或模糊地划分成一个个功能相对集中的区域，这些区域能实现相关社会资源空间聚集、有效发挥某种特定城市功能，这些区域被称为城市功能圈。

为了实现相对应的功能，各功能圈聚集了身份、行为、行业相近的人或事，进行城市功能圈选择的目的是为了能让超市更好地向某类顾客提供服务。

一般将城市划分为教育功能圈、居住生活圈、工业生产圈、商业活动圈、行政办公圈。城市功能圈和城市行政区划是存在差异的，一些大的城市可能一个行政区就存在多种城市功能圈，如北京海淀区学校多，但不能因此就认为海淀整个区就是北京的教育功能圈。

一、各城市功能圈特点及划分方法

1. 各城市功能圈特点

每一个功能圈都有其独特的人口结构、消费结构、消费习惯、生活习惯，不同业态适合不同的区域。各功能圈特点如下。

(1) 教育功能圈：人口流动少、顾客忠诚度比较高。消费能力有限，对生鲜类产品需求少。

(2) 居住生活圈：住宅区住户数量至少1000户以上。人口密集、流动人口少、顾客忠诚度高、消费能力较强、讲究便利性，对日常生活用品、生鲜类产品需求大。各社区消费层次相近。

（3）工业生产圈：人口密集度小、流动人口少、作息时间规律性强、顾客忠诚度高，购买力不强，但消费总量较大。

（4）商业活动圈：流动人口多、顾客忠诚度低、竞争激烈、租金高、市场影响力大，其消费习性具有快速、流行、娱乐、冲动购买及消费金额比较高等特色。

（5）行政办公圈：顾客忠诚度高，即食食品、日配品等需求量相对较大。其消费习性为便利性，消费水平较高。

（6）混合区：分为住商混合、住教混合、工商混合等。混合区具备单一商圈形态的消费特色，一个商圈内往往含有多种商圈类型，属于多元化的消费习性。

2．城市功能圈划分

以行政圈为例，用近期城市地图为蓝本，找到市政府所在，以其为中心循交通干道若干千米处节点，将各节点相连形成的封闭区域即为行政办公区。此处若干千米是以城市规模能容纳的超市业态辐射范围确定。

同理，以某教育机构为起点可划出教育功能圈，以某工厂为起点可划出工业生产圈，以某小区为起点可划出居住生活圈。

注意，这些作为起点的单位应处于某功能聚集区的中心附近；若各功能圈之间距离比较接近，可适当缩小功能圈衡量半径。

最终城市功能圈的划分应经多次修正后以街道为分界线，明确地将功能圈固定下来。

[例 2-4] 图 2-3 所示是某市地图，行政办公功能圈划分操作如下。

（1）研究某市有 50 万人口，可容纳大型综合超市，该类型超市辐射范围 2.5 千米；
（2）找到市政府所在；
（3）以市政府为起点，沿各条交通道路 2.5 千米距离处标识 A、B、C、D、E、F 节点；
（4）连接节点 A、B、C、D、E、F，形成一个封闭的圈，即行政办公圈。

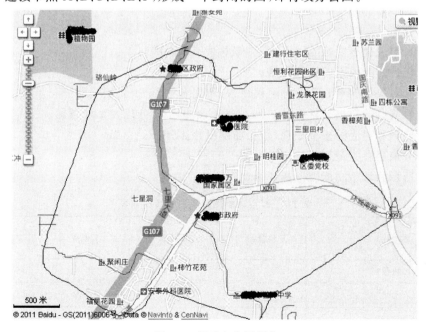

图 2-3 行政办公圈划分

许多政府及单位在招商引资时常以"×××社区特征""×××发展趋势"来吸引企业到某区域落户。实际上,如果企业能够首先对城市功能圈进行划分,就能节省选址时的思考步骤,让决策者抛弃表面浮华的数据和趋势分析,做出更合适的判断。

二、影响城市功能圈选择的因素

1. 市场容量

市场容量是衡量店址消费潜力的重要环节,也是支撑新店盈利的核心影响因素,它包括商圈范围内户数、人口数量、居民平均收入水平、消费水平及消费习俗等具体方面。

2. 交通运输

(1) 功能圈交通现状方面:居民出行交通情况、物流配送情况。

(2) 城市规划的微观方面:街道开发计划、道路拓宽计划、城市轨道交通计划、桥梁建设计划、高速公路建设计划、区域开发规划。微观方面的规划在具体目标地选择时是不可忽视因素。

3. 运营成本

涉及开店租金、人力资源成本、配送及仓储成本等。

4. 竞争环境

竞争环境具体指功能圈中各业态类型超市数量、超市密度(借用城市超市饱和度指数法进行计算)、现有同业态竞争对手实力(经营面积、市场占有率、所处位置)、已知未来竞争对手情况(选址、进入时间、实力)。

三、城市功能圈选择方法

选择城市意味着确定某座城市可以支持未来超市的生存发展,而功能圈的选择则意味着确定未来超市主要的服务人群,功能圈选择会受到很多因素的影响,但这些因素的影响不像城市选择决策因素那样具有决定性作用。逐层排除法显然不太适合城市功能圈选择,主要采用指标加权评估法进行选择。

操作步骤如下。

(1) 确定对选择有影响的因素(要具体到某一个小项);

(2) 收集各影响因素的相关数据;

(3) 根据对决策的重要程度分配权重,权重之和等于1;

(4) 对收集到的数据进行打分,0分代表不满足,100分代表充分满足;

(5) 将分数和对应的权重相乘,并相加得出整体分数;

(6) 总分最高者为最终选择。

表2-7所示为城市功能圈选择评分情况样表。

表2-7 城市功能圈选择评分情况样表

评价项目	评价对象	教育圈	行政圈	工业圈	商业圈
市场容量	人口数量				
	收入水平				
	人口结构				

续表

评价项目 \ 评价对象		教育圈	行政圈	工业圈	商业圈
交通条件	出行交通情况				
	物流配送				
	城市规划				
运营成本	开店租金				
	人力成本				
	物流成本				
竞争环境	超市数量				
	超市密度				
	同业态对手情况				
	未来对手情况				

第四节 超市选址管理具体操作3——具体位置选择

俗话说"一步差三市",开店地址差一步可能就差掉三成的买卖。在城市和功能圈都选好后,还不能掉以轻心,并不是说知道某个城市有市场,随便找个地方开店就能成功。每座目标城市的目标功能圈中都存在一个聚宝盆,要想办法把它找出来。

1. 商圈

商圈是指零售企业门店所能吸引顾客前来购买商品的有效距离。无论大商场还是小商店,它们的销售总是有一定的地理范围。这个地理范围就是以零售终端为中心,沿着一定的方向和距离扩展,向四周辐射至可能来店购买的消费者所居住的地点。

商圈和城市功能圈是不同的,城市功能圈是指聚集着相同工作背景人群的区域,而商圈是指零售企业影响的区域。商圈和城市功能圈不存在谁包含谁的问题。

(1) 商圈的层次

在某一个零售商圈中,零售终端处于中央,消费者距离超市的空间越近,就越方便他们进入超市消费,距离越近对消费者的影响力越大;相反,距离越远影响力越小。因此,一般以超市门店为圆心,向外延展至超市失去影响的边界,形成这个商圈的3个层次。图2-4为商圈层次示范图。

1) 核心商圈。核心商圈是最接近超市或门店的区域,该超市在此区域市场占有率达到30%,圈内居民消费金额能占到销售总额的70%。此商圈的大部分顾客把该超市作为购物的第一选择。超市方应采用一定措施来巩固这部分消费人群。

2) 次要商圈。次要商圈是临近核心商圈的区域,该超市在此区域市场占有率达到10%,圈内居民消费金额能占到销售总额的20%。这个商圈的顾客是最需要争取的对象。

3) 外围商圈。外围商圈属于极少有顾客来光顾超市的商圈范围,该超市在此区域市场占有率仅为5%,圈内居民消费金额占到销售总额的10%,这些顾客不是随机前来购买,而是因为超市某一方面的吸引力,让顾客成为该超市的忠实消费者。

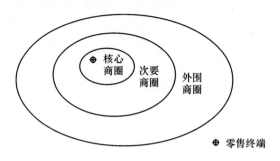

图 2-4　商圈层次示范图

(2) 商圈范围的确定步骤

由于超市所在位置、经营范围、业态类型、城市交通等方面的差异,超市商圈的范围、形状及顾客分布也不同。商圈范围的判断对于超市具体位置的选址起着相当重要的作用,它决定着人口数量、市场潜力等关系到超市生存的因素。一般有两种方法来确定商圈范围。

1) 根据超市业态的辐射范围

在超市具体选址时适用以超市业态辐射范围来确定商圈范围。各业态类型的超市辐射范围是不同的,便利店辐射范围为 300 米左右,社区超市为 1 500 米左右,大型综合超市为 2 500 米左右,仓储式超市为 5 000 米以上。

操作方法与城市功能圈划分方法相同,以近期城市地图为蓝本,找到目标建筑物所在,以此为中心循交通干道若干千米处节点,将各节点相连形成的封闭区域为该超市商圈。此处若干千米是以该超市业态辐射范围确定。

也可以此来估算各层商圈范围,如便利店 100 米内为核心商圈,100~200 米为次要商圈,200~300 米为外围商圈。

商圈的辐射范围不是一成不变的,它的大小与超市企业的实力及影响力成正比例关系;同时还要根据该超市以往经营情况来判断。沃尔玛超市的商圈辐射范围应高于 2 500 米。

2) 根据消费人群的分布

研究某一即使是已经确定了的商圈范围,随着时间的推移,经营情况的变化,也会发生改变。在超市经营过程中进行商圈研究可借用消费人群的分布情况进行,即通过填写调查问卷的方法,把握在所定商圈范围上最远的而且愿意到预定地址购物的消费者的信息,以确定商圈。调查问卷的内容应包括顾客住址、来店频率(次/周或次/月)等信息。根据收回的调查问卷进行统计,将所收集的最远的消费者的住址在图上用线连接起来,商圈范围就自然展现出来了。

当然,有部分超市开设之初通过免费发放会员卡的方式,登记愿意来店消费顾客的居住信息,这样也可以确定出商圈范围。

(3) 商圈分析内容

商圈分析是指对商圈的构成、特点和影响商圈规模变化的各种因素进行综合性的研究。对超市而言,商圈分析具有重要的意义。它有助于企业选择店址,在符合设址原则的条件下,确定适宜的设址地点;有助于企业制定市场开拓目标,明确哪些是本商场的基本顾客群和潜在顾客群,不断扩大商圈范围;有助于企业有效地进行市场竞争,在掌握商圈范围内客流来源和客流类型的基础上,开展有针对性地营销。

商圈分析内容主要有以下几个方面。

1) 商圈内消费人群及购买能力

任何一个商圈内的居住人群都是未来超市的顾客来源,他们的数量和购买力决定着超市的生存和发展。通过当地社区可以获知商圈内居民的信息资料,预估每户家庭的平均消费水平,然后用住户数乘以平均每户消费水平,就可以得到商圈内当地居民的总体消费能力。

在进行调查时,借助同心圆的商圈理论,可分别调查出各层商圈人口数量、总体消费能力。

2) 消费行为

对消费者购买行为的调查最直接的方式就是入户访谈,也可以采用电话访问等方式进行。现实中的顾客是多种多样的,不同的顾客在购买动机及行为方面有着很大差别。消费者会受购买动机、经济条件、生活方式、社会文化、年龄和个性等因素的影响。

超市方须通过对消费者购买行为的调查,以确定未来商圈范围内消费者的购买行为特征:是追求价格低廉的价格型购买者,是习惯于反复考虑、认真分析、多方选择的理智型购买者,还是易受广告等影响的冲动型购买者,还是乐于仿效他人、愿意听从卖方的建议的随意型购买者。

消费行为的调查结果有助于超市制定商品品种、价格、服务设施、服务人员等方面的销售策略。

3) 市场趋势

市场趋势调查主要是通过文案法,对二手资料进行查找分析,根据资料来准确预测未来的变化趋势。需要在了解某区域人口数、户数的基础上,预测该区未来人口变化的趋势,如应侧重判断未来某区域空地的延伸、新建小区居民的入住、道路修扩建对人口的影响;还需掌握政府关于城市建设的远景规划和部署,城市交通建设体系的大幅度变动可能性;同时还应了解竞争对手或潜在对手的销售及变化。

4) 经营情况预测

超市门店选址的成功与否最终取决于超市未来的实际经营状况,上述所有商圈分析结果都是在为超市未来经营状况预测提供必要的依据。经营状况的分析主要运用以下几个指标。

① 平均每日销售额

平均每日销售额=核心商圈销售额+次要商圈销售额+外围商圈销售额

各级商圈销售额=商圈人口×平均消费总额×市场占有率

[例 2-5] 某超市核心商圈、次要商圈、外围商圈人口分别为 10 000 人、12 000 人、11 000 人,日人均消费为 80 元、50 元、100 元,市场占有率分别为 30%、10%、5%。

核心商圈销售额=10 000×80×30%=240 000 元

次要商圈销售额=12 000×50×10%=60 000 元

外围商圈销售额=11 000×100×5%=55 000 元

平均每日销售额=240 000+60 000+55 000=355 000 元

说明:日人均消费的调查是以该商圈范围内同业态超市为调查对象,采用抽样调查法计算所得。

[例 2-6] 在核心商圈内有若干家同业态超市,选出经营状态好、中、差有代表性的 A、B、C 3 家。抽样调查若干天、若干个时间段,这几家超市平均营业时间为 10 小时,销售额情况如表 2-8 所示。

表 2-8 某超市销售额市场调查

时间段 金额	9:00～9:10	10:00～10:10	12:10～12:20	15:00～15:10	18:00～18:10	20:00～20:10
A	200	100	420	200	300	600
B	400	160	650	200	510	800
C	700	300	800	200	700	1 100
合计	1 300	560	1 870	600	1 510	2 500

每 10 分钟平均销售额＝(1 300＋560＋1 870＋600＋1 510＋2 500)÷3÷6≈463 元

平均每日销售额＝463×6×10＝27 780 元

[例 2-7] 核心商圈同业态超市经营总面积为 10 000 平方米,该超市经营面积为 200 平方米,市场占有率＝200/10000＝2%。当然这只是简单的计算方法,实际情况还应根据竞争力的强弱进行调整。

说明:市场占有率调查可以简单用在同类超市中经营面积所占比率来代替。

② 成本费用

成本费用的预算主要体现为开店成本测算(建筑、设备、设计、装修等的投资)和经营费用测算(人工、水电、税收、交通等)。

③ 销售利润及利润率

销售利润＝销售收入－销售成本

销售利润率＝销售利润/销售成本

销售利润率是衡量超市经营状况的重要指标。一般认为,销售利润率在 30% 以上为经营状况优秀,销售利润率在 20%～30% 为经营状况良好,销售利润率在 10%～20% 之间为经营状况一般,销售利润率在 10% 以下为经营状况不佳。

2. 超市店址具体位置选择原则

1996 年,国美电器决定在北京王府井商业圈开新店,店址就选择在王府井商城,这个地方人多,有钱人也多。不过当初选址时没有深入考虑,王府井这里人多,交通就拥堵,货车很难进出;有钱人多,但都是外地人,不是目标消费群;再加上黄金地带,租金高、费用大。种种具体选址时忽视的因素引发经营的困难,很快这家店就终止了营业。

新店的选址必须符合以下原则,才能保证持续经营成立。

(1) 最小改造原则

在选址中应该选择适应于目标业态类型的建筑物,层高、建筑结构、建筑面积、采光、客货电梯、停车场面积、水电消防设施等尽量要满足超市的要求,争取在卖场的改造中投入最小。

(2) 发展潜力原则

超市选址不仅要评估建筑物,还要研究在此开店所辐射的范围情况,要对该影响范围以后的发展潜力作充分的估计。要保证在此经营能获取期望的利益。

(3) 交通便利原则

超市所处地理位置的交通环境是影响超市经营状况的重要因素,以步行为主要出行方式的城市,没有多少人会愿意花费20多分钟的时间从公交站步行到超市。另外,城市的交通情况也影响着超市商品的供应、入库、配送等作业。在城市中进行超市新店具体位置选址时,应考虑超市选址方便商品配送、方便消费者进入等因素。

3. 具体选址要考虑的基本内容

新店选址具体要符合最少改造、拥有市场潜力、交通便利这3个原则,根据这3个原则,应收集以下市场信息,用于分析研究。

(1) 每一种业态对于所在建筑物是有不同要求的,这些要求体现为目标建筑物是否符合最少改造原则,涉及建筑、产权、交通、广告、设施设备5个方面,调查样表如表2-9所示。

表 2-9 目标建筑物选址评分情况样表

详细地址:×市×区×路×大楼				目标业态类型:	
	项目	现状数据	备注	标准要求	评价
建筑	建筑总面积				
	单层面积				
	建筑层高				
	卖场所在楼层				
	主体结构				
产权	产权性质				
	租金情况				
	租房期限				
交通	停车位数量				
	停车位收费				
广告	户外广告位				
	户外广告形式				
	广告价格				
设施设备	空调				
	电梯				
	楼梯				
	通信网络				
	供电				
	排水				
	消防				
联系人:			电话:		
另附:目标建筑物建筑平面图、目标建筑物所处区域具体位置图。					
另附:建筑物产权所有人产权情况调查回馈。					

（2）在符合最小改造原则的前提下，目标店址的市场潜力是开店成功的关键性因素，需要考虑的内容很多，目的是通过对目标店址所形成商圈的调查研究，分析判断该目标店址能创造的期望收益，这个收益能否满足企业的需要。研究对象列表如表 2-10 所示。

表 2-10 目标建筑物商圈市场评价样表

序号	研究项目	调查情况
1	选址后形成商圈面积大小	
2	选址后形成商圈范围内人口数量	
3	商圈内人口结构	
4	商圈内人口消费习惯	
5	商圈内人口密度	
6	商圈内人均收入	
7	商圈内所有超市数量	
8	商圈内所有超市营业总面积	
9	商圈内同业态超市数量	
10	商圈内同业态超市营业总面积	
11	商圈内超市饱和度指数	
12	同业态竞争对手位置	
13	同业态竞争对手实力	
14	目标店址所在道路同侧其他服务业态分布	
15	目标店址所在道路另一侧其他服务业态分布	
16	平均每日销售额预算	

另附：商圈内同业态超市分布图（含目标店所在道路两侧各种服务业态店分布情况）。

说明：选址后所形成的商圈，是指超市企业选择目标建筑物后，根据目标业态特点所形成的商圈。

（3）具体选址的交通情况不但要考虑是否方便顾客进入，同时也要考虑物流配送的便利性。

1）商品配送方面主要是指目标区域周边的交通环境，包括城市区域内货车出行规定、店门前道路宽度、店前道路行车规定、预留货车停车空间、仓库前道路交通情况。

2）消费者出行交通方面主要考察消费者到目标店址的交通是否便利，具体包括店前道路地理情况、范围内公交站数量、范围内公交站距离、范围内公交线路数量、范围内公交线路数量占城市总公交线路比例、顾客出行方式、停车位数量、自行车或摩托车停放位数量、店侧人流量、店对面人流量、最近斑马线与店面距离、店前车流量。研究对象列表如表 2-11 所示。

表 2-11 目标建筑物交通情况评价样表

序号		研究项目	调查情况
商品配送方面	1	区域内货车出行规定	
	2	店门前道路宽度(几车道)	
	3	店前道路行车规定(单双向)	
	4	预留货车停车空间	
	5	仓库前道路交通情况(是否易堵)	
消费者出行交通方面	6	店前道路地理情况(平地、坡、洼)	
	7	范围内公交站数量	
	8	范围内公交站距离	
	9	范围内公交线路数量	
	10	范围内公交线路数量占城市总公交线路比例	
	11	顾客出行方式	
	12	停车位数量	
	13	自行车或摩托车停放位数量	
	14	店侧人流量	
	15	店对面人流量	
	16	最近斑马线与店面距离	
	17	店前车流量	

另附:店前交通示意图(标明车流量、流向,人流量、流向)。

说明:可采用实地观察法对车流量、人流量进行抽样调查。

4. 各业态类型超市对店址的具体要求

(1) 便利店具体选址要求

1) 目标建筑物要求

① 店铺为建筑物底层临街,总面积限制在 50~200 平方米,建筑平面最好呈方形,门面展开宽度不少于 6 米。

② 净空高度:净空高度要求不少于 3.2 米,最低点不少于 3 米。

③ 机构荷载:地面承载力不低于 300 kg/m²。

④ 电力供应:三相四线制,65 kW,并安装独立计量电表。

⑤ 供水能力:铺内提供直径不小于 19 mm 给水管接口,水压不低于 3 kg/cm²,并安装独立水表。

⑥ 排水系统:提供直径不小于 100 mm 排水接口,并连接至大厦或市政排污井。

⑦ 排烟口:因厨房面包加工需要,业主须提供不小于 300 mm×300 mm 的排放口。

⑧ 新鲜空气进气口:业主须提供不小于 200 mm×200 mm 的新鲜空气进气口。

⑨ 业主能提供 5 台空调室外机位或提供面积不小于 15 平方米的室外空调、冷冻、冷藏设备装机用地,且冷藏道铺设离墙距离不大于 20 mm,并符合环保噪声管理规定,不致引起投诉或争议。

⑩ 通信线路:如有中央通信管道管理,须提供两对电话通信线路至铺内。

⑪ 户外招牌用位:在租赁物店面大门正上方空位面积租户可自出支配使用。设置的店招在距离店面50米开外可清楚看到,店面、店侧、店前可发布30平方米以上广告牌。

⑫ 装修:在不影响物业主体结构的前提下,可自由进行局部改建及间隔调整。门窗可改装为落地式大玻璃窗结构。

⑬ 卫生间:铺内提供直径不小于100 mm的独立粪渠接口,以便建洗手间。

⑭ 环保装置:若大厦有现成的环保装置,应提供接入口至店铺之内。

⑮ 店铺产权清晰且至少可使(租)用6年。

2) 商圈市场潜力要求

① 商圈内应保证3 000人以上的常住人口,且步行时间不超过5～7分钟。国外成熟便利店的商圈通常以店铺所在点为中心,半径300米较为普遍,目标人群为2 600～3 000人,如果以家庭户数算,每户3.6人,则家庭户数在722～833户。

② 流动人口量4 000～8 000人次/天。

③ 商圈范围内有医院、学校、公园、集中型住宅区、不设食堂的中小企事业单位。

④ 有较多其他零售业态的聚集,与大型超市、商场、药店、酒吧、银行、邮局等具有较强聚客能力的门店和公共场所相邻。

3) 交通条件要求

① 店前空地不少于店内经营面积,可停放20辆以上自行车及摩托车。店前或附近50米可停放2辆以上小汽车。

② 社区交通方便、通畅,与过街天桥、过街地下通道、公车站、地铁相通。

③ 选择靠交通线上人流量较大的一侧,无进店障碍。

④ 非正对斑马线,非正对公交站。

⑤ 店前或仓库门前可短暂停放货车。

⑥ 东西走向街道最好选择坐北朝南位置,南北走向街道最好选择坐西朝东位置,尽可能位于十字路口的西北拐角。

注意避免道路狭窄的地方、停车场小的地方、人口狭窄的地方以及建筑物过于狭长的地方。

(2) 社区超市具体选址要求

1) 目标建筑物要求

① 店铺为建筑物临街底层,可多层结构,总面积限制在500～2 500平方米,支柱跨度6～8米,门面展开宽度不少于10米,场地规则,建筑物长宽比例为10∶7或10∶6较好。

② 净空高度:净空高度要求不少于3.8米。

③ 机构荷载:地面承载力不低于500 kg/m^2。

④ 电力供应:三相四线制,100 kW,并安装独立计量电表。

⑤ 供水能力:铺内提供直径不小于19 mm给水管接口,水压不低于3 kg/cm^2,并安装独立水表。

⑥ 排污系统:独立提供排污、排油、隔油池及不小于1.5平方米的排油烟井道,并连接至大厦或市政排污井。

⑦ 业主能提供中央空调装机位或提供面积不小于15平方米的室外空调、冷冻、冷藏设备装机用地,且冷藏道铺设离墙距离不大于20 mm,并符合环保噪声管理规定,不致引起投

诉或争议。

⑧ 新鲜空气进气口：业主须提供不小于 200 mm×200 mm 的新鲜空气进气口。

⑨ 消防方面：提供合格批文，配备燃气管道。

⑩ 弱电方面：200 W/m²。

⑪ 户外招牌用位：租赁物店面外墙出租户可自由支配使用。设置的店招在距离店面 100 米开外可清楚看到，店面、店侧、店前可发布 100 平方米以上广告牌。

⑫ 装修：在不影响物业主体结构的前提下，可自由进行局部改建及间隔调整。

⑬ 卫生间：铺内提供直径不小于 100 mm 独立粪渠接口，以便建洗手间。

⑭ 环保装置：若大厦有现成的环保装置，应提供接入口至店铺之内。

⑮ 店铺产权清晰且至少可使(租)用 8 年。

2) 商圈市场潜力要求

消费者步行到达店址所需时间在 20 分钟以内的商圈范围，商圈内具有固定住所的常住人口及潜在增长人口总数要求在 5 万～8 万人，且周边人口具有一定的增长趋势。

3) 交通条件要求

① 店前空地不少于店内经营面积，可停放 50 辆以上自行车及摩托车。店前或附近 50 米可停放 50 辆以上小汽车。

② 社区交通方便、通畅，与过街天桥、过街地下通道、公车站、地铁相通。

③ 选择靠交通线上人流量较大的一侧，无进店障碍。

④ 如商场在社区边缘须做到社区居民和商场客流分开，同时为商场供货车辆提供物流专用场地，必须为供应商提供 10 个以上的免费货车停车位。

⑤ 考虑 2 或 3 辆小卡车满载重量及回车空间。

⑥ 东西走向街道最好选择坐北朝南位置，南北走向街道最好选择坐西朝东位置，尽可能位于十字路口的西北拐角。

(3) 大型综合超市具体选址要求

1) 目标建筑物要求

① 物业纵深在 50 米以上为佳，原则上不能低于 40 米，临街面不低于 70 米，柱距间要求 9 米以上，原则上不能低于 8 米。可多层建筑结构，总出租面积 5 000 平方米以上，其中可作卖场区域面积 2 000～3 000 平方米，门面展开宽度不少于 8 米，场地规则、建筑物长宽比例为 10∶7 或 10∶6 较好。正门至少提供 2 个主出入口。

② 净空高度：层高不低于 5 米，净高在 4.5 米以上(空调排风口至地板的距离)。

③ 机构荷载：楼板承重在 800 kg/m² 以上，后仓与冷库地面承重 1 200 kg/m²。

④ 电力供应：市政电源为双回路或环网供电或当地政府批准的其他供电方式，总用电量应满足商场营运及公司标志广告等设备的用电需求，备用电源应满足应急照明、收银台、冷库、冷柜、监控、电脑主机等的用电需求，并提供商场独立使用的高低压配电系统、电表、变压器、备用发电机、强弱电井道及各回路独立开关箱。

⑤ 供水能力：提供独立给排水接驳口并安装独立水表，供水 100～150 立方米/日，满足商场及空调系统日常用水量及水压使用要求，储水满足市政府停水一天的商场用水需求。

⑥ 排污系统：独立提供排污、排油、隔油池及不小于 1.5 平方米的排油烟井道，并连接至大厦或市政排污井。

⑦ 安装独立的中央空调系统,空调室内温度要求达到 24 ℃左右的标准,并符合环保噪声管理规定,不致引起投诉或争议。

⑧ 空调通风:按照当地的设计规划。

⑨ 消防方面:提供合格批文,配备燃气管道。

⑩ 每层有电动扶梯相连,地下车库与商场之间有竖向交通连接。

⑪ 户外招牌用位:租赁物店面外墙出租户可自由支配使用。设置的店招在距离店面 500 米开外可清楚看到,免费外墙广告位至少 3 个,店面、店侧、店前可发布 200 平方米以上广告牌。

⑫ 装修:在不影响物业主体结构前提下,可自由进行局部改建及间隔调整。

⑬ 卫生间:铺内提供直径不小于 100 mm 独立粪渠接口,以便建洗手间。

⑭ 店铺产权清晰且物业租赁期限一般为 20 年或 20 年以上,最少不低于 15 年并提供一定的免租期。

2) 商圈市场潜力要求

1.5 千米范围内人口达到 10 万以上为佳,2 千米范围内常住人口可达到 12 万～15 万人。商圈内人口年龄结构以中青年为主,收入水平不低于当地平均水平。核心商圈内(距项目 1.5 千米)无经营面积超过 5 000 平方米的同类业态为佳。

3) 交通条件要求

① 须临近城市交通主干道,至少双向四车道,且无绿化带、立交桥、河流、山川等明显阻隔为佳。

② 周边人口畅旺,道路与项目衔接性比较顺畅,车辆可以顺畅地进出停车场,至少提供 300 个以上地上或地下的顾客免费停车位。

③ 必须为供应商提供 20 个以上的免费货车停车位。

④ 如商场在社区边缘须做到社区居民和商场客流分开,同时为商场供货车辆提供物流专用场地,卸货区考虑 2 或 3 辆 35 吨集装箱卡车和 3 辆小卡车满载重量及回车空间。

(4) 仓储式超市具体选址要求

1) 目标建筑物要求

① 建筑面积:10 000～20 000 平方米,最好为一层,最高两层;进深最少 60 米;柱距 9 米左右,主体由钢结构或混凝土框架结构建设均可;卖场临街面与进深(即长宽)标准比例为 7∶4;在当地消防部门及设计允许的情况下尽量减少承重墙,令营业面积最大化。

② 净空高度:净空高度要求不少于 5 米。

③ 机构荷载:地面荷载为 1 500 kg/m^2,面层为耐磨硬化剂地面。

④ 电力供应:市政电源为双回路或环网供电或当地政府批准的其他供电方式,总用电量应满足商场营运及公司标志广告等设备的用电需求,备用电源应满足应急照明、收银台、冷库、冷柜、监控、电脑主机等的用电需求,并提供商场独立使用的高低压配电系统、电表、变压器、备用发电机、强弱电井道及各回路独立开关箱。

⑤ 供水能力:提供独立给排水接驳口并安装独立水表,供水 100～150 立方米/日,满足商场及空调系统日常用水量及水压使用要求,储水满足市政府停水一天的商场用水需求。

⑥ 排污系统:独立提供排污、排油、隔油池及不小于 1.5 平方米的排油烟井道,并连接至大厦或市政排污井。

⑦ 安装独立的中央空调系统,空调室内温度要求达到 24 ℃左右的标准,并符合环保噪声管理规定,不致引起投诉或争议。

⑧ 空调通风:按照当地的设计规划。

⑨ 消防方面:提供合格批文,配备燃气管道。

⑩ 每层有电动扶梯相连,地下车库与商场之间有竖向交通连接。

⑪ 户外招牌用位:店标及招牌可设置于商厦正面及侧面显著位置或屋顶。设置的店招在距离店面 500 米开外可清楚看到,店面、店侧、店前可发布 200 平方米以上广告牌。

⑫ 环保装置:若大厦有现成的环保装置,应提供接入口至店铺之内。

⑭ 店铺产权清晰且物业租赁期限一般为 20 年或 20 年以上,最少不低于 15 年并提供一定的免租期。

2)商圈市场潜力要求

目标选址所在市中心常住人口达到 100 万以上为佳,存在大量中小零售商、餐饮店及集团购买客户,一般家庭都拥有小汽车。

3)交通条件要求

位于城郊结合部,交通便利,车辆进出超市方便,店前交通顺畅,店前道路车辆横越路不受限制,或 100 米范围内就有掉头区,或商场周边有环形车道方便购物车及货车进出。

收货区:应有 8 个左右停车位,可满足 40 尺集装箱卸货及转弯半径的要求。

机动车停车位不少于 300 个,自行车停车位不少于 400 个,顾客进出应与车辆进出分开。

卖场多于一层的每层须配置两部自动扶梯(坡度不超过 12 度的)货梯和卸货区,两部 3 吨以上的货梯,地面一层不小于 500 平方米的专用卸货区。

5. 选择步骤

在现实操作中,具体店址选择都是先从选择适合开店的建筑开始的。在目标功能圈中找到适合开设新店的建筑物,然后运用科学分析手段,从多个建筑物中找出最适合的作为未来新店店址。

(1)寻找到符合业态要求的店铺或地产。

(2)以该店铺为起点,根据业态对辐射范围的限制,沿交通道路寻找出商圈范围。

(3)根据消费者行走习惯及地理条件修正商圈范围。

(4)认真研究商圈范围内各项影响因素。

(5)对各目标选址进行指标加权评估。

【实训教学】

1. 判断分析训练

(1)任何类型的城市都可开设大型综合超市。(　　)

(2)便利店可开设在任何城市。(　　)

(3)运用逐层排除法时,如果城市规模和发展水平不符合某业态类型,还应进行超市饱和度指数的分析。(　　)

(4)城市超市饱和度指数越高,代表该城市越有市场空间。(　　)

(5)使用人口及人均零售额两个指标形成市场发达程度矩阵,选择人口多、人均零售额

高的城市。（　　）

(6) 指标加权评估法是对各影响因素根据重要程度的不同分配权重，通过评估，最高分所在的城市成为最终选择。（　　）

(7) 教育功能圈中人口流动大，顾客忠诚度比较低，消费能力有限。（　　）

(8) 超市在核心商圈区域市场占有率达到70%。（　　）

(9) 各业态类型的超市辐射范围是不同的，便利店辐射半径范围为1 000米。（　　）

(10) 便利店要求目标店铺建筑层净空高度不少于3.2米，最低点不少于3米。（　　）

2. 混合选择训练

(1) 超市选址步骤包括（　　）。

　　A. 城市选择　　　　　　　　　　B. 城市功能圈选择

　　C. 具体目标地选择　　　　　　　D. 选停车位

(2) 城市类型包括（　　）。

　　A. 工业城市　　B. 商业城市　　C. 卫星城市　　D. 省会城市

(3) 下列属于工业城市的是（　　）。

　　A. 北京　　　　B. 上海　　　　C. 大庆　　　　D. 长沙

(4) 单纯从超市饱和度指数角度判断，下面哪座城市更有市场前景（　　）。

　　A. 北京1 500　　　　　　　　　B. 上海2 500

　　C. 大庆1 100　　　　　　　　　D. 长沙3 000

(5) 下列哪些不是便利店城市选址要求（　　）。

　　A. 城市人口100万　　　　　　　B. 城市人口5万

　　C. 人均可支配收入大于目标城市均值　　D. 城市规模快速发展

(6) 工业生产圈特征是（　　）。

　　A. 人口密集小　　　　　　　　　B. 流动人口少

　　C. 作息时间规律性强　　　　　　D. 顾客忠诚度高

(7) 商圈层次包括（　　）。

　　A. 核心商圈　　B. 次要商圈　　C. 外围商圈　　D. 外地商圈

(8) 便利店的商圈要求有（　　）。

　　A. 10 000人以上的常住人口

　　B. 步行时间不超过20分钟

　　C. 商圈范围内设有医院、学校、公园、集中型住宅区

　　D. 与大型超市、商场、药店、酒吧、银行、邮局等具有较强聚客能力的门店和公共场所相邻

(9) 便利店对交通条件要求有（　　）。

　　A. 店前空地不少于店内经营面积，可停放20辆以上自行车及摩托车

　　B. 店前或附近50米可停放2辆以上小汽车

　　C. 非正对斑马线，非正对公交站

　　D. 店前或仓库门前可短暂停放货车

(10) 社区超市对目标建筑的要求有（　　）。

　　A. 店铺为建筑物临街底层，可多层结构，总面积限制在500～2 500平方米

B. 支柱跨度为 6~8 米
C. 门面展开宽度不少于 10 米
D. 净空高度要求不少于 3.8 m

3. 案例分析训练

某连锁超市选中一个交通便利的商用楼,背景如下。

该楼的北面是一个正在建设的大型社区,住户大约 1 万户,每户约 3.8 人,两年后全部入住。东西面都是工业区,南面是一个大学。没有竞争对手。该楼 1.2 万平方米,两层,处于十字路口,有多条公交线路经过。

超市定位为大型综合超市。经营两个月后,陷入严重亏损。

案例讨论与思考

(1) 分析超市亏损的原因。

(2) 超市亏损情况如何解决。

家乐福败走香港

继 1997 年年底八佰伴及 1998 年中大丸百货公司在香港相继停业后,2000 年 9 月 18 日,世界第二大超市集团"家乐福"位于香港杏花村、荃湾、屯门及元朗的 4 所大型超市全部停业,撤离香港。

当年的家乐福集团,在全球共有 9 200 多家分店,遍布 31 个国家及地区,全球的年销售额达到 363 亿美元,盈利达 7.6 亿美元,员工逾 24 万人。家乐福在我国的台湾地区、深圳、北京、上海的大型连锁超市,生意均蒸蒸日上,为何独独兵败香港?

家乐福声明其停业原因,是由于香港市场竞争激烈,又难以在香港觅得合适的地方开办大型超级市场,短期内难以在市场争取到足够占有率。他们认为倒闭的原因主要有以下两个方面。

从自身来看

第一,家乐福的"一站式购物"(让顾客一次购足所需物品)不适合香港地窄人稠的购物环境。家乐福的购物理念基于地方宽敞,与香港寸土寸金的社会环境背道而驰,显然资源运用不当。这一点反映了家乐福在适应香港社会环境方面的不足和欠缺。

第二,家乐福在香港没有物业,而本身需要数万至 10 万平方尺(1 英尺=0.305 米)的经营面积,背负庞大租金的包袱,同时受租约限制,做成声势时租约已满,竞争对手觊觎它的铺位,会以更高租金夺取;家乐福原先的优势是货品包罗万象,但对手迅速模仿,这项优势也逐渐失去。

除了已开的 4 家分店外,家乐福还在将军澳新都城和马鞍山新港城中心租用了逾 30 万平方英尺的楼面,却一直未能开业,这也给它带来了沉重的经济负担。

第三,家乐福在香港的配送成本相对较高。例如,家乐福在台湾有 20 家分店,能够形成配送规模,但在香港只有 4 家分店,直接导致配送的成本相对高昂。在进军香港期间,它还与供货商发生了一些争执,几乎诉诸法律。

从外部来看

第一,在 1996 年家乐福进军香港的时候,正好遇上香港历史上租金最贵的时期,经营成本高昂,这对于以低价取胜的家乐福来说是一个沉重的压力,并且在这期间又不幸遭遇亚洲金融风暴,香港经济也大受打击,家乐福受这几年通货紧缩影响,一直无盈利。

第二,由于香港本地超市集团百佳、惠康、华润、苹果速销等掀起的减价战,给家乐福的经营造成重创。作为国际知名的超市集团,家乐福没有主动参加这场长达两年的减价大战,但几家本地超市集团的竞相削价,终于使家乐福难以承受,在进军香港的中途铩羽而归。

案例讨论与思考

(1) 运用企业战略构成要素分析实力雄厚的家乐福为什么败走香港?

(2) 家乐福败走香港案对超市选址有何启示?

4. 实习实训操练

请学生们根据某种超市业态选址的要求,在所在城市寻找适合开店的目标建筑,并说明理由。

(1) 目标

引导学生通过切实参与和体验超市企业选址的实践,培养其"超市经营选址"专业技能,强化其"自我学习"、"解决问题"和"革新创新"等职业核心能力,践行"职业观念"、"职业态度"、"职业作风"和"职业守则"等行为规范,促进其健全职业人格的塑造。形成某超市企业选址的调查报告。

(2) 方法和步骤

将学生分成若干实训组,分别选择某一超市业态类型(仅限便利店和社区超市两类)进行本次实习实训操练活动,各实训组应通过对选址理论的解读,在实践中去解决选址问题。

确保本次实习实训操练活动卓有成效,加深学生对超市选址活动的了解,缩短理论学习与实践运用的距离,达到提高学生动手能力的预期目的。

首先,应进行本次实训活动动员,让学生充分认识本次实训活动的意义,从思想上重视本次实训活动,为活动的顺利进行奠定良好的思想基础。

其次,重新温习超市业态类型、超市选址、市场调查等理论知识,在教师指导下制定详细的调查方案和操作流程。

再次,可与部分超市企业协商,规定适当的任务和考核指标,由实训企业给予适当的精神激励和物质激励,以形成必要的压力和动力,为本次实训活动的顺利进行奠定良好的行动基础。

最后,在本次实训活动结束时,根据学生营销实践实际效果和实训报告来评定成绩,并将该成绩作为衡量每个学生学习这个单元实践实训的考核成绩,按50%的比例计入这个单元的学习成绩。

实训的操作流程如下。

1) 将全班分成若干个组(每组以4～6人为宜),每组指定专人负责。严守实训实践活动组织纪律,确保人身安全。

2) 制定严格的操作流程,教师随时跟踪实训进展。

3) 在实训开展之前,对所有学生进行培训,保证学生们能按指导操作。

4) 规范各类表格的制作和填写,对收集的资料进行整理分析,将体验上升到理论高度。运用所学理论知识分析选址调查到的信息,并根据理论建议,撰写《××企业超市选址实训报告》。具体要求:撰写格式规范,内容完整,结构合理,文理通顺。

5) 在班级交流、讨论各组的《××企业超市选址实训报告》。

（3）实训成绩考核

实训成绩考核采取"过程考核"与"成果考核"相结合的方式,最后按各占50%的比例计入学生学习这个单元实践实训考核成绩。过程考核包括实训态度、出勤情况、自我学习、操作能力、职业道德等考核指标;成果考核包括超市选址理论运用、市场调查理论运用、实训报告撰写质量等考核指标。

项目三

超市商品分类及组合

【能力目标】
- 掌握各类型超市商品经营范围确定的方法
- 能运用商品分类知识对各类超市进行大类划分
- 能根据消费者购买习惯划分计划性商品和随机性商品
- 能分清主营商品和一般商品

【知识目标】
- 正确掌握商品分类
- 正确掌握商品组合
- 正确掌握商品经营范围

【案例导入】

专栏 3-1　某学院便利店商品配置

某学院因教学需要,自 2001 年起在学院内部开辟专门的区域作为学生实习实训超市,业态类型为便利店,商品分成了日化品、工艺品、食品等若干大类。2001 年工艺品销售火爆。后因某些原因,此便利店在 2002 年结业至 2008 年,当 2008 年重新开业时,仍按老的商品制定大类进行配置,但市场环境发生了改变,一年的经营过程中,工艺品的销售几乎为零,但日化品的销售不错。2009 年便利店随学院整体搬迁至新校区,日化品的销售下滑明显。便利店基本只销售小食品。

背景介绍:2001 年时学生中流行过生日互送工艺品作为礼物。2008 年这一时尚发生了改变。新校区位于市郊,相当偏僻,周边没有足够规模的商业市场氛围,校门口有多趟公车 20 分钟内即可直达市区多个大型综合超市。

确定超市未来要销售的商品大类必须要与消费者的需求一致,不能硬搬过往的经验,要结合市场调查的结果进行决策。

【知识学习】

第一节　超市商品的经营范围

据不完全统计,在市场上流通的商品有 25 万种以上。没有任何一个超市可以容纳如此多的商品。每个超市都必须对市场上的商品进行筛选,挑选出适合该超市的商品。超市经营范围是指超市经营的商品类别、品种及数量,反映超市经营活动的内容和方向。具体而言,是指超市经营的方向,主要销售哪些方面的产品。

经营范围的影响因素

1. 超市业态类型

超市的业态类型给经营范围确定了一个基本的框架,如前所述,超市业态主要有便利店、社区超市、大型综合超市、仓储超市4种,每种的经营范围都不一样。便利店的经营范围比较窄,大型综合超市的经营范围比较宽。

2. 目标市场定位

各业态类型超市的目标市场定位也不一样,便利店的定位是满足小范围内居民对以速成食品、小包装商品、文具杂志为主的商品的需要;社区超市满足的是普通消费者对食品、生鲜食品、副食品和生活用品的需要;综合大型超市则涵盖消费者衣食住行的全部内容。

3. 目标消费者需求

同样的业态类型,由于选址所处的经济环境不同,目标消费者的需求也不一致,如家乐福上海虹桥店有许多进口商品销售,因为该店所在商圈有许多高收入的外国人居住。

4. 同业态超市的商品结构

经营范围也要考虑竞争对手的商品结构,要形成一定的差异化。除必备的商品之外,尽量避免同类商品的价格竞争。

5. 商品之间的关联度

要配备一定的关联商品,体现商品的丰富性,给予消费者更大的选择空间。

第二节　超市商品分类

超市方从几十万种商品中选择适销对路的部分商品陈列在店内进行销售。但即便如此,最小的便利店也要陈列1 000种左右的商品。所有商品的特性又不尽相同,保存条件、贩卖方式、运输方法、处理技术、陈列要领也各有不同。若要对品种繁多的商品进行有效管理,方便消费者购买,有利于商品流通,提高企业经营管理水平,这就须对众多的商品进行科学分类。

一、商品分类的概念

顾名思义,分类就是分门别类的意思。商品分类,指按一定目的为满足某种需要选择适当的分类标志和特征,将众多商品科学、系统地分门别类,并赋予一定代号,使其能被系统地、有序地管理。例如,以是否能食用,将商品分成食品和非食品两大类,能否食用就是分类的标志。

二、分类中存在的问题

超市管理方因经验、习惯、市场定位不同,在商品分类中存在差异,在运作上没有固定的分类依据,对于商品分类是否合理没有衡量标准。业界在分类商品时的问题主要集中在分类标志选择和各类别的命名两个方面。

1. 分类标志选择方面

分类标志是商品进行相互区别的特征,许多超市在选择分类标志时未对运营环境进行仔细分析,依照经验选择分类标志,造成如下问题。

(1) 分类标志特征的不明显。商品可以分配到 A 类,也可以分配到 B 类,甚至 C 类也说得通。例如,将打扫家庭卫生或打理个人卫生商品分为"清洁用品"和"卫生用品"两个大类,那么卫生纸分到哪一类比较好?如果超市以液体作为分类标志,这样就意味着要将矿泉水和洗发水放在一起进行管理。

(2) 供应商代理的产品被分配到多个类别。分类标志选取时可能造成某一个品牌的商品分配到若干个管理部门,这样在管理协调上造成较大的浪费。

(3) 分类后,各类别(特别是大类)商品数量比例严重失衡。可能部分大类有很多商品,有些大类却没有多少。

(4) 连锁企业各超市分类标准不一。例如,有的超市将鸡蛋归为一般食品类,有的超市将其单独列一个分类。连锁企业人员变动后,又要重新去适应不同的分类。

2. 各类别命名方面

(1) 同类别在不同的店命名存在差异。这主要是因在部分连锁超市,由于管理人员的个人偏好,分类标志选取相同,但在不同店相同的类别却叫不同的名称所致。

(2) 名称易造成歧义或误解。曾有超市选择将饮料这个类别命名为液体类,是否意味着洗发水和矿泉水还有洗衣液是一起管理的呢?

三、商品分类的要求

1. 分类标志特征应清楚明确

分类标志特征的清晰可以让采购员、理货员、供应商清楚知道自己负责的商品属于哪个类别。所有商品能清晰地确定归属,减少无人管理或多头管理的情况发生。

2. 分类后应易于管理

分类的目的是为了有效地进行商品管理。有效分类有利于采购员清楚所管理的商品范围及数量,有利于理货员更好地陈列、展示、销售商品,有利于供应商有效地与超市沟通,有利于相关管理人员进行统计、分析、决策。

3. 分类应适应顾客购买习惯

消费者习惯于比较商品,分类就是要将满足消费者某类需求的商品陈列在一起,有利于消费者挑选比较。消费者购买某些商品时有先后挑选的顺序,分类将适应消费者这种消费习惯的商品聚集在一起,有利于引导消费者购买。

四、商品分类的方法

根据管理目的的不同,商品分类方法有一般分类、经营性分类和消费习惯性分类3种。

1. 一般分类

从便于管理、易于统计分析角度出发,对商品实行的是一般分类方法,它是将商品集合总体科学地、系统地逐级划分为大类、中类、小类、单品的分类过程。图3-1是一个典型的超市商品一般性分类。超市商品分成食品、妇婴用品、日用品等10个大类,妇婴用品又可以分成奶粉、纸尿布两个中类,还可以往下分,本图就不详尽描述了。

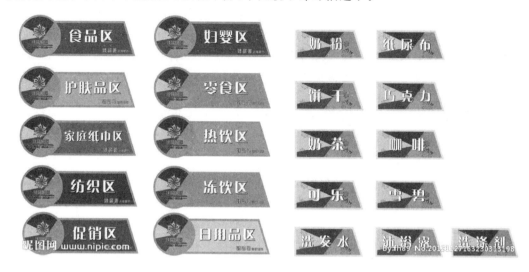

图 3-1 超市商品分类

(1) 大类商品

大类商品是指按商品的特征把超市所经营的商品划分为若干类,它是超市商品分类中最粗线条的分类。目的是为决策人员提供超市所经营商品的大致范围。

根据超市的规模和性质,大分类的数量有多有少,但最好以不要超过 10 个商品大类为好,这样比较容易管理。不过,这仍须视经营者的经营理念而定,经营者若想把事业范围扩展到很广的领域,可能就要使用比较多的大分类。

大分类的原则通常依商品的特性来划分,如生产来源、生产方式、处理方式、保存方式等,类似的一大群商品集合起来作为一个大分类,例如,水产就是一个大分类,原因是这个分类的商品来源皆与水、海或河有关,保存方式及处理方式也皆相近,因此可以归成一大类。

大分类在超市中也可视为一个部门,是营运中的一个基本组织单位,超市的人力配置、商品管理、进货划分也大都以这个商品分类单位来运作的。

(2) 中类商品

中类商品是从大类商品中细分出来的商品类别。如食品是一个大类,在食品大类商品中,可进一步划分成生鲜食品、一般食品、加工食品等。中类商品在确定经营范围时具有非常重要的地位,中类商品的数量,直接体现超市商品的丰富程度,也决定了顾客满足某一需要的选择性程度。超市进行商品配置和商品陈列,都需要用中类分类来划分。

将大类商品细分成中类商品时,经常使用的分类标志有以下几种。

1) 依商品的功能、用途划分

依商品在消费者使用时的功能或用途来分类,如在糖果饼干这个大分类中,划分出一个"早餐关联"的中分类。"早餐关联"是一种功能及用途的概念,提供这些商品在于满足消费者有一顿"丰富的早餐"的需求,因此在分类里就可以集合土司、面包、果酱、花生酱、麦片等商品来构成这个中分类。

2) 依商品的制造方法划分

有时某些商品的用途并非完全相同,若硬要以用途、功能来划分略显困难,此时可以就商品制造的方法近似来加以网罗划分。如在畜产的大分类中,有一个称为"加工肉"的中分类,这个中分类网罗了火腿、香肠、热狗、炸鸡块、熏肉、腊肉等商品,它们的功能和用途不尽相同,但在制造上却近似,因此"经过加工再制的肉品"就成了一个中分类。

3) 依商品的产地来划分

在经营策略中,有时候会希望将某些商品的特性加以突出,又必须加以特别管理,因而发展出以商品的产地来源作为分类依据。如有的商店很重视商圈内的外国顾客,因而特别注重进口商品的经营,而列了"进口饼干"这个中分类,把属于国外来的饼干皆收集在这一个中分类中,便于进货或销售的统计,也有利于卖场的管理。

(3) 小类商品

小类商品又是从中类商品中细分出来的商品类别,小类分类目的在于使某一中类商品品种丰富多样,给人以商品丰富、可满足各方面需求的感觉。它的多少直接决定了商品可供顾客挑选的程度。

将中类商品细分成小类商品时,经常使用的分类标志有如下几种。

1) 以品牌作为分类标志

这是最常见的一种分类方式,如牛奶中类可划分为蒙牛、伊利、光明等不同品牌的小类。

2) 以商品的功能用途作为分类原则

此种分类与中分类原理相同,也是以功能用途来做更细分的分类。如在畜产品大分类中,猪肉中分类下,可进一步细分出排骨、里脊肉、肉馅、棒骨等小分类。

3) 以商品的规格包装形态作为分类原则

分类时,规格、包装形态可作为分类的原则。如在一般食品大分类中,饮料中分类下,可以进一步细分出瓶装饮料、听装饮料、盒装饮料等小分类。

4) 以商品的成分作为分类原则

有些商品也可以按商品的成分来归类,如在日用百货大分类中,水杯中分类下,可以进一步细分出不锈钢水杯、瓷水杯、木水杯、玻璃水杯等小分类。

5) 以商品的口味作为分类原则

以口味来作为商品的分类,如在糖果饼干大分类中,饼干中分类下,可以进一步细分出咸味饼干、甜味饼干、果味饼干等小分类。

(4) 单品商品

单品是商品分类中不能进一步细分的、完整独立的商品品项,是出现在货架上供消费者挑选的基本商品单位。如广州宝洁有限公司生产的"400毫升飘柔去屑洗发水"、"200毫升沙宣滋养洗发水"、"750毫升潘婷柔顺洗发水"就是3个不同单品。

加强对单品的管理,是超市进行商品经营范围和经营结构确定与调整的关键,它直接关系到超市满足顾客需求的程度,是衡量超市商品经营范围和经营结构是否合理的最重要因素。

图3-2所示为商品分类结构示意图。

2. 经营性分类

将商品从大类到单品层层细分,可以帮助超市在确定经营范围时,准确判断超市满足顾客需求的程度;但这样做还不够,还要从提高营业面积的使用效率、提高货架商品陈列效率方面,站在提高运营效益的角度,确定超市商品的经营性构成。超市根据商品在卖场中的销售情况来进行经营性分类,即根据超市的经营方针、销售策略划分商品为主营商品、一般商

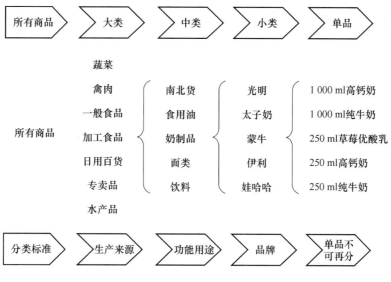

图 3-2 商品分类结构示意图

品、刺激性商品。

(1) 主营商品

主营商品是超市经营的重点商品,它在商品结构中占 20%～30%,但创造整个卖场 80%左右的销售业绩。超市主营商品群除了具有高购买频率以保证高销售比重这个基本特征外,还体现了其他两个鲜明的特点。

1) 季节性。某些商品在不同季节存在巨大的销售额差异,这是零售业普遍存在的现象(如空调专卖店商品夏季时销量远大于冬季),超市业态也不例外。正是由于主营商品群有着明显的季节性特征,所以超市的主营商品不是一成不变的。

2) 差异性。超市公司主力商品通常是能体现本企业经营特色和个性化的商品,与竞争店同类商品相比,比较容易被顾客选择购买,这种差异性既可以是商品低价格的成本差异,又可以是商品"名、优、新、特"的微妙差异。

对于有历史销售数据的超市,主营商品可以借鉴 ABC 分类法[①]来确定。

由于主营商品的销售量比较大,超市方一般会将它们陈列在较好的位置。所以也可以通过对同类型超市的观察来判断。

(2) 一般商品

一般性商品是主营商品的补充商品,常与主营商品有较强的关联性,多为常备日用品。它可以衬托主营商品的销售,同时,一般商品的存在可以使卖场商品显得丰富。与主营商品相比,其季节性和差异性特征相对较弱。

---

① ABC 分类法又称巴雷特分析法。此法的要点是把企业的物资按其金额大小划分为 A、B、C 3 类,然后根据重要性分别对待。

A 类物资是指品种少、实物量少而价值高的物资,其成本金额约占 70%,而实物量不超过 20%。C 类物资是指品种多、实物量多而价值低的物资,其成本金额约占 10%,而实物量不低于 50%。B 类物资介于 A 类、C 类物资之间,其成本金额约占 20%,而实物量不超过 30%。

当企业存货品种繁多、单价高低悬殊、存量多寡不一时,使用 ABC 分类法可以分清主次、抓住重点、区别对待,使存货控制更方便有效。通常情况下仅对 A 类物资进行最优批量控制。

(3) 刺激性商品

刺激性商品是从主营商品和一般商品中挑选出来的一些品项不多,但对推动卖场整体销售效果意义重大的商品。它们主要是具有光明前景(很可能成为主营商品)的新开发商品(包括连锁商开发的自有品牌商品),也包括超市公司精心挑选用于短期促销、容易引起顾客冲动性购买的商品。它们通常以主题促销方式陈列在卖场进口端头货架,带动整个卖场销售。

3. 消费习惯性分类

超市不但要为确定经营范围进行一般性分类,要为提高经营效益进行经营结构性分类,还要为确定大致陈列区域进行消费习惯性分类。习惯性分类根据消费者的购买习惯将经营的商品分为两类。

(1) 计划购买型商品

这类商品是满足消费者日常生活的必需品,它们以计划性、习惯性购买为特征,消费者是怀着需要买到该商品的目的进入超市,他们愿意花时间在超市寻找该商品,如日化用品、母婴用品、生鲜产品等。

(2) 随机购买型商品

这类商品不是消费者日常生活所必需,是被消费者在超市看到后能临时激发起购买行为的商品。它们以刺激性、冲动性购买为特征,如鲜花、水果、糖果、饼干等。

通过消费习惯性分类,超市在卖场区域配置上,应充分利用计划购买型商品对顾客的诱导作用,采取让顾客走遍卖场的布局配置方式。如将生鲜产品陈列在卖场最里端,将日化产品陈列在死角,这样让顾客会在这两处地方逗留,大大延长顾客在超市的时间,同时促进随机购买商品的消费。

五、商品的编码

为提高商品分类的标准化、电子化的运用,在商品一般性分类之后,应对商品进行编码,商品编码是指赋予某种商品(或某类商品)以某种符号或代码的过程,符号系列可以由字母、数字组成。商品编码具有标识的唯一性、分类的功能、排序的功能和特定的含义。

商品的编码与分类是密切联系的,商品科学分类是建立在商品分类体系和编制商品目录的基础上,是合理编码的前提,而商品编码是商品分类的一种手段,因此在实践中也被称为商品分类编码。

1. 编号原则

商品编号,必须使用几码,原则上并无一定的标准与限制,完全视企业的规模与性质而定。但编号时,最好能预留空间,以便企业业务发展扩大时,编号能随之扩充。一般来说,超级市场的商品编号,采用7码及8码者较多,少于7码或多于8码都不太适宜。

(1) 7码的编码原则

采用7码分类时,第一码为大分类,最高使用十大分类;第二码为中分类,最多可有100个中分类,也就是每一大分类可以分为10个中分类;第三码、第四码为小分类,小分类最多可有1 000个,每一中分类可分成100个小分类;第五码、第六码为品项;第七码为检验码。如图3-3所示。

图3-3 七码结构示意图

(2) 8 码的编码原则

采用 8 码分类时,第一码为大分类,仍然维持最高十大分类;而第二码、第三码为中分类,每一大类可以有 1 000 个中分类;第四码、第五码为小分类;第六码、第七码为品项的流水号;第八码为检验码。如图 3-4 所示。

图 3-4　8 码结构示意图

以上所提供两种编号原则,可以视企业需要而选用,如果企业必须使用到 10 个大分类以上时,也可以使用 9 码的编号方式。

2. 编码使用注意事项

商品编码在使用过一段时间后,常常因为新商品增加、旧商品淘汰等原因,而增减某些编码,所以编码使用时必须注意以下 4 点。

(1) 增加新商品时要注意编码的连贯性和完整性。在加入新商品时,商品要正确归类,保持编码的连贯和完整,以免增加管理和使用的不便。

(2) 淘汰旧商品时,应该定期删除已经作废的编码,并进行登记管理,以免造成编码系统混乱,一旦引进同分类的新商品时,优先使用这些编码。

(3) 由专门的人员从事商品分类及编码工作。由专人负责才能保证分类编码理念的连贯与延伸,系统管理也能维护得更好。

(4) 分类时要预留增设的空间。

第三节　商品组合及决策

一、超市的商品组合

商品组合又称商品经营结构,是指一个商场经营的全部商品的结构,即各种商品单品及大类的有机组成方式。简言之,是超市经营的商品集合,或者说是各种商品的搭配形式。

二、商品组合的相关概念及构成要素

商品组合的构成可以从不同的角度去诠释。可以从单品总量的角度,大类数量的角度,大类中单品数量的角度,单品之间、大类之间关系的角度等多个方面去研究。

1. 商品组合的长度

商品组合的长度是指一个超市所经营单品的总数。如果某超市有 5 000 个单品,那么该超市商品组合的长度为 5 000。

2. 商品组合的宽度

商品组合的宽度是指超市中经营的商品大类的数量多少。如果某超市设置 8 个大类的商品,那么该超市商品组合的宽度为 8。

大类多则说明商品组合宽,反之称为商品组合窄。

3. 商品组合的深度

商品组合的深度是指大类中包含的单品数量。如果某商品大类中有600个单品,则该商品大类的深度为600。如果该超市总共设8个大类,共有4 000个单品经营,则该超市商品组合的平均深度为500(4 000÷8=500)。

平均每个大类中包含的单品数量多说明商品组合深,反之称为商品组合浅。

4. 商品组合的关联度

超市中各单品之间、各大类之间是否具有一定的关联性非常重要。商品组合的关联度就是指超市经营的单品之间、大类之间在使用功能、使用条件、陈列要求、分销要求等多方面的相关程度。

商品组合的关联度高意味着超市单品之间、大类之间消费的互补性、替代性好,能给予消费者更大的挑选空间,能促进消费者的连带购买行为,增加客单消费额。

三、商品组合的基本策略

众所周知,商品管理是超市运营中重要的一环,其中的商品组合决策更为重要,它是关系到超市经营成败的关键环节,商品组合决策不当,会造成顾客想要的商品没有,不想要的商品太多,不仅空占了陈列货架,也积压了资金,导致经营失利。表3-1所示为各类型超市商品组合策略。

表3-1 各类型超市商品组合策略

组合方式	特点	适用范围
窄而浅 (商品线窄、每类商品中的单品也少)	不仅商品品种少,而且各类商品中的单品数也少,只能满足应急性需求。经营规模小,风险低。	便利店
宽而浅 (商品线宽、但每类商品中的单品少)	因为商品大类较多说明企业比较重视为消费者提供更多不同需要的满足,但因每类商品中的单品数少则花色品种有限,不常见的规格可能缺货,可能会流失部分消费者,但可以加速超市资金的周转。	社区超市
宽而深 (商品线宽、每类商品中的单品也多)	商品品类多,单品多,满足消费者各方面的需求,让消费者有更多的选择。对于超市企业资金和管理能力要求较高。	具备较大规模、较强经营能力的大型综合超市或仓储超市
窄而深 (商品线窄、但每类商品中的单品却多)	经营的商品种类少,但每类中单品的数量丰富、商品的花色规格齐全,能满足某一特定消费群体追求丰富选择的要求。可能会因为某些不畅销产品积压流动资金。但因其专业性会带来更多顾客。	经营场所有限、经营能力不强、经营范围受限制的中小型超市(如奶粉专营店、烟酒店、菜店、家电超市等)

1. 符合超市类型的要求

各类型超市受其经营条件、经营范围的限制,它们的商品组合也各有特点,如便利店经营的单品数量较少、平均每个大类中单品数也少。

2. 符合 80/20 法则

在设计商品组合时要考虑商品组合的关联度,更要考虑 80/20 法则,在商品组合中多选择销售前景好、利润高的商品,而这类商品的关联性商品选择少一些,起到互补和替代效用即可。

3. 符合经营场地要求

经营的场地是有限的,不能无限制扩大陈列面积、陈列空间,在容纳更多商品的同时也会导致经营氛围变坏。(在布局及陈列章节中会具体讲解)

【实训教学】

1. 判断分析训练

(1) 超市开业之初要预先确定经营范围。(　　)
(2) 不同业态类型的超市商品的经营范围是相同的。(　　)
(3) 超市中商品品类多,每个品类中单品多是宽而深的商品组合。(　　)
(4) 进行商品分类时要做到分类标志、特征清楚明确。(　　)
(5) 750 毫升潘婷洗发水是单品。(　　)
(6) 刺激性商品可以是主营商品。(　　)
(7) 日化用品、母婴用品、生鲜产品等商品是计划购买品。(　　)
(8) 某超市设置 8 个大类的商品,那么该超市商品组合的宽度为 8。(　　)
(9) 某商品大类中有 6 个中类,平均每个中类有 50 个单品,则该商品大类的深度为 600。(　　)
(10) 只要经营面积允许,商品组合中的深度可以无限扩张。(　　)

2. 混合选择训练

(1) 在确定超市经营范围时要考虑以下因素(　　)。
A. 业态类型　　　　　　　　　　B. 目标消费者需求
C. 竞争对手经营范围　　　　　　D. 商品关联性

(2) 根据管理目的的不同,超市商品的分类有(　　)。
A. 一般分类　　　　　　　　　　B. 行为习惯性分类
C. 经营性分类　　　　　　　　　D. 消费习惯性分类

(3) 伊利 250 毫升纯牛奶属于(　　)。
A. 大类　　　B. 中类　　　C. 小类　　　D. 单品

(4) 以下哪项属于计划型购买品(　　)。
A. 鲜花　　　B. 水果　　　C. 糖果　　　D. 洗发水

(5) 某超市商品有 8 个大类,平均每个大类有 400 个单品,该超市的商品组合深度是(　　)。
A. 8　　　　B. 400　　　C. 50　　　D. 3 200

(6) 超市的商品编号,采用 7 码及 8 码时排在第一位的数字代表(　　)。
A. 大类　　　B. 中类　　　C. 小类　　　D. 单品

(7) 便利店的商品组合策略是(　　)。
A. 宽而深　　　B. 宽而浅　　　C. 窄而深　　　D. 窄而浅

3. 案例分析训练

请对以下商品进行 ABC 分类,并指出哪类为主营商品。

商品名称	销售金额	分类
125 克六神清凉香皂	100	
王老吉盒装凉茶	80	
速食豆腐花	8	
冰泉豆浆晶	3	
夹心饼干	23	
南孚电池	11	
绿箭口香糖	60	
蛋奶早饼干	11	
嘉伦果酱夹心饼干	30	
嘉伦奶酪曲奇饼干	15	
嘉伦牛油曲奇(芝士味)	2	

ABC 分类方法步骤如下。

(1) 收集商品销售数据;

(2) 对收集的数据进行计算,计算出各商品销售量占总销量的百分数;

(3) 将商品按百分比由高到低排列;

(4) 对各商品进行累计百分数计算;

(5) 根据一定分类标准,进行 ABC 分类。

各类因素的划分标准,并无严格规定。习惯上常把主要特征值的累计百分数达 70%～80% 的若干因素称为 A 类,累计百分数在 10%～20% 的若干因素称为 B 类,累计百分数在 10% 左右的若干因素称为 C 类。

4. 实习实训操练

项目 1:请学生们确定具体某超市经营范围,并对该超市现有的商品进行分类,要求细分到小类。

项目 2:请学生们根据分类,设计自编号,并对某具体商品进行编号。

(1) 目标

引导学生通过项目 1 的实训基本能把握超市经营范围的确定,并且能根据超市的经营范围去设定商品的分类,并确定应采购的商品。

通过项目 2 的实训锻炼,学生能基本掌握超市商品的编号原则,并能根据该原则熟练对某商品进行编号。

(2) 方法和步骤

在授课教师指导下,全班分成若干小组开展实训,利用自习时间展开讨论分析,然后每组推选一名学生对本组的共识进行讲解,最后授课教师作总结点评。

(3) 实训要求

1) 精心进行相关资料准备,包括研究报告;

2) 讲解者口齿清楚,语言流利;
3) 分析有一定深度和广度,所学知识运用自如,言之有理,逻辑性强;
4) 总结实训的收获,分析存在的问题。

(4) 实训成绩考核

考核采取"过程考核"与"成果考核"相结合的方式进行,最后按各占50%的比例计入学生学习这个单元实践实训考核成绩。过程考核包括实训态度、出勤情况、自我学习等考核指标;成果考核包括理论运用、结果的正误、思维与创新、实训报告撰写质量等考核指标。

项目四

超市布局管理

【能力目标】
- 掌握超市布局的步骤
- 能运用科学方法对超市营业区域进行客观分析
- 能运用理论知识独立进行超市的基本功能区的决策
- 能运用商品分类基本理论知识进行各陈列区域的确定
- 能运用数学手段确定超市货架数量

【知识目标】
- 三大基本功能区的内容及分布情况
- 各布局要素的基本要求(通道宽度、出入口大小比例、灯光走向、地砖形式、货架高低、灯光及音乐、店招陈列……)

【案例导入】

专栏 4-1 某超市布局案例

某超市选址后,所获营业区二楼建筑平面图如图 4-1(a)所示。消费者从上行电梯到二楼,然后经下行电梯到一楼去。

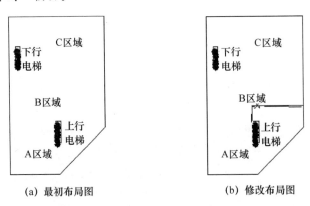

(a) 最初布局图　　　　　(b) 修改布局图

图 4-1　某超市二楼最初布局图及修改布局图

超市方在 A 区域陈列服装、玩具产品,在 B 区域陈列日化、奶粉类商品,在 C 区域陈列粮油产品。经营一段时间后发现,顾客基本上不去 A 区域,C 区域也去得较少,大多数顾客从电梯上楼然后直接通过 B 区域后乘电梯下楼去了。

为了让顾客到 A 区域去,超市方想了个办法,将上楼电梯的周边用货架给挡起来,如图 4-1(b)所示。让顾客必须绕行到 A 区域,再前往 B 区域。试行了一段时间效果还不错,

A 区域的销售量上来了,但新问题又出现了,经过调查发现,到二楼的消费者人数减少了。

很明显,超市方在二楼的两次布局中都出现了问题,第一次的布局无法引导消费者在卖场中长期逗留,第二次布局又违背了方便消费者进入卖场的布局原则。

超市经营者必须懂得如何营造一个气氛良好、活跃的购物场所,让消费者能在舒适的环境中满意购物。

【知识学习】

第一节 超市布局概述

超市企业在超市店铺地址确定后,商圈范围基本确定,商圈中的人口数量基本恒定,要想获得更多的市场份额就取决于对商圈范围内居住人口的吸引力。只有经营的外部环境能吸引消费者进入,内部环境能让消费者舒适购物的超市才会使消费者满意。超市通过合理布局才能赋予其自我推销的能力,营造良好、活跃的购物氛围。

一、超市布局概念

布局是指对事物的全面规划和安排。在围棋比赛中,从棋局一开始,双方抢占要点,布置阵势,准备进入中盘战斗,这一阶段就叫布局。布局有利则掌握着比赛的节奏,抢占先手,在比赛中确保主动地位。

超市布局是指对店铺进行规划设计,确定超市建筑外观形象,确定内部各功能区域的相关位置,确定商品具体陈列区域及陈列面大小等工作内容。

在超市经营中,布局工作同样重要,它决定着超市方吸引消费者进入超市的能力,决定了商品组合深度及长度;同时影响着消费者的逗留时间。超市布局是超市经营准备阶段相当重要的环节。

二、超市布局的原则

1. 店铺容易被看到

店铺容易被看到就是要求店铺外观设计具有直观的视觉效果,能让消费者产生亲和力,产生希望接近的心理变化,从而达到吸引消费者进入的目的。

2. 店铺容易进入

消费者在发现店铺后能够很方便且轻松地进入店铺中,而且不会受到任何干扰性的因素影响。

3. 卖场区进出方便

店门和卖场入口之间的连接相当自然,消费者能很自然地找到卖场区的入口,并且进出方便容易。

4. 消费者长久逗留

当消费者进入卖场后,各种销售手段就开始进行,丰富的产品陈列、导购人员的介绍、宣传海报,等等。这些手段都在潜移默化地改变着消费者的心理,刺激他们的购买欲望,在超市中待的时间越长相应的购买比率和购买金额就越大。超市布局时要注意利用各种有效的因素合理规划让消费者满意而不愿马上离开。

5. 商品物流快捷

优秀布局的另一个方面是能有效提高工作人员的工作效率,减小劳动强度。物流快捷畅通是保证此目标实现的主要方式。

第二节 超市具体布局操作 1——外观部分

消费者对超市的认识除了知名度、广告宣传外,首先是从超市的外观开始的,超市的外观会给消费者直观、形象、生动的印象。良好的外在氛围会起到吸引消费者进入超市浏览、购物的欲望。

超市的外观包括店名、店招、店门、橱窗广告四大主要内容。

一、店名

店名设计应遵循以下原则。

1. 易读、易记原则

易读、易记原则是对超级市场店名的最根本要求,超级市场店名只有易读、易记,才能高效地发挥它的识别功能和传播功能。如何使超级市场店名易读、易记呢,这就要求超级市场经营者在为超级市场取名时,要做到以下几点。

(1) 简洁。名字单纯、简洁明快,易于和消费者进行信息交流,而且名字越短,就越有可能引起消费者的遐想,含义更加丰富。绝大多数知名度较高的超级市场店名都是非常简洁的,这些名称多为2~3个音节。例如,华联、万家、联华、爱家等。

(2) 新颖、独特。名称应具备独特的个性,力戒雷同,避免与其他超级市场店名混淆。例如,心连心、美特好、易初莲花等。

(3) 具有节奏感。朗朗上口的名字总会让人记忆犹新。例如,步步高、人人乐、天天顺、家家美等。

(4) 忌用生僻字。店名生僻不但不能体现文化层次,反而会加大与消费者之间的鸿沟,而且会增加与供应商沟通方面的成本。

2. 暗示商店经营属性原则

超级市场店名还应该暗示商店经营商品的属性和类别。显而易见的问题是,店名越是描述某类经营商品的属性,那么这个名称就越难向其他经营范围上延伸。因此,超级市场经营者在为超级市场命名时,勿使超级市场店名过分暗示经营商品的种类或属性,否则将不利于企业的进一步发展,超级市场店名也因此而失去了特色。

3. 启发店铺联想原则

该原则是指超级市场店名要有一定的寓意,让消费者能从中得到愉快的联想,如"物美"超级市场,使顾客联想到超级市场出售的商品物美价廉。应回避店名的消极联想,如曾经有一家以销售黑色服饰为主的服装店取名为黑店。

超级市场店名对于相关人群来说,可能听起来合适,并产生使人愉快的联想。因为他们总是从一定的背景出发,根据某些他们偏爱的超级市场特点来考虑该超级市场。如欣宜家超市,在刚进入空白市场时,不了解的消费者可能会认为是来一个新的叫宜家的超市。

4. 受法律保护原则

超级市场经营者还应该注意,绞尽脑汁得到的超级市场店名一定要能够注册,受到法律的保护,要使超级市场店名受到法律保护,必须注意以下两点。

(1) 该超级市场店名是否有侵权行为。

(2) 该超级市场店名是否在允许注册的范围内。有的超级市场店名虽然不构成侵权行为,但仍无法注册,难以得到法律的有效保护。

二、店招

店招就是店铺的招牌,是店名、店标以特定材质、大小、颜色在特定位置的体现。好的店招具有独特的面貌和出奇制胜的视觉效果,易于捕捉消费者的视觉,引起注意,产生强烈的感染力。

1. 店标设计

超级市场的店标也称为超级市场的标志字,又称 Logo,是徽标或者商标的英文说法,起到对徽标所属公司的识别和推广作用。通过形象的 Logo 可以让消费者记住公司主体和品牌文化。超级市场店标是其店面识别系统的构成要素之一,它将企业经营活动中的规模、价值观念、经营理念,通过可读性、说明性、鲜明性、独特性的组合字体,在目标市场上进行传播,以达到识别的目的。店标设计主要包括字体、颜色两个要素。

(1) 超市店标字体的设计要求

1) 字体要与商店经营属性相吻合。要根据商店经营商品的属性,选择恰当的字体,切勿滥用。

2) 要有美感,使视觉舒适。店名字体的结构、造型要符合美学原则,消费者看后要有美的感觉。只有这样才能留下一定的印象。

3) 要易于阅读。如果人们在"猜字"中读商店名称,其效果是可想而知的。

(2) 超市店标色彩要求

店铺招牌的设计,除了要在构图、造型等方面带给消费者良好的心理感受外,招牌的色彩选择也不容忽视。消费者对招牌识别往往是先识别色彩再识别店标店徽的,如果在色彩的选择设计上别具一格,那么会对消费者产生很强的吸引力;而当把这种设计推广到各个连锁分店时,更会使消费者产生认同感,从而有利于企业市场地位的提高。

根据心理学研究表明,醒目诱人的色彩能产生强大的视觉冲击力,新颖独特的形象也有着不可抗拒的吸引力。所有这些,都能引起人们不同的特殊心理反应。

醒目明亮的色彩能给人留下深刻印象,如具有强烈穿透力的红、黄、绿以及一些暖色和中色调的颜色,就很容易集中顾客的注意力。同时,各种色彩之间的搭配也很重要。交通指挥灯之所以用红、绿、黄三色,是因为这三色穿透力最强,从很远的地方就能看到,因此在店面招牌中使用的也很多。

超级市场经营者要认真研究企业店名字体与底色之间的关系,使它们协调一致,以增强店面标识系统整体的视觉效果。

2. 店招制作选材

在制作招牌时，通常有以下材料可供选择。

有机玻璃：有机玻璃材质在灯光照射下看起来非常好看。它可以用在室内和室外，不怕日晒雨淋，是一种性价比较高的招牌用材。

木材：可用实木或高密度板制作，室内一般可用实木字或仿木字，室外只能用实木字，其风格独出心裁，但限于材质，一般不能做得太小。

金属：采用材料工艺，一般有铁皮烤漆字、不锈钢字、钛金字、铜字等。这种用在户外比较多，字体的厚度可以做厚，比有机玻璃更有立体感，因为它比较轻，所以可以做得很大，有的甚至做到1米多。它可以用在室内和室外，不怕日晒雨淋。

泡沫字：一般是将有机塑料字粘在一定厚度的泡沫板上制成。它可以用在室内和室外，是很廉价的招牌。但如果是用在雨淋得到的地方，时间长就可能会出现缺裂。用在室内又由于距离太近能被人发现它的材料而觉得不够高档，较少使用。

喷绘：有外打灯布、内打灯布，室内背胶、户外背胶，灯片、相纸等多种。一般只有外打灯布用来作招牌。外打灯布多用于有铁架的招牌，内打灯布多用于灯箱。灯布是比较实用的材质，价钱也是较低的。用于户外的灯布，被雨淋时间长就会褪色。

水泥：店招用水泥浇铸而成，喷上色彩，自然质朴，但因分量沉重不易安装。

3. 店招位置

店招位置的选取对于超市吸引消费者注意，提示店铺存在具有重要的影响。概括起来，店招位置有以下几种常见形式。

（1）屋顶。店招位于店铺所在建筑物屋顶，能从远处看到，对消费者起指引作用。此处店招材质以水泥或金属为主。

（2）门面上方。即店招安装于门面正面上方，这是店招最常见的展示位置。当消费者走近超市时起到提醒、提示作用，店招在这个位置是不可或缺的。木材、有机玻璃、喷绘等都可用于制作此处的店招。

（3）侧翼。指店招安装在超市建筑物的两侧，目的是将超市展示给两侧过往的路人，提醒超市存在。主要采用有机玻璃作为店招选材，辅助以灯箱、霓虹灯、射灯等表现形式，以达到最大程度吸引注意力的目的。

（4）路边展示。这是将店招安置于建筑物之外的表现形式，如可移动的灯箱、树立于路边的广告牌等。家乐福在我国大多数店铺设置的巨大的招牌是路边展示的典型。

店招属于户外广告范畴，所以在选择店招位置时应进行相应的调查，最终选定的位置应符合户外广告管理规定，应符合物业管理方的相关规定，应协调对周边物业所有人的影响。

三、店门

店门即超市所在建筑物的入口，是消费者进行购物行为的第一个节点，店门的位置、大小、类型、前坪（店外空地）都会对消费者的行为造成影响。

1. 店门位置及数量

将店门安放在店中央，还是左边或右边，这要根据具体人流情况而定：一般大型商场大门可以安置在中央；小型商店的进出部位安置在中央是不妥当的，因为店堂狭小，直接影响了店内实际使用面积和顾客的自由流通。小店的进出门，不是设在左侧就是右侧，这样比较合理。

店门数量的设定应以方便消费者进入为标准,一般超市只设一个入口就可以满足消费者进出的需要。大型超市入口和多面临街的超市,入口数量就不止一个,主入口应选择人流量最大的一面,其他面都应开设分入口以吸引及方便更多消费者进入。

2. 店门大小

店门大小应和超市规模成一定比例,在超市类型一节有阐述。

3. 店门的类型

根据店门入口的开放程度和采光需要,分为开放型、封闭型、半封闭型3种。

(1) 开放型。将临街一面全部安排成进入超市的入口。选择这种类型的超市主要是便利店或临街面较小的社区超市,这种方式能让消费者轻松进出,同时有效利用了自然光的照明减少人工采光成本,而且能清楚展示商品。

(2) 封闭型。大型综合超市及社区超市都会选择这类入口,因为超市面积比较大,必须采用人工采光进行照明,为减少光照的不协调因素对购物行为的影响,这些超市将临街一面用橱窗或墙壁掩盖,只留较小的入口。这样能最大程度减少外界噪声、粉尘,为消费者提供较安静的购物环境。

(3) 半封闭式。是指在临街面设置入口和通透的玻璃幕墙。这种形式既减少了粉尘的污染又充分利用自然光照明同时也可以起到展示商品的作用。半封闭式是介于封闭型和开放型之间的表现形式,主要用于临街面较大的便利店。

4. 店门选材

为减少粉尘和噪声对经营的干扰并保证室内温度的平衡,超市有塑料门帘、玻璃推拉门、木制推拉门、玻璃旋转门等多种店门选材表现。超市尽量不用木制推拉门、玻璃旋转门,因为人流量较大时这两种门不易于管理。便利店可采用玻璃推拉或自动门,社区超市及大型综合超市可采用塑料门帘。

5. 店门外广场

店门外广场是进入超市的通路而不是屏障,所以要保证店外广场空地的整洁,各种类型车辆的有序停放,促销场地的合理规划,灯光音响的有效设置。

四、橱窗

橱窗是指商店用来展览样品的玻璃窗及用来展览图片等的区域空间。但在超市经营活动中,橱窗主要起到相关产品的广告展示作用,是店方经营收入的来源之一。这个窗户也是商店的"眼睛",店面这张"脸"是否迷人,这只"眼睛"具有举足轻重的作用。在进行橱窗广告设计时,要遵循以下几个原则。

(1) 橱窗广告大小应与超市经营面积协调,不能过大,让供应商广告喧宾夺主;也不能过小,减少了广告效应。

(2) 橱窗广告主体的选择应与超市品牌层次相适应,不能选择较低品牌形象的商品作为广告主体,这样会拉低超市品牌形象。

(3) 橱窗广告的位置应与店招位置协调,不能干扰店招对消费者入店的指引作用。

(4) 超市自身的广告宣传橱窗内容要适应环境及季节需要,如春季应是迎春的气氛、圣诞节期间应是与雪有关的内容等。

外部购物环境的设计是一个系统工程,需要各个方面互相协调、统一筹划,才能实现整体风格。

第三节　超市具体布局操作 2——内部购物环境设计

外部环境影响着消费者进入超市的概率,而让消费者轻松、愉快,调动消费者购物情绪就要靠合理的超市内部环境布置。超市内部环境布置主要涉及地砖、天花板、墙壁、照明、音乐等的设计。

一、超市地面设计

地面是空间的底面,由于它以水平面的形式出现,是消费者行走、购物车移动、扬尘飘浮、工作人员清洁的主要载体。设计超市地面时要从耐磨、减少扬尘、易于清洁、行走舒适及超市档次、规模、承重等多方面因素考虑。

1. 超市地砖材质

地面处理可采用不同的建筑材料,包括瓷砖、石材、木地板、塑料地板、地毯等。

瓷砖。瓷砖是超市地面普遍采用的材料,它的特点是耐用、色彩丰富、易于更换、材价相对较低,具备很好的持久性;其缺点是缺乏保温性,对硬度的保有力太弱。

石材可分为大理石、花岗岩、砂岩、石板、水磨石等。大理石,磨光后会发出美丽的光泽,色彩花纹极为丰富,是高档的地面材料;花岗岩,石质坚硬,色泽统一,光洁度极好,是高档的豪华型地面材料;砂岩和石板风格粗犷,色调沉稳,也是很好的地面材料;水磨石地面是指大理石和花岗岩或石灰石碎片嵌入水泥混合物中,经用水磨去表面而平滑的地面,它具有表面光洁度高、耐磨性好、抗渗透、使用寿命长等特点。

木地板。弹性适当、纹质优美、保温效果好,具有一定吸附扬尘的作用。

塑料地板。色彩丰富、图案简单,有一定弹性,施工很容易,价格也很便宜。但它的强度和耐久性较差。

地毯。它的装饰性强,保温和吸音性良好,可用于较高档的商店中。

根据超市的定位选择不同材质,普通超市选择瓷砖,经营较高档次商品超市选择大理石或水磨地面。超市中一般不选用水泥作为地板的材料,因为水泥虽然价格更低,施工简便,但不利于创造超市良好的购物环境,其灰色的色调很难衬托商品陈列的效果。

在超市卖场中,顾客通行的地方和陈列售货的地方的地板可以做统一装潢,但在具体操作过程中还需因地制宜。例如,超市的服装销售区域使用木地板达到减少扬尘的目的,同样鞋区选用木地板或塑料地板减少对样鞋的磨损,水产区域应增设部分塑料防滑地板等。

2. 地砖颜色

超市卖场内地砖材质的选择,必须要求和天花板、墙壁所选用的材料形成一个系列,三者之间应取得协调。一般采用淡雅色系,如白色、粉色。不要采用灰暗或深色调的颜色。

3. 地砖单位面积

不提倡超市使用较小尺寸的地砖,是从以下几方面考虑的:①面积小的地砖不方便铺设,②面积小的地砖各边角磨损概率高,③更换地砖时也会产生较多麻烦。

地砖单位面积应与超市经营面积协调。超市规模大,地砖单位面积也相应较大。

4. 地砖形状

形状上以方形为好,以体现超市的简约、大方;同时可以辅助货架、通道的定位。要在整体上给消费者统一协调的美感。最好不要采用其他形状的地砖。

二、超市天花板设计

天花板的作用不仅仅是把店铺的梁、管道和电线等遮蔽起来,更重要的是创造美感,创造良好的购物环境。超市卖场的天花板力求简洁,在形状的设计上通常采用的是平面天花板,也可以简便地设计成垂吊型或全面通风型天花板。

1. 天花板的高度

天花板的高度根据卖场的营业面积决定,如果天花板做得太高,顾客会觉得超市空旷;若做得太低,又会产生压抑感。所以,合适的天花板高度对卖场环境尤为重要。超市卖场天花板高度标准如下(供参考)。

营业面积300平方米左右:天花板高度为3～3.3米。

营业面积600平方米左右:天花板高度为3.3～3.6米。

营业面积1 000平方米左右:天花板高度为3.6～4米。

部分超市有建筑面积和建筑层高的限定,为减少消费者购物的不适感,应处理好天花板的感觉高度。楼层较矮时,则通过选择矮货架,提升灯具高度,不安装天花板等办法达到增加消费者感觉高度的目标。楼层较高时,通过选择高货架,安装较厚天花板,降低灯具高度,悬挂辅助材料(挂带、横幅、价格牌)等以降低感觉高度。

2. 天花板颜色

应和地面、墙壁保持同一色系。

3. 天花板的材质

通常采用木材、石膏、金属、矿棉板或玻璃纤维板等。

(1)木材。一般为木板或胶合板,木天棚加工方便,材质轻盈,适合于中小型商店的天棚装饰。

(2)石膏。石膏板表面有平板与凸凹板之分,它可组合成各种图案,与灯具配合有较强的艺术表现力。

(3)金属板。它是一种华丽的装饰材料,造型多样、品种繁多,但价格较贵。

(4)矿棉板或玻璃纤维。板材具有耐火、防腐蚀、质轻的特点,而且吸音效果较好,适合于噪声较大的大型商场。

天花板的设计装潢除了要考虑到以上因素之外,还必须将卖场其他与之相关的设施结合起来考虑。如卖场的色调与照明协调,空调机、监控设备(如确实需要)、报警装置、灭火器等经营设施的位置,都应列入考虑之列。

三、墙面

超市空间是地面、顶面和墙面的组合体,三者之间协调才能给人们完美的空间享受,创造出一个引人入胜的购物环境。

由于超市面上的大部分墙面都被货架遮挡,所以一般只需进行简单的粉刷漂白即可。

但要注意对生鲜、水产、熟食加工等水汽较大区域墙面进行防水防腐蚀处理。

对于超市建筑物支撑立柱面要根据需要做好特殊处理,如减噪处理或增设玻璃镜面。

四、照明

销售场所的光线可以引导顾客进入超市,使购物场所形成明亮的愉快的气氛,可以使商品显示鲜明夺目、五光十色,引起顾客的购买欲望。光线暗淡,超市会显得沉闷压抑;而光线过强,又会使顾客感到晕眩,售货员视力精神紧张,易出差错。由于光线强弱对购物环境影响极大,因此超市都非常重视合理运用照明设备,营造明快轻松的购物环境。

采用自然光,既可以展示商品原貌,又可以节约能源。但自然光源受建筑物采光和天气变化影响,远远不能满足经营场所的需要。所以很多超市会采用人工照明,特别是大型商场多以人工照明为主。

1. 照明灯具

照明用的灯具有很多种,如白炽灯、节能灯、日光灯等。超市一般选择双排日光灯,即可并排安装两根灯管的日光灯。

白炽灯使用过程中会产生热量,不利于超市温度的控制,而且光照亮度不足。节能灯亮度足但不利于对商品进行照明,离节能灯较近商品会使消费者产生刺眼的感觉。而日光灯不但可以保证照明度的均衡,而且可以保证双排管中一根灯管出现故障时仍有另一根灯管可提供照明。

当然一些特殊区域灯具选取会有所调整。入口附近采用节能灯可用亮度吸引消费者进入超市,面包销售区、熟食区应增设日光灯以保持食品的热量同时可利用白炽灯光线偏黄特点刺激消费者食欲。

2. 灯具数量

在超市中要让照明亮度有机配合,一般而言,灯光照明应在不同位置配以不同的亮度,橱窗处高于门厅,陈列商品处高于通道,这样可以吸引顾客的注意力。

光照亮度单位为勒克司(lx),1 lm 的光通量均匀分布在 1 m^2 面积上的照度,就是 1 lx。白炽灯每瓦约 20 lm,日光灯每瓦约 40 lm,节能灯每瓦约 80 lm。

以 20 m^2 的房间为例,如果要求平均光照亮度为 300 lx,则需要一个 75 W 的节能灯。总亮度=20 m^2×300 lx/m^2=6 000 lm,瓦数=6 000/80=75 W。

在设计超市的照明时,并不是越明亮越好。具体要求是超市内一般性照明为 500 lx,入口为 1 000 lx,商品陈列面为 750~1 000 lx,白天面向街面的橱窗为 2 000 lx。

[例 4-1] 如果某超市营业面积为 100 m^2,问要用 40 W 日光灯多少根?(超市内一般性照明为 500 lx、日光灯每瓦约 40 lm)

总亮度=100 m^2×500 lx=50 000 lm

总灯泡瓦数=50000 lm÷40 lm/W=1 250 W

40 W 灯泡数量=1250 W÷40 W/个=32 个

在计算使用灯泡的数量及功率时要考虑到墙壁吸收与光维持率(灯旧了光下降),所以应适当增加数量或选择稍大功率的灯具。

3. 日光灯走向及位置

照明度是不能平均分配的,应以陈列为考虑重点,这就要求日光灯走向应与货架方向保持一致,并且尽可能位于货架通道的上方而不是货架的正上方。

五、声音

超市运营过程中会有各种各样的声音干扰,有超市方主动播放的背景音,包括音乐和提示音;也有消费者及销售员交谈声、销售员叫卖声等。各种声音混合在一起构成超市的声音环境。这些声音并不是都会对营业环境产生积极影响。

1. 声音控制

(1)吸音、隔音设备。柜台前的各种嘈杂声、机械的声响,都可能使顾客感到厌烦,可以采用消音、隔音设备,减少干扰声响,如在立柱上包上地毯,隔墙用上吸音材料等。

(2)合理架设扩音设备。尽量让每个位置的人员听到的背景声音音量大小一致。

(3)调整音响音量。音量大小以消费者既能听清又不觉得刺耳为佳。

2. 音乐运用

超市定时播放不同的背景音乐,不仅给顾客以轻松、愉快的感受,还会刺激顾客的购物兴趣。如刚开始营业的早晨播放欢快的迎宾乐曲;临打烊时,播放轻缓的送别曲;在气候变化时,播送音乐提示,为顾客提供服务。

背景音乐不要单曲重复,长时间重复一首歌曲,再好听的音乐也会让人感到厌倦。

在使用的时间和音量上,一般来说间断使用,并且在营业不太紧张的时间内运用。音量应以顾客和售货员隐约听到为宜。

3. 提示音注意

提示音要柔和。柔和声调的播音更受消费者欢迎,嘶哑、急促、低沉、缓慢的提示音效果不会受到欢迎。

提示音面对的对象分为超市工作人员和消费者,要注意用词,不要让人听得一头雾水。有商店对消费者提示"我司为答谢……",很明显"我司"是对工作人员的用词。有商店提示"现在我们是面包,要努力变蛋糕",消费者听到后莫名其妙,其实是提示工作人员要努力促成更大交易。

第四节　超市具体布局操作3——内部各功能区域相关位置划分

顾客走进超级市场,常常置身于琳琅满目的商品之中,看不到仓库区、加工区、辅助区等。然而,这些区域同卖场区一样重要,是超级市场店铺规划与设计的重要内容。商业建筑历来有寸土寸金之称,超级市场各区域配比与经济效益息息相关,配比科学会获得更多的销售利润;反之,则会使黄金地段成为填不满的"亏损洞"。

1. 超级市场的主要区域

超级市场与其他类型的店铺不同,是以经营生鲜食品为主。因此,除了应有卖场区、辅助区、储存区外,还应有加工区。有时,加工区与储存区合为储存加工区。

卖场区是顾客选购商品、交款、存包的区域,有时还包括顾客休息室、顾客服务台、婴儿室等。

储存加工区是储存加工商品的区域,包括商品售前加工、整理、分装间、收货处、发货处、冷藏室等。

辅助区是超级市场行政管理、生活和存放技术设备的区域，包括各类行政、业务办公室，食堂，医务室及变电、取暖、空调、电话等设备用房。

2. 超级市场主要区域的配比

超级市场主要区域的配比，应本着尽量增大卖场区域的原则，因为卖场区域的扩大可直接影响销售额。一般卖场区面积占总面积的60％～70％，储存加工区面积和辅助区面积各占15％～20％。

上海一些超级市场不设置储存间，而将货架上方作为储存商品使用，效益大为提高。上海华联超级市场集团，努力提高配送效率，使每家店铺的库存率降低为零。因此，超级市场里除了设有8平方米的办公室外，全是卖场面积。当然，不设储存加工区的做法不是每家超级市场公司都能做到的，它只能存在于具有高效率的配送并且面积不大的店铺。

3. 各区域位置的确定

超级市场各区域的位置，可根据具体建筑结构进行选择，办公及后勤区与卖场关系不大，可最后安排设计；而卖场区、储存加工区是必须要首先安排的。超级市场各区域位置的确定应本着卖场核心原则，各个辅助区域都是为卖场服务的，有效的配置会使货物流转的人工成本尽可能减少，取得更好的效益。

（1）凸凹型设置。所谓凸凹型设置，是指卖场选择凸型布局，而储存加工区选择凹型布局。这种布局的好处是可以使储存加工区的商品与相应的卖场商品货架保持最短的距离，不必过多走动，就能进行上货与补货操作；每类商品储存加工区与卖场区结为一体，便于进行库存量控制和提高储存效率。

（2）并列型设置。所谓并列型设置（也称前后型），是指卖场在前而储存加工区在后的布局。这种布局设置简单，储存加工区相对集中，进货容易，比较适合中小型超级市场选用。

（3）上下型设置。所谓上下型设置，是指卖场设置于地上一层，而储存加工区设置于地下，通过传送带将商品由地下转移到地上。这种布局常是由于地形限制不得已采用的方法。其好处是使卖场得到最大限度的利用；其不足是上货、补货不太方便。同时，还要设置机械传送带。

第五节 超市具体布局操作4——卖场区出入口及收银台

卖场区出入口和收银台位置的确定是固定商品陈列面积大小范围的关键，也是通道动线设计的起点。超市根据出入口的位置来设计卖场通道，设计顾客流动方向。只有出入口位置确定，才能作后面的其他设计。

一、卖场入口位置

消费者通过卖场入口后才能触及商品，入口设置的好坏将成为消费者进入卖场客流量的关键。

很明显，入口应接近入场电梯及超市大门，但究竟设在大门中央、左侧或右侧曾产生过很多议论。超市、大卖场经营较成熟的美国、法国、日本等国家，大卖场入口都设在右侧，这是因为人都有用自己比较强的一面来行动的习惯。以右手做主要动作的人,注意力往往集中在右侧,由右侧开始动作,这是为弥补左手的弱点。实际上进卖场,从右侧进店以后,以左手拿购物篮,右手自由取出右侧壁面的陈列商品,放入左侧的购物篮。以这种动作来前进,然后向左转弯。如果相反从左侧的入口进店,左侧的壁面陈列的商品以左手很难取出,所以必须转身用右手来拿。向前前进时右手不能动,向右转弯时,左手变成无防备因而会感到不安。

二、卖场出口位置

(1) 超市(便利店除外)的出口必须与入口分开。

(2) 卖场区出口位置设置首先要考虑的是与建筑物出口的相应性,即卖场区出口应接近超市建筑物出口。

(3) 其次考虑如何能让消费者长久逗留,即要通过出口相对于入口位置设置来让消费者有一个长途旅行。

三、出入口大小

通常卖场入口较宽,出口相对窄一些,入口比出口大约宽1/3。出口通道应大于1.5米。超市卖场入口与卖场内部配置关系密切,在布局时,应以入口设计为先。在入口处为顾客购物配置提篮和手推车,一般按1辆(个)/10人～3辆(个)/10人的标准配置。

出口附近可以设置一些单位价格不高的商品,如口香糖、图书报刊、饼干、饮料等,供排队付款的顾客选购。

四、收银台的配置

收银台一般集中位于出口附近。

收银台前顾客通道宽度设计应在85～95厘米之间,这个宽度正好能让一辆购物车和一个成年人侧身同时通过。既可以保证通道顺畅,又可以提高排队的秩序。

一般按每小时通过500～600人的标准来设置1台收银台。同时还要考虑收银台的数量应以满足顾客在购物高峰时能够迅速付款结算为出发点。顾客等待付款结算的时间不能超过8分钟,否则就会产生烦躁的情绪。

第六节 超市具体布局操作5——商品大类具体陈列区域及陈列面大小确定

卖场区出入口及收银台的确定固定了商品的陈列区域,接下来要做的工作就是研究并设计顾客动线,根据动线要求分配各大类商品陈列区位置,最后确定各陈列区面积大小,安排并设计各区域及区域内部通路。

一、动线研究及规划

(1) 动线概念。超市的动线是指消费者在卖场行走的路线,这条线路从卖场入口开始到卖场出口结束。

(2)动线研究。根据消费者行为习惯,分析他们可能出现的行走线路。消费者主要有最短距离行走、靠右边行走、不愿重复行走、沿较宽通路行走等多种习惯。如图4-2(a)所示,如果按最短距离行走习惯,消费者可能出现如图4-2(b)所示行走路线;如果以靠右边行走,则会出现如图4-2(c)所示行走路线。

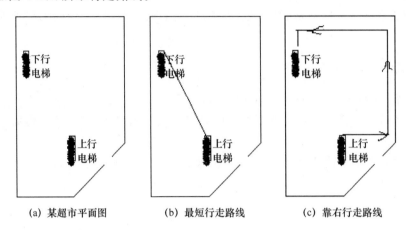

图 4-2　超市平面及消费者习惯性行走路线图

(3)动线规划。动线规划就是规划超市希望顾客行走的路线。动线越长,消费者在超市中逗留的时间越长,同时带动超市品牌人流量和购买率的提升。

很明显,图4-2(b)、(c)都不是超市经营者希望的顾客行走路线,希望的动线应是消费者行遍卖场区,如图4-3(a)、(b)、(c)所示。还有很多种,这里就不一一描述。

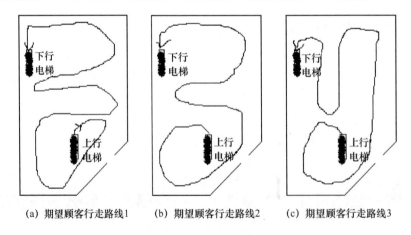

图 4-3　期望顾客行走路线

以上3种规划动线都比较长,到底哪种才是超市方最终采用的方案,还需结合消费者行为习惯来分析。图4-3(b)、(c)所示的路线,消费者上楼后是向左转,不符合靠右行走的习惯;而且向左转之后如果再向后方行进,有一个先接近下行电梯再远离的过程,这个行为会造成重复行走的心理暗示。很明显,在上面3种规划中,第一种即图4-3(a)最佳。

二、初步规划各大类商品陈列区域

动线规划只是超市方的一种设想,要想真正让消费者按设定的路线行走还有很多工作要做。本章案例中利用各种护栏等设施强行限制消费者的行动路线的做法不合适,宜造成消费者反感。一般可通过合理规划商品大类陈列区域来引导消费者行走。具体操作步骤如下。

1. 获取超市建筑物平面图

在获取平面图之后,应按比例将卖场缩放到坐标图中,以便更好地对各区域的大概范围进行规划。

2. 在规划动线上按照消费者购买每日所需商品的顺序初步安排各商品大类陈列区域

一般来说,每个人一天的消费总是从"食"开始,所以可以考虑以菜篮子为中心来设计商品位置的配置。通常消费者到超级市场购物顺序是这样进行的:蔬菜水果——畜产水产类——冷冻食品类——调味品类——糖果饼干——饮料——速食品——面包牛奶——日用杂品。

以图4-3案例作说明,为讲解方便,先假设该超市只有一层,上行电梯为入口,下行电梯为出口。按照图4-3(a)动线方案,规划9种商品大类的陈列区域9块,如图4-4 1~9方块所示。

图4-4中,商品大类陈列区域是按规划的动线顺序设定的。消费者进入卖场首先去蔬菜水果区转转,而后走入畜产水产区,依次走过冷冻食品、调味品类、糖果饼干、饮料、速食品、面包牛奶、日用杂品区,最后从下行电梯出卖场。

初步规划后,区域1为蔬菜水果,区域2为畜产水产类,区域3为冷冻食品类,区域4为调味品类,区域5为糖果饼干,区域6为饮料,区域7为速食品,区域8为面包牛奶,区域9为日用杂品。

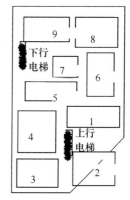

图4-4 陈列区域按动线顺序排列

3. 根据消费行为习惯标出规划动线中死角、旺角

将图4-2(b)及图4-2(c)结合起来,可以得出消费者行走路线中重叠部分即旺角,基本不去或很少去的角落即死角。如图4-5所示,显然,区域2、3、4所在位置是死角,区域1(刚出电梯部分)、区域9(准备下电梯部分)为旺角。

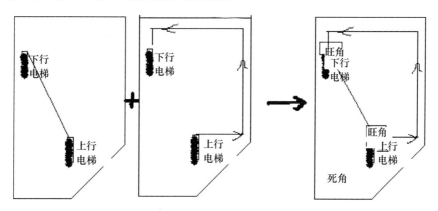

图4-5 超市布局中死角与旺角寻找示范

4. 按商品消费习惯性分类,对商品大类陈列区域进行调整

调整的目的是将计划购买型商品放置在动线死角,随机购买型商品放置在动线旺角。

以购买顺序为导向依次调整,在调整过程中消费者动线会随之发生改变从而可能导致死角和旺角角色的对换,这时应注意把握。

根据消费习惯性分类,蔬菜、畜产水产、调味品类、日用杂品为计划购买型商品,水果、冷冻食品、糖果饼干、饮料、速食品、面包牛奶为随机购买型商品。虽然蔬菜水果在案例中为同一大类,但从消费习惯考虑它们分属不同类别。

现在开始操作,如图4-4所示。

(1)在区域1旺角部分安排水果,区域1右边部分安排蔬菜。

(2)在区域2安排陈列畜产水产。这是因为区域2为死角,需通过设置计划型商品引导消费者到该区域去。

(3)在区域3安排调味品类,继续引导消费者进入。这时,由于行走经过该区域后,动线发生了变化。区域4、5、7、9成了最短出卖场的途经路线,区域4、5成了旺角所在,区域6成了死角。

(4)冷冻食品安排在区域4,糖果饼干放在区域5。因为区域4、5已经为旺角,应放随机购买型商品。

(5)区域6放置日用杂品,吸引消费者在转完区域5后进入区域6购物。

(6)同样道理,由于区域6设计好后,区域8成了死角。从饮料、速食品、面包牛奶这3大类商品中选出面包牛奶大类放在区域8,因为它具有色香等方面的诱惑力,对消费者的吸引力比其他两项更强。

(7)区域7为饮料、区域9为速食品。

形成的规划结果为区域1为蔬菜水果,区域2为畜产水产类,区域3为调味品类,区域4为冷冻食品类,区域5为糖果饼干,区域6为日用杂品,区域7为饮料,区域8为面包牛奶,区域9为速食品。

但这并不是最终的布局。

5. 依据商品的关联性再次进行调整

在商品大类区域布局时应尽量将关联度高的大类安排在相邻的位置。这样不但是为了方便管理,也是方便消费者的需要。

在上例中,糖果饼干和速食品在包装、使用方面关联度较强,将区域7饮料和区域9速食品进行对调。

注意,这个步骤的调整,对调双方不能分别为计划型商品和随机型商品,只能对调同一属性商品,即随机型对随机型,计划型对计划型。

三、分配并调整商品大类陈列区面积

超级市场的商品配置是关系到超市经营成败的关键环节,若商品配置不当,会造成顾客想要的商品没有,不想要的商品太多,不仅空占了陈列货架,也积压了资金,导致经营失利。

超市经营要追求的是平均地效的最大化。

平均地效是指超市卖场每平方米营业面积平均能产生的效益(营业额/经营面积)。如果某超市营业面积为1 000平方米,年营业额为2 000万元,那该超市的平均地效(营业额)为每年2万元/平方米。

平均地效要求分配商品陈列区面积时应保证卖场内各大类商品的面积配置与它们的销

售情况相匹配。销售情况越好则相应的经营面积越大。假设超市营业面积为1 000平方米,年营业额为2 000万元,某大类年销售额500万元,则该大类应拥有250平方米的营业区域。

500万元/年÷2 000万元/年×1 000平方米=250平方米。

商品大类陈列面积分配有如下几种方法。

1. 经验借鉴法(根据消费支出比例确定)

如果不分商品的类别品种,假设每一平方米所能陈列的商品品项数相同,那么为满足消费者需求,卖场各类商品面积配置比率应与居民消费支出比率相一致。超级市场可以以此作为面积分配的参考。

下面是某超级市场的商品面积分配的大致情况:水果蔬菜面积10%~15%、肉食品15%~20%、日配品15%、一般食品10%、糖果饼干10%、调味品南北干货15%、小百货与洗涤用品15%、其他用品10%。

2. 历史数据法

对于连锁超市或有经验的布局人员而言,他们手中各类商品的销售数据可成为面积分配的依据。通过计算可以获得商品各大类销售效益,从而按比例进行面积分配。

假设某连锁超市过往的经营数据显示,在总收益中水果蔬菜占10%、肉食品20%、日配品25%、一般食品30%、糖果饼干15%,如果新店卖场区的营业面积为1 000平方米,则水果蔬菜营业面积为100平方米、肉食品200平方米、日配品250平方米、一般食品300平方米、糖果饼干150平方米。

水果蔬菜营业面积=10%×1 000平方米=100平方米,肉食品营业面积=20%×1 000平方米=200平方米。

3. 参考对手

如果没有历史资料供分析,可以在进行布局前,派人到同一商圈内经营业绩最好、形象最好的同类型超市,观察该超市经营的商品大类面积分配情况,以其作为参考依据。

具体操作时,首先了解清楚对方超市商品大类数量及位置,接下来就是数各大类陈列的货架数量及堆头数量,最后对这些数据进行对比分析可以清楚该超市的面积分配数据。

要正确分配各类商品的陈列面积,必须对来超市购物的消费者的购买比例进行准确的分析与判断。布局进行到面积分配后,再进行各种位置或面积的调整就比较麻烦,因为那种调整将涉及灯光、电线、通道等多个方面,所以在进行面积决策时要考虑好各个方面的因素。最好用以上3种方法对决策结果进行验证。最后还要根据当地消费习惯及场地情况对具体的面积比例进行微调才能确定最终的面积分配。

第七节　超市具体布局操作6——通路设置

在商品陈列区域规划完成之后,要做的工作是在各区之间及区域内部设置通道。

超市卖场的通道划分为主通道和副通道。主通道是引导顾客行动的主线,而副通道是指顾客在店内移动的支线。超市内主、副通道的设置不是根据顾客的随意走动来设计的,而是根据卖场商品的配置位置与陈列来设计的。良好的通道设置,就是引导顾客按设计的自然走向,走遍卖场的每个角落,让顾客接触到各种商品,使卖场空间得到有效利用。以下各项是设置超市卖场通道时所要遵循的原则。

1. 足够的宽度

所谓足够的宽度,即要保证顾客提着购物筐或推着购物车能与同行的顾客并肩而行或顺利地擦肩而过。最小的通道宽度不能小于90厘米,不同规模超市通道宽度的基本设定值如下所示。

单层卖场面积300平方米:主通道宽度1.8米;副通道宽度1.3米。

单层卖场面积1 000平方米:主通道宽度2.1米;副通道宽度1.4米。

单层卖场面积1 500平方米:主通道宽度2.7米;副通道宽度1.5米。

单层卖场面积2 000平方米:主通道宽度3.0米;副通道宽度1.6米。

对大型货仓式零售超市来说,为了保证更大顾客容量的流动,其主通道和副通道的宽度可以基本保持一致。同时,也应适当放宽收银台周围通道的宽度,以保证最易形成顾客排队的收银处的通畅性。

2. 笔直

卖场通道要尽可能避免迷宫式的布局,要尽可能地设计成笔直的单向道。在顾客购物的过程中,尽量依货架排列方式,按照商品不重复、顾客不回走的设计方式布局。

3. 平坦

通道地面应保持平坦,处于同一层面上。有些门店由两个建筑物改造连接起来,通道途中要上或下几个楼梯,有"中二层"、"加三层"之类的情况,令顾客分辨不清,不知何去何从,显然不利于门店的商品销售。

4. 少拐弯

事实上,一侧直线进入,在沿同一直线,从另一侧出来的店铺并不多见。这里的少拐弯,是指拐角尽可能少,即通道中可拐弯的地方和拐的方向要少,有时需要借助于连续展开不间断的商品陈列线来调节。例如,美国零售超市经营中在20世纪80年代就形成了标准长度为18~24米的商品陈列线,日本超市的商品陈列线相对较短,一般为12~13米。这种陈列线长短的差异,反映了不同规模面积的超市布局的客观要求。

5. 通道上的照明度比卖场明亮

通常,通道上的照明度起码要达到500勒克斯,卖场里要比外部照明度增强5%。尤其是主通道,相对空间比较大,是客流量最大、利用率最高的地方。

6. 没有障碍物

通道的作用是引导顾客多走、多看、多买商品,通道应避免死角。在通道内不能陈设、摆放一些与陈列商品或特别促销无关的器具或设备,以免阻断卖场的通道,损害购物环境。通道设计要充分考虑到顾客走动的舒适性和非拥挤感。

通道主要有以下几种形式。

(1) 直线式,又称格子式

直线式通道形式是指将货架和通道平行摆放于店堂,顾客通道宽度一致,没有主、副通道区别。

这种通道形式的优点是①布局规范,顾客易于寻找货位地点;②通道根据顾客流量设计,宽度一致,能够充分利用场地面积;③能够创造一种富有效率的气氛;④易于采用标准化陈列货架;⑤便于快速结算。其缺点是①容易形成一种冷淡的气氛,特别是在营业员犀利目光观察之下,更加使人手足无措,限制了顾客自由浏览,只想尽快离开商店;②易丢失商品,失窃率较高。

(2) 斜线式

这种通道形式的优点是①能使顾客随意浏览,气氛活跃;②易使顾客看到更多商品,增加购买机会。其缺点是不能充分利用场地面积。

(3) 自由流动式

顾客通道呈不规则路线分布,货位布局灵活。

这种通道形式的优点是①气氛活跃,可增加即兴购买机会;②便于顾客自由浏览,不会产生急切感;③顾客可以随意穿行各个货架或柜台。其缺点是①顾客难以寻找出口,易导致顾客在店内停留时间过长,不便分散客流;②浪费场地面积,不便管理。

第八节 超市具体布局操作 7——磁石理论

所谓磁石,是指超级市场的卖场通道中用以吸引消费者注意力的地方,磁石理论运用的意义在于在磁石区配置合适的商品达到引导消费者按照规划动线行走的目的。根据卖场各地点对消费者吸引力的不同作用,卖场可分为 5 个磁石区,每个磁石区陈列不同经营效果的商品。

1. 第一磁石点

第一磁石点位于卖场中主通道的两侧,是顾客必经之地,也是商品销售最主要的地方。此处配置的商品主要有以下几类。

1) 主力商品;

2) 购买频率高的商品;

3) 采购力强的商品。这类商品大多是消费者随时需要,又时常要购买的。例如,蔬菜、肉类、日配品。(需当日提供,保质期短的商品,如牛奶、面包、豆制品等),应放在第一磁石点内,可以增加销售量。

2. 第二磁石点

第二磁石点穿插在第一磁石点中间,一段一段地引导顾客向前走,第二磁石点在第一磁石点的基础上摆放,主要配置以下商品。

1) 流行商品;

2) 色泽鲜艳、引人注目的商品;

3) 季节性强的商品。

第二磁石点需要超乎一般的照度和陈列装饰,以最显眼的方式突出表现,让顾客一眼就能辨别出其与众不同的特点。同时,第二磁石点上的商品应根据需要隔一定时间便进行调整,保持其基本特征。

3. 第三磁石点

第三磁石点指的是超市中央陈列货架两头的端架位置。端架是卖场中顾客接触频率最高的地方,其中一头的端架又对着入口,因此配置在第三磁石点的商品,就要刺激顾客,留住顾客,所以可配置下列商品。

1) 特价商品;

2) 高利润商品;

3) 季节性商品;

4) 厂家促销商品。

值得特别提出的是,我国目前有一些超级市场根本不重视端架商品的配置,失去了很多盈利机会,一些超级市场选择的货架两头是半圆形的,根本无法进行端架商品的重点配置,应积极地加以改进。

4. 第四磁石点

第四磁石点通常指的是卖场中副通道的两侧,是充实卖场各个有效空间的摆设商品的地点。这是个要让顾客在长长的陈列线中引起注意的位置,因此在商品的配置上必须以单项商品来规划,即以商品的单个类别来配置。为了使这些单项商品能引起顾客的注意,应在商品的陈列方法和促销方法上对顾客进行刻意的表达诉求,所以可配置下列商品。

1) 热门商品;

2) 有意大量陈列的商品;

3) 广告宣传的商品等。

5. 第五磁石点

第五磁石点位于收银处前的中间卖场,各门店可按总部安排,根据各种节日组织大型展销、特卖活动的非固定卖场。其目的在于通过采取单独一处多品种大量陈列方式,造成一定程度的顾客集中,从而烘托门店气氛;同时,展销主题的不断变化,也给消费者带来新鲜感,从而达到促进销售的目的。

【实训教学】

1. 判断分析训练

(1) 最小的通道宽度不能小于90厘米。( )

(2) 通常通道上的照明度起码要达到500勒克斯。( )

(3) 店门外广场是进入超市的通路而不是屏障。( )

(4) 在超市经营活动中一般是先进行布局再进行选址。( )

(5) 瓷砖是超市地面普遍采用的材料。( )

(6) 通常卖场入口较宽,出口相对窄一些。( )

(7) 日光灯走向应与货架方向保持一致,并且尽可能位于货架通道的上方而不是货架的正上方。( )

(8) 优秀的布局能有效提高工作人员的工作效率,减小劳动强度。( )

(9) 超市经营要追求平均地效的最大化。( )

2. 混合选择训练

(1) 超级市场在布局前要进行区域规划,一般分为( )。

A. 卖场区　　　　B. 辅助区　　　　C. 储存加工区　　　　D. 服务区

(2) 第二磁石区配置的商品主要是( )。

A. 主力商品　　　　　　　　B. 购买频率高的商品

C. 促销品　　　　　　　　　　　　D. 普通商品

(3) 超市的外观主要包括(　　)。

A. 店名　　　B. 店招　　　C. 店门　　　D. 橱窗广告

(4) 第一磁石点位于卖场中(　　)。

A. 主通道的两侧　　　　　　　　　B. 主通道的末端

C. 副通道的两侧　　　　　　　　　D. 收银台附近

(5) 商品大类陈列面积分配方法包括(　　)。

A. 经验借鉴　　　　　　　　　　　B. 历史数据

C. 参考对手　　　　　　　　　　　D. 经济划分

(6) 入口应接近入场电梯及超市大门,一般靠近大门的哪个位置(　　)。

A. 大门中央　　　　　　　　　　　B. 左侧

C. 右侧　　　　　　　　　　　　　D. 无所谓

(7) 店门入口的开放程度和采光需要,分为(　　)。

A. 开放型　　　　　　　　　　　　B. 封闭型

C. 半封闭型　　　　　　　　　　　D. 综合型

(8) 超市布局的原则有(　　)。

A. 店铺容易被看到　　　　　　　　B. 店铺容易进入

C. 卖场区进出方便　　　　　　　　D. 消费者长久逗留

(9) 使储存加工区的商品与相应的卖场商品货架保持最短的距离,不必过多走动,就能进行上货与补货操作的区域设置方式称为(　　)。

A. 凸四型　　　B. 并列型　　　C. 上下型　　　D. 中央型

3. 计算题

如果某超市营业面积为 200 m²,请问需要 60 W 日光灯多少根?(超市内一般性照明为 500 lx、日光灯每瓦约 40 lm)

4. 案例分析训练

某居民区附近最近开了一家社区超市,超市分上、下两层,布局图如下所示,请根据所学理论知识对其布局进行优化。

(二楼图示)

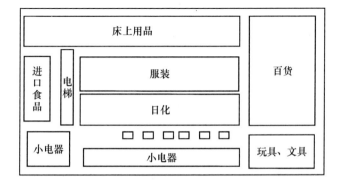

(一楼图示)

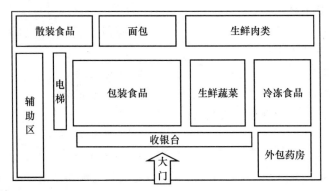

5. 实习实训操练

卖场动线调研训练

动线调查是指对顾客从进入卖场直到退出卖场的行走轨迹,进行科学的测量、分析,进而有效改善卖场布局的方法。动线调查是目前对卖场布局效果进行客观判断的方法之一。因此我们有必要学习和掌握这一成熟有效的方法,使之有利于提高企业的卖场管理水平。

(1) 实训目的

1) 了解卖场动线调研的指标体系。

2) 掌握卖场动线调研的操作程序和技巧。

3) 根据调研资料对卖场布局能提出一定的优化建议。

(2) 实训方法

运用市场调查中的观察法对顾客在卖场中行走轨迹进行记录、分析,并得出相应结论。

(3) 训练步骤

1) 选择当地某一超市,由实训指导教师积极联系,超市方需提供详细的卖场布局图;

2) 成立调查小组;

3) 设计调查表;

4) 开始调查;

5) 整理调查结果;

6) 调查结果分析。

(4) 注意事项

1) 调查是按程序随机挑选进入卖场顾客进行跟随观察,绝不能根据自己的喜好挑选顾客(不能选无购买能力者,如小孩)。从顾客进入卖场开始,到退出卖场结束。一般情况下,调查员在顾客身后 10 米左右的位置进行观察。卖场布局紧凑,距离可适当缩短。

当顾客发现自己被跟踪时,调查员应立刻中断调查,以免引起误会;或者主动迎上,告诉顾客自己在作商品品牌调研,然后抽出一份品牌调研表来让其填写。这样即使顾客再看到你,也不会有防备了。

2) 调查表格必须设计周全,应包括以下内容项目。

① 调查的时间;

② 顾客的基本特征;

③ 详细的卖场布局图(顾客的所有动作行为可以用符号即时在布局图上记录)。

3) 顾客应被记录的行为动作包括以下几方面。

① 顾客行走路线；

② 顾客在什么位置停留；

③ 顾客挑选什么商品；

④ 顾客购买什么商品。

4) 调查结果分析的内容包括以下几方面。

① 通过率：指卖场中各通道经过的顾客比率，通过率＝通过数/调查对象数；

② 停留率：指卖场中某一商品部门顾客停留的比率，停留率＝停留数/通过客数；

③ 回转率：指卖场中某一通道顾客回转的比率，回转率＝返回数/通过客数；

④ 购买率：指在卖场中某一商品部门停留顾客中购买商品的比率，购买率＝购买商品的顾客数/停留顾客数。

（5）实训成绩考核

考核采取"过程考核"与"成果考核"相结合的方式进行，最后按各占50％的比例计入学生学习这个单元实践实训考核成绩。过程考核包括实训态度、出勤情况、自我学习等考核指标；成果考核包括理论运用、结果的正误、思维与创新、实训报告撰写质量等考核指标。

项目五

超市商品采购管理

【能力目标】
- 能运用所学理论对采购数量进行决策
- 能运用科学方法对供应商进行选择和评估
- 能掌握基本的谈判策略和供应商进行谈判

【知识目标】
- 正确理解采购的概念
- 掌握采购的几大要素

【案例导入】

专栏 5-1　沃尔玛超市采购

作为全球最大零售企业,在采购事务方面,沃尔玛有其独到之处。

1. 永远不要买得太多

沃尔玛提出,减少单品的采购数量,能够方便管理,更主要的是可以节省营运成本。沃尔玛的通信卫星、GPS以及高效的物流系统使得它可以以最快的速度更新其库存,真正做到零库存管理,也使"永远不要买得太多"的策略得到有力的保证。

2. 价廉物美——"沃尔玛采购的第一个要求是价廉物美"

在沃尔玛看来,供应商都应该弄清楚自己的产品跟其他同类产品有什么区别,以及自己的产品中究竟哪个是最好的。供应商最好尽可能生产出一种商品专门提供给沃尔玛。沃尔玛最希望以会员价给顾客提供尽可能多的在其他地方买不到的产品。

3. 突出商品采购的重点

沃尔玛一直积极地在全球寻找最畅销的、新颖有创意的、令人动心并能创造"价值"的商品,造成一种令人高兴、动心的购物效果,从而吸引更多的顾客。沃尔玛的商品采购的价格决策和品项政策密不可分,它以全面压价的方式从供应商那里争取利润以实现天天低价;沃尔玛还跟供应商建立起直接的伙伴关系以排斥中间商,直接向制造商订货,消除中间商的佣金,在保证商品质量的同时实现利润最大化。

4. 选择优秀的供应商

零售企业的重要资源是优秀供应商,它对零售企业的成长具有重大影响。对沃尔玛来说,选择了合适的供应商,才有可能采购到合格的商品。因此,在全球采购战略中,沃尔玛挑选供应商的条件和标准都是一样的。

沃尔玛对全球供应商的选择条件是非常严格的,要成为它的供应商,必须满足以下9大条件:①所提供的商品必须质量优良,符合国家以及各地方政府的各项标准和要求;②所提供的商品价格必须是市场最低;③文化认同:尊重个人、服务客户、追求完美、城市增值;④首次洽谈或新品必须带样品;⑤有销售记录的增值税发票复印件;⑥能够满足大批订单的需求。在接到沃尔玛订单后,如有供应短缺的问题,应立即通知。连续3次不能满足沃尔玛订单将取消与该供应商的合作关系;⑦供应商应提供以下的折扣:A.年度佣金:商品销售总额的1.5%,B.仓库佣金:商品销售总额的1.5%～3%,C.新店赞助费:新店开张时首单商品免费赞助,D.新品进场费:新品进场首单免费;⑧供应商不得向采购人员提供任何形式的馈赠,如有发现,将做严肃处理;⑨沃尔玛鼓励供应商采取电子化手段与其联系。沃尔玛在确定资源需求方面看重的是供应商提供商品的质量与价格,商品必须符合高品质的要求,又要求价格最低,以此来实现其天天低价。

【知识学习】

简单地说,超市采购就是从供应商处购买商品用于销售。商品是超市企业运营的基础,只有适销对路的商品才能保持对消费群体的吸引力。超市采购工作就是要在正确的地点、正确的时间、向正确的供应商购买正确数量、正确价格的正确商品,为超市创造最大的利润。

第一节　采购的流程

在超市的采购活动中,根据采购活动的复杂程度,分为重复采购和全新采购两种采购类型。

一、重复采购

重复采购,是指对已经在超市销售商品的采购活动。采购首先开始于超市理货员,理货员根据商品的销售表现结合库存情况,填写要货计划,经运营主管批准后,再由采购部门制作订货单,向供应商订货,货到后,超市方组织验收、入库、上架。

二、全新采购

未曾在超市销售过的商品引入是全新采购,由于新商品销售前景不确定、具有一定经营风险,所以它的流程比重复采购更复杂。

(1) 认识需求:全新采购是从需求的认识开始的,当超市在经营过程中发现市场对商品的需求发生改变,那么超市需要调整商品结构、选择新的货源以适应不断发生的变化。

(2) 确定满足需求的商品:在认识需求后,接下来就是要确定能满足需求的商品种类、数量、特征。

(3) 选择供应商:优秀的供应商才能保证采购商品的质量及数量。

(4) 采购谈判:超市采购人员根据采购需求围绕着价格、质量、数量、费用、付款条件等议题与供应商进行磋商,并最终达成合作条件,签订合同。

(5) 执行合同:合同签订后,采购部门向供应商下订单,供应商根据订单送货,货到后,超市方组织验收、入库、上架。

[案例 5-1] 采购员还是供应商的错？

一天，某纸品经销商收到一份某超市发来的订单，要求在 5 天内送 100 件抽纸，在第 3 天收到另一份订单，要求尽快送 200 件抽纸、100 件卷纸到超市。请问，是按第一份订单送货，还是按第二份订单送货？

很明显，上面案例中，超市的订单信息会让经销商困惑，恰当的采购流程应保证信息资讯有效传递，应能防止采购系统的滥用，采购流程中各种单据的制定和流动是有效的，以便实现超市内部控制。根据采购信息传递手段的不同，超市采购分为手工采购和电子采购。

三、手工采购

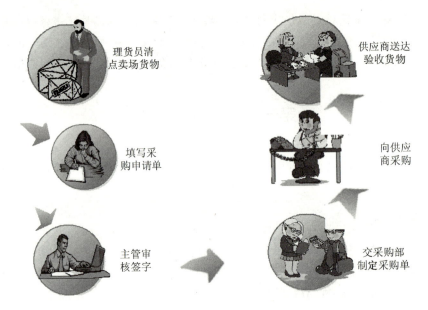

图 5-1　超市手工采购流程

图 5-1 显示了一个简单的超市手工采购流程。采购工作从理货员开始，理货员开具订货申请（一式三份）交运营主管，运营主管审核签字后交采购部，采购部根据订货申请制定采购订单（一式四份），传递给供应商，供应商生成运货单（一式三份）运送货物至超市，超市防损部门验收货物，供应商携运货单、采购订单及发票到财务部门结算货款。

四、电子采购

现在，越来越多的超市开始采用电子采购手段来替代部分甚至全部手工采购流程中的环节，电子采购比手工采购更有效率，成本也相应低，并且具有实时性和可追溯性等优势。

图 5-2 显示了一个简单的超市电子采购流程。理货员的需求通过电子网络传递给运营主管、采购部门，而形成的订单也及时交给了供应商，减少了纸质单据的传递环节，节省了时间和成本。

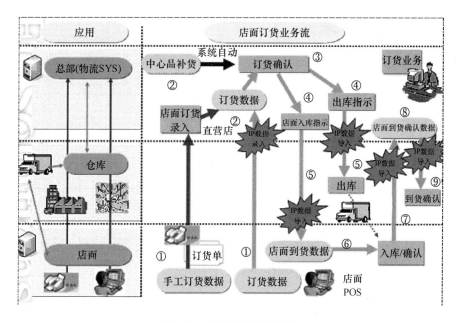

图 5-2　超市电子采购流程

第二节　采购决策要素

买什么,什么时间买,什么价格买,从哪买,向谁买,买多少? 这 6 个要素概括了采购活动的全部内容,它们决策的好坏也影响着采购工作的效果。

一、采购的商品决策

商品决策就是指超市采购部门要决定经营何种商品。它是超市经营范围的具体细化,是对商品分类中单品的思考。

(1) 要符合超市的经营范围要求。商品决策首先应符合超市经营范围,经营范围是指超市的经营方向,主要体现为超市大类要求,在超市业态类型选择时就有较清晰的规定,一般在办理工商执照时也会有体现,如快餐店不能卖烟,面包店不能卖猪肉。

(2) 要符合目标市场的需要。销售的商品必须符合消费者的需求,在超市中陈列商品的目的就是为了销售,如果不是消费者需要的商品,只是浪费排面。

(3) 符合超市的定位。超市的类型和定位也是商品决策的影响因素,经营的是平价还是精品,服务大众还是高端群体,这本身就为商品的选择划定了基调。例如,同样是牛肉,有进货价几十元一斤的也有一百多元一斤的,高端超市选择的是一百多元一斤的。商品决策还可考虑竞争、商店位置、库存流转、营利性、制造商品牌或自有品牌、消费者服务、产品增长潜力、风险、约束性决策和衰退期商品等因素。

例如,某市是内陆小城市,居民以中低收入为主,近日开设了家大超市,专门辟出卖场区 5% 的面积作为进口食品专区。那么这种做法是否正确呢?

二、采购的数量决策

准确的采购数量是采购决策的核心之一,采购量过多会造成商品积压、资金占用,而数量过少又会错过销售机会。选择行之有效的采购量确定方法就显得很重要。

1. 定量订购法

每次订购数量相同,而没有固定的订购时间和订购周期,称为定量订购。

定量订购的订购时间确定方法是,每当实际库存量降至规定的库存量水平时,就提出订购,每次订购数量相同。提出订购时的库存量标准称为订购点。由于库存量降至订购点时间是不定的,因而订购时间不固定,由商品需要量的变化决定。因此,定量订购的特征是,订购点和订购批量固定,订购周期和全年订购次数不固定。

一般而言,超市中单品的陈列量是单次进货量的 1.5 倍,通过对商品配置表的研究(项目六),管理人员可以计划出满陈列量,再以其为计算单次进货量的依据。如某单品满陈列量为 30,则单次进货量为 20。

2. 定期订购法

每次订购时间相同,而没有固定的订购数量,称为定期订购。

定期订购是通过定期盘点方法,按规定的时间间隔检查库存量并随即提出订购补充库存的订购。订购时间(日期)和盘点时间(日期)相同,是由预定的进货周期和备运时间的长短而推算固定下来的。定期订购的特征是,订购周期和全年订购次数固定,如果每次订购的备运时间相同,则进货周期也固定;订购批量和订购点则是可变的。

3. 经济批量(EOQ)订购法

经济订货批量是通过平衡采购进货成本和保管仓储成本核算,以实现总库存成本最低的最佳订货数量。

$$库存总成本 = 采购成本 + 持有成本 + 订货成本$$

假设:R 为年需求,C 为商品单位价格,S 为单次订货成本,K 为持有成本率,Q 为订货批量。

$$库存总成本 = (RC) + (Q/2)KC + (R/Q)S$$

通过数学计算,当 $Q = \sqrt{2RS/(KC)}$ 时,库存总成本最低,这时 Q 值就是要求的经济批量 EOQ。

[例 5-1] 桂门超市研究发现某商品的销售量为 7 200 件,单次订货成本是 100 元,持有成本率为 20%,单位价格是 20 元,因此该商品的经济订货批量经计算为 600。

$$EOQ = \sqrt{(2 \times 7\,200 \times 100)/(20\% \times 20)} = 600$$

4. 陈列量定货法

一般而言,满陈列量是一次定货量的 1.5 倍,这样可以推断,每次进货量应为满陈列量的 2/3。若某单品 30 个单位量摆满它的规定货位,那么每次进货量则为 20。

注意,在确定单次进货量时还要考虑进货的单位,如整件商品为 24/件,经济批量计算为 22,如果进货单位为件,则每次进货量为 24 而非 22。

三、采购时间决策

采购时间决策就是要判断订货点,具体指当存货数量为多少时订货。

采购必要要保证超市商品持续销售,不出现断货、缺货情况导致的缺货成本产生。这就需要考虑提前期和安全库存的问题。

提前期也称前置时间,是指自提出订购到商品进货,能上架销售所需的时间。这段时间包括①提出订购、办理订购手续需要的时间;②供货单位发运所需的时间;③商品在途运输时间;④到货验收入库时间。如果商品在销售之前还要进行整理加工,则备运时间里还应加上销售前准备时间。

安全库存是超市必须持有商品的最低数量。一般是指在下批商品到达前的最高销售量。部分情况下,可以把安全库存数量作为订货点。

各种商品的订货提前期不一定相同,要对供应商及超市运营数据进行分析,一般按过去各次订购实际需要的时间平均求得。提前期和日平均销售量的乘积就是订货点。

[例 5-2] 某种商品每月最高销售量为 300 件,平均每月为 30 天,提前期 8 天,求订货点。

解:每日销售量 = 300÷30 = 10 件

订货点 = 每日销售量×提前期 = 10×8 = 80 件

当存货数量为 80 件时,要下达订货单。

四、供应商决策

简单来讲,供应商决策就是选择供应商的过程,从超市目标供应商中选出一个或几个供应商的过程。

在实际操作中,这是一个复杂的决策过程。需要决定商品大类的供应商数量;需要基于多重指标,包括成本、绩效、质量等;需要考虑供应商的成分,是制造商供应商(直营)还是经销商供应商等。

1. 供应商的基本要求

(1) 产品,供应商应该有能及时供应的商品,并提供相关的销售支持。

(2) 质量,商品的质量必须好而且稳定,这关系到消费群体的利益和超市的长期发展。

(3) 成本,采购商品的单价并不是选择供应商的唯一标准,而整体拥有成本才是主要因素。它包括商品单价、付款条件、折扣、订货成本、物流成本、持有成本和其他难以评估的某些成本。

(4) 沟通能力,供应商还应具备能促进合作伙伴之间沟通的能力。

(5) 可靠性,除质量稳定因素外,可靠性还包括供应商财务状况是否稳定,配送系统是否稳定,生产或拥有产品数量能力是否稳定等。

2. 供应商数量决策

对于超市而言,供应商数量并非越多越好,一个商品大类的供应商以 3~8 家为宜,最多不要超过 10 家。

每个供应商供应的单品数量不能超过商品大类中单品总数的三分之一,超过这一界限,不利于超市对供应商的控制和引导。

超市一般不能接受只有一个单品的供应商,有限制地接受单品数量较少的供应商,因为在经营中单品数量少订货成本则高,同时不利于各种促销及关联活动。除非该单品非常畅销。

3. 供应商成分决策

制造商供应商是生产企业跳过经销商自己建立的销售机构。在许多市场同时存在着制造商供应商和经销商供应商,一般情况下,超市会选择和制造商供应商合作。在实际操作中,要结合对供应商的基本要求进行取舍。

五、采购地点决策

商品的流通造就市场的繁荣,超市方可以选择同一地区的不同供应商,也可选择不同地区的供应商。地点的决策关键点在于采购的总成本是否最低、采购的商品是否适销对路。

六、采购价格决策

商品在客户心目中的形象应该是高质量低价格。在采购之前,采购人员应事先调查市场价格,不可凭供应商片面之词,误入圈套。如果没有相同商品的市价可查,应参考类似商品的市价。在商品质量得以保证的前提下,采购人员最重要的任务就是从供应商那里拿到最有利于超市经营的价格。采购人员应该从商品对企业总体利润角度进行价格谈判。采购人员对所拟采购的商品,以进价加上合理的毛利后,若判断该价格无法吸引客户购买时,就不应向该供应商采购。这就要求充分考虑商品进货单价、零售价、结算条件、运输成本、支持费用等因素,力争总成本最低。

第三节　采购谈判

采购谈判是指超市与供应商就采购的商品相关事项,如商品的品种、规格、技术标准、质量保证、订购数量、包装要求、售后服务、价格、交货日期与地点、运输方式、付款条件等进行反复磋商,谋求达成协议的过程。

一、谈判流程

采购谈判的程序可分为计划和准备阶段、开局阶段、正式洽谈阶段和成交阶段。

1. 计划和准备阶段

采购人员要准备好商品采购计划,该计划包括商品大类、中分类、小分类等各类别的总量目标及比例结构(如销售额及其比重、毛利额及其比重)、周转率、各类商品的进货标准等。

商品促销计划,该计划包括参加促销活动的厂商及商品,商品促销的时间安排,促销期间的商品价格优惠幅度、广告费用负担、附赠品等细节内容。

供应商文件,商品采购计划与促销计划是连锁企业采购业务部制订的两项总体性计划,通常是针对所有采购商品制订的,而不是针对某供应商制订的。

同时还要做好供应商信息收集工作,如供应商实力、信誉、商品质量、供应价格等,做到知己知彼。

2. 开局阶段

开局阶段的具体目标是在轻松、诚挚气氛的基础上,力争继续巩固和发展已经建立起来的和谐气氛,并在进入实质性谈判前,双方就谈判程序及态度、意图等取得一致或交换一下意见。

3. 正式洽谈阶段

在双方已经知道对方的谈判目标和意图后,也就明确矛盾之所在,双方为了达到目标,获得利益,讨价还价是必然的,这个阶段就需要采购人员运用各种谈判技巧、策略以促成谈判目标实现。

4. 成交阶段

采购人员在谈判进行到最后阶段,应合理运用技巧促成交易的成功,签订合约。

二、采购合同

采购合同是连锁企业和供应商在采购谈判达成一致基础上,双方就交易条件、权利义务关系等内容签订的具有法律效力的契约文件,是双方执行采购业务活动的基本依据。上述谈判内容加上违约责任、合同变更与解除条件及其他合同必备内容就形成采购合同。其具体内容包括以下几方面。

1. 质量

合同中要约定商品的质量要求或规格,约定供应商应具备并提供有关质量的文件,即质量合格证和商检合格证。

2. 包装

包装可分为"内包装"(Packaging)、"外包装"(Packing)两种。内包装是用来保护、陈列或说明商品的,而外包装则仅用在仓储及运输过程的保护。

3. 价格

除了质量与包装之外,价格是所有采购事项中最重要的项目。

4. 折扣(让利)

折扣通常有新产品引进折扣、数量折扣、提前付款折扣、促销折扣、无退货折扣、季节性折扣、经销折扣等数种。

5. 付款天数(账期)

超市的付款方式与商品的采购方式紧密相关,在国内一般供应商的付款天数(账期)是月结 30~90 天,视不同的商品周转率和产品的市场占有率而定。

6. 交货期

一般而言,本地供应商的交货期为 2~3 天,外埠供应商的交货期为 7~10 天。交货期越短越好,因为交货期短,则订货频率增加,订购的数量就相对减少,存货压力和资金压力相应减少。

7. 送货条件

送货条件包括按指定日期及时间送货,免费送货到指定地点,负责装卸货并整齐将商品码放在栈板上,以及在指定包装位置上贴好超市店内码(或印国际条码)等。

8. 售后服务保证及退换货

供应商应主动解决与商品相关的各种问题,减少超市相关业务人员的困扰。

9. 促销活动

促销是超市吸引顾客的手段之一,超市与供应商之间的促销活动多种多样,如降价、地堆、端架、搭赠、抽奖、文艺表演等。

10. 广告赞助及费用

为增加超市的利润,采购人员应积极与供应商争取更多的广告赞助及费用。在超市的采购业务上,赞助和费用的种类繁多,包括新入市的开业赞助费、新店赞助费、新品上架费、集中陈列赞助费、周年庆赞助费、各种节庆(元旦、春节、端午、五一、中秋、国庆节、店庆)的赞助费、端架/地笼陈列赞助费等。

11. 责任与罚则

表现不良的供应商往往会影响到超市的销售及利润,并造成顾客的不满。故合同中应约定履行义务责任与罚则。

总而言之,采购合同的签订本身是一件很复杂、很艰难的工作,因为采购对象、供应商规模、采购项目都不尽相同。

"家乐福"为供应商准备的合同

一、贸易条件:

供应商应使它所提供的商品保质的同时,提供市场上最优惠的价格。

供应商送货时应按"家乐福"要求提供相应版权证明。

供应商应遵守合同规定的运货期。如果延误,"家乐福"将每天以货物总额的0.5%予以处罚。

"家乐福"应按合同规定给供应商结款。如果不能按期结款,"家乐福"愿意支付每天货款总额0.5%的罚金。

协商的进货价将是固定的,新价格于同意后一个月生效。

每次到货都必须附有发票,否则拒绝收货。

英文翻译将作为双方对于合同有所争议时的参考。

如果有争议时,将交由"工商局"仲裁。

备注:每月货款总额的3%扣作退佣金。

二、"家乐福"将供应商分类为:工厂、代理、批发、贸易四大类。在合同中记录下供应商的交货天数、库存天数和生产或进口天数。

三、列明供应商供应的货物:可否退换、最小订货量、运费是否包括和列明报价是否含税。例如,双方协定:仅在进货时,如发现破损或质量问题,可以退换;其他情况则不退换。

四、要求供应商明确服务是否带衣架(服装)、打标签、维修/安装、特别包装。"家乐福"将记录供应商每年的营业额、增长率、付款条件和赞助金。

五、付款条件:

到货天数。

月结(60)天数(是指送货60天以后结算货款或送货当月结束后60天结算货款)。

六、"家乐福"与供应商共同举办的促销活动:次数/每年(另议次数)、每年天数、折扣多少、免费商品数量、赠品价值数额。

七、"家乐福"收供应商:每月700元/每促销台、每月400元/排面赞助金、海报赞助金另议。

八、"家乐福"特别年节收供应商:元旦、春节、劳动节、国庆各1 000元赞助费。其他赞助有:新品上架费2 000元/品牌、新进供应商费×元/家、开业赞助费1万元现金或实物、每年店庆赞助金3 000元等。

摘自汉帝管理咨询网,实际内容中略有删节和改动

第四节　采购人员管理

采购人员是超市采购流程的实际执行者,是超市经营利润的重要保证之一,超市对采购人员的管理应高度重视。

一、采购人员的选用标准

1. 价值分析能力

采购人员必须具备强烈的成本意识,采购价格决定了商品零售价的高低和超市利润的高低。采购工作需精打细算,锱铢必争;但不能因贪便宜,让低质量商品进入超市,也不能为追求档次,使商品无人问津。采购时要对采购进价与零售价及对超市可能利润进行认真分析。

2. 市场预测能力

由于超市在售商品配置、商品零售价格、商品的陈列位置等内容不是固定的,要经常根据市场需要进行调整,这就需要采购人员掌握一定的市场调查分析方法、预测技巧,并能把它们熟练地运用到实践中去。

3. 品德方面

采购人员所处理的工作大多与金钱有间接关系,因此难免受到部分供应商的利诱。采购人员必须有一颗平常心,见利忘义之人实难担当采购职责。同时,还要求采购人员有虚心、有耐心,具有敬业精神。

二、采购部门的职责

采购是一个分工明确的工作部门,部门各级工作人员分工不同,职责也不同,以下是某超市制定的采购人员工作职责,供学习者参考。

(1)尽量选择和保持丰富的商品品种,为顾客提供超值商品的最大价值和最好服务。

(2)熟悉市场,了解商品。

(3)商品陈列。

1)与促销商品配合,进行特别展示。

2)新商品的陈列,月商品和季商品的陈列展示。

3)对滞销的商品采取适当的调整,如改变陈列等。

4)提供季节商品的陈列指南。

5)从竞争对手那里学习新的商品展示构想。

6)分析商品的包装,确保为顾客提供最佳展示。

7)与店铺和市场部门配合,做好商品的招牌标志。

(4)订货和补货。

1)作好销售预算,计划好首单订货数量。

2)安排再订货频率,以保证商品平稳流动及销售。

3)为商场再订季节性商品提供适当指导。

4) 与供应商协商确保不会断货。

(5) 库存控制。

(6) 坚持采购金额预算。

(7) 对滞销商品采取措施,如利用改变陈列、调价或清货等方法来降低库存。

(8) 定期跟踪未送货订单,并采取措施。

(9) 经常寻店,确定销售结果;换季和节日应特别注意。

三、采购人员的绩效考核

对采购部门和采购人员的绩效考核,是保证商品采购满足经营需要的重要保证。只有科学、合理的考核才能激发采购人员的工作动力。成本、质量、库存量、营业额、缺货数、营业外收入等都与采购人员工作绩效有关系。每一项都可以成为考核采购人员的指标。

1. 成本指标

可通过采购差价、产品销售毛利进行衡量。采购差价是指实际进价与计划进价的差额;实际进价与过去平均进价的差额;试销期进价与正式销售时进价的差额。

2. 销售指标

销售指标是采购人员考核的重要指标之一,采购人员必须协助销售人员做好其对应商品的销售工作。

$$营业额绩效 = 上月实际完成额 / 当月指标额$$

3. 缺货损失

这是考核采购人员对订货点的把握和与供应商沟通能力的重要指标。

$$缺货损失 = 缺货天数 \times 平均每日销售额$$

4. 营业外收入

营业外收入是超市经营除营业收入外的重要收入来源,它主要由各种节庆费、陈列费、堆头费、海报费等构成。

$$营业外收入指标 = 本月营业外收入 / 当月指标额$$

5. 库存指标

库存减少目的在于提高资金流动率,从而达到投资回报最佳。

$$库存减少指标数 = 本月库存起初数 - 前期最低起初数$$

第五节 供应商管理

供应商管理是指在新的物流与采购经济形势下,寻找并建立起一个稳定可靠的供应商队伍,为超市提供稳定可靠的商品供应的管理机制。

一、供应商选择步骤

1. 分析市场竞争环境

这个步骤的目的在于找到针对哪些产品市场开发供应链合作关系才有效,必须知道现在的产品需求是什么,产品的类型和特征是什么,以确认用户的需求,从而确认供应商评价选择的必要性。同时分析现有供应商的现状,分析、总结企业存在的问题。

2. 建立供应商选择目标

企业必须确定供应商评价程序如何实施,信息流程如何,谁负责,而且必须建立实质性、实际的目标。其中降低成本是主要目标之一,供应商评价、选择不仅仅就是一个简单的评价、选择过程,本身也是企业自身和企业与企业之间的一次业务流程重构过程,实施得好,它本身就可带来一系列的利益。

3. 建立供应商评价标准

供应商综合评价的指标体系是企业对供应商进行综合评价的依据和标准,是反映企业本身和环境所构成的复杂系统不同属性的指标,是按隶属关系、层次结构有序组成的集合。根据系统全面性、简明科学性、稳定可比性、灵活可操作性的原则,建立集成化供应链管理环境下供应商的综合评价指标体系。不同行业、企业、产品需求、不同环境下的供应商评价应是不一样的;但应涉及供应商的业绩、设备管理、人力资源开发、质量控制、成本控制、技术开发、用户满意度、交货协议等方面。

4. 建立评价小组

企业必须建立一个小组以控制和实施供应商评价。评价小组必须同时得到制造商企业和供应商企业最高领导层的支持。

5. 供应商参与

企业一旦决定实施供应商评价,评价小组必须与初步选定的供应商取得联系,以确认供应商是否愿意与企业建立合作关系,是否有获得更高业绩水平的愿望。企业应尽可能早地让供应商参与到评价的设计过程中来。然而,因为企业的力量和资源是有限的,企业只能与少数的、关键的供应商保持紧密的合作,所以参与的供应商不宜太多。

6. 评价供应商

评价供应商的一个主要工作是调查、收集有关供应商的生产运作等全方位的信息。在收集供应商信息的基础上,就可以利用一定的工具和技术方法进行供应商的评价了。在评价的过程后,有一个决策点,根据一定的技术方法选择供应商,如果选择成功,则可开始实施合作关系;如果没有合适供应商可选,则返回步骤2重新开始评价选择。

7. 实施合作关系

在实施合作关系的过程中,市场需求将不断变化,可以根据实际情况的需要及时修改供应商评价标准,或重新开始供应商评价选择。在重新选择供应商的时候,应给予旧供应商以足够的时间适应变化。

二、供应商评估方法

在合作一段时间后,可以对供应商进行评估,以确定供应商是否值得信赖,以便继续合作。

1. 指标加权评估法

这是一种运用比较广泛的评估方法,该方法的操作步骤如下。

(1) 选择超市和供应商都接受的绩效指标;

(2) 监督和收集运营数据;

(3) 根据各项绩效标准对超市经营目标的重要程度进行权重分配,权重之和等于1;

(4) 在 0~100 之间评估绩效标准,0 代表不能满足目标,100 代表充分满足;

(5) 将指标比率和权重相乘,并相加得出整体的分数;

(6) 根据整体得分对供应商进行评级。

2. 成本计算

通过计算供应商成本和收益的情况对供应商进行评估。

三、供应商奖励

很明显,仅对供应商进行评估是不够的,超市应该对其最好的供应商提出认可和进行奖励,对表现不如意的供应商加以处罚,以达到让供应商执行超市方要求的目的。

奖励方法

(1) 奖金,与供应商分享其带来的利益。

(2) 更多的业务和更长期的合同,对超市而言,就是允许供应商更多的单品进入卖场。

(3) 内部和公开场合的奖励认知,如表扬、奖状等。

(4) 提高供应商的等级及待遇。

处罚方法

(1) 收取罚金,因供应商过错给超市方带来的利益损失。

(2) 减少未来的业务量,减少排面数、单品数、进货量等。

(3) 内部和公开场合的批评。

(4) 降低供应商的等级及待遇。

阅读参考

家乐福超市采购员谈判要领

1. 永远不要试图喜欢一个销售人员,但需要说他是你的合作者。

2. 要把销售人员作为我们的一号敌人。

3. 永远不要接受第一次报价,让销售人员乞求;这将为我们提供一个更好的交易机会。

4. 随时使用口号:"你能做得更好。"

5. 时时保持最低价纪录,并不断要求得更多,直到销售人员停止提供折扣。

6. 永远把自己作为某人的下级,而认为销售人员始终有一个上级,他总可能提供额外折扣。

7. 当一个销售人员轻易接受,或打电话请示后接受了我方谈判条件,可以认为他所给予的是轻易得到的,进一步提要求。

8. 聪明点,可要装得大智若愚。

9. 在没有提出异议前不要让步。

10. 记住,当一个销售人员来要求某事时,他会有一些条件是可以给予的。

11. 记住,销售人员不会要求,他已经在等待采购提要求,通常他从不要求任何东西作为回报。

12. 注意要求得到采购员建议的销售人员通常更有计划性,更了解情况,花时间同无条理的销售人员打交道,他们想介入,或者说他们担心脱离圈子。

13. 不要为销售人员感到抱歉,玩坏孩子的游戏。

14. 毫不犹豫地使用论据,即使它们是假的。例如,"竞争对手总是给我们提供了最好的报价,最好的流转和付款条件"。

15. 不断重复同样的反对意见即使它们是荒谬的。你重复得越多,销售人员就会更相信。

16. 别忘记你在最后一轮谈判中,会得到80%的条件,让销售人员担心他将输掉。

17. 别忘记对每日拜访我们的销售人员,我们应尽可能了解其性格和需求,试图找出其弱点。

18. 随时邀请销售人员参加促销。提出更大销量,尽可能得到更多折扣。进行快速促销,用差额销售赚取利润。

19. 要求不可能的事来烦扰销售人员,任何时候通过延后协议来威胁他,让他等,确定一个会议时间,但不到场,让另一个销售人员代替他的位置,威胁他说你会撤掉他的产品,你将减少他的产品的陈列位置,你将把促销人员清场,几乎不给他时间作决定。即使是错的,自己进行计算,销售人员会给你更多。

20. 注意折扣有其他名称,如奖金、礼物、礼品纪念品、赞助、资助、小报插入广告、补偿物、促销、上市、上架费、希望资金、再上市、周年庆等,所有这些都是受欢迎的。

21. 不要进入死角,这对采购是最糟的事。

22. 避开"赚头"这个题目,因为"魔鬼避开十字架"。

23. 假如销售人员花太长时间给你答案,就说你已经和其竞争对手作了交易。

24. 永远不要让任何竞争对手对任何促销讨价还价。

25. 你的口号必须是"你卖我买的一切东西,但我不总是买你卖的一切东西"。也就是说,对我们来说最重要的是要采购将会给我们带来利润的产品。能有很好流转的产品是一个不可或缺的魔鬼。

26. 不要许可销售人员读屏幕上的数据,他越不了解情况,就越相信我们。

27. 不要被销售人员的新设备所吓倒,那并不意味他们准备好谈判了。

28. 不论销售人员年老或年轻都不用担心,他们都很容易让步,年长者认为他知道一切,而年轻者没有经验。

29. 假如销售人员同其上司一起来,这时采购员可以要求更多折扣,更多参与促销,威胁说撤掉其产品,因为销售人员上司不想在销售人员面前失掉已有的客户。

摘自互联网百度文库

【实训教学】

1. 判断分析训练

(1) 全新采购,建立在认识需求之后。(　　)

(2) 手工采购方式优于电子采购方式。(　　)

(3) 每次订购时间相同,而没有固定的订购数量,称为定期订购。(　　)

(4) 每个供应商供应的单品数量不能超过商品大类中单品总数的三分之一。(　　)

(5) 陈列工作与采购人员无关。(　　)

(6) 缺货损失＝缺货天数×平均每日销售额。(　　)

(7) 超市商品在客户心目中的形象应该是高质量低价格的。（　　）
(8) 某单品 40 个单位量摆满它的规定货位,那么每次进货量则为 20。（　　）

2. 混合选择训练

(1) 采购部门要决定经营何种商品应符合(　　)。
　　A. 超市业态要求　　　　　　　　　B. 目标市场定位
　　C. 消费者需要　　　　　　　　　　D. 竞争对手商品结构

(2) 以下与采购员工作绩效有关系的是(　　)。
　　A. 成本　　　B. 质量　　　C. 库存量　　　D. 缺货数

(3) 采购合同内容包括(　　)。
　　A. 价格　　　B. 数量　　　C. 结账方式　　　D. 商品质量

(4) 采购谈判的程序可分为(　　)。
　　A. 成交阶段　　　　　　　　　　　B. 计划和准备阶段
　　C. 开局阶段　　　　　　　　　　　D. 正式洽谈阶段

(5) 采购决策要素包括(　　)。
　　A. 价格　　　B. 商品　　　C. 时间　　　D. 数量

(6) 采购员的选用标准包括(　　)。
　　A. 丰富的业余爱好　　　　　　　　B. 市场预测能力
　　C. 价值分析能力　　　　　　　　　D. 品德优秀

(7) 供应商评估的绩效标准有(　　)。
　　A. 供应商的业绩　　　　　　　　　B. 质量
　　C. 成本　　　　　　　　　　　　　D. 满意度

(8) 供应商奖励的方法包括(　　)。
　　A. 奖金　　　B. 更多的业务　　　C. 公开表扬　　　D. 奖状

3. 计算题

年需求量为 36 000,持有成本率为 20%,商品单价为 100,每次订货成本为 100,求单次订货量。

4. 案例分析训练

在华外企反腐"严打"再起

由于我国"回扣经济"式的环境,在华外企纷纷发现,公司腐败已经到了不得不"严打"的地步。以家乐福为例,有供应商反映,从门店各商品部的组长、科长到处长,不少供应商都会逐级打点,"人情费"也不断加码。因为门店有权决定供应商在该店的生死,商品陈列位置的好坏、订货充足与否,这些都直接影响产品的销量。而一旦商品的销量达不到要求,采购也会找供应商麻烦,甚至会将其清除出商场。因此,在此内部腐败的影响下,供应商大都敢怒不敢言。曾经有深圳多家供应商联合向法院投诉,将家乐福、百佳等数家零售商的乱收费问题曝光,结果这些供应商遭到了几乎所有零售企业的封杀,有的因此而倒闭……家乐福因此数次处于舆论的风口浪尖。

同样,宝洁公司大举肃整内部腐败,也是因为该公司的内部腐败已经到了不得不整治的程度。一个典型的例子是,宝洁曾在上海等地推广一个叫"BOOMING"的终端促销计划,目的是针对舒蕾等品牌加强宣传攻势。然而,为了贪污促销费用,市场销售人员和供应商竟然相互勾结,伪造促销效果图,最终导致"BOOMING"计划流产。一个流行的说法是,宝洁员工腐败常常遵循"10%"的法则,也就是员工所做项目的回扣占总业务额的10%。各种腐败行为每年使宝洁直接损失不少于500万美元。

在华外企原本沿袭其在本国多年丰富完善的治理机制,为何还是丑闻频传呢?

5．实习实训操练

商品采购模拟实训

(1) 场景设计

某饮料生产厂家,其产品具有一定的品牌知名度。该厂家决定与A超市谈进场事宜。你作为A超市的一名采购员来负责该品类商品是否进场等事宜。请根据采购员的工作流程及市场分析,做好与供应商的谈判、商品进场试销、商品转正、供应商结款、商品淘汰等工作。

(2) 实训组织

根据场景设置,实训指导教师指导学生上网查询有关类似C卖场企业的相关资料。

学生上网或实地查询超市里饮料品类情况,并根据品类不同分别收集各种资料为谈判所用。例如,该品类目前在市场的代表性品牌,零售商与供应商可能的合作方式、账期、利润分配,可能的费用,供应商的类型等,并确定商品以及供应商的评估标准。

将学生分组,每6~8人为一组。学生可分别扮演以下角色。

厂商人员(负责销售、谈判)1~2人;

采购人员(负责接洽厂商、谈判)1~2人;

采购主管(负责审查谈判事项)1人;

采购部经理(负责审核合同)1人;

总经理(合同审批)1人。

以小组为单位,上网查询有关经销合同、代销合同、联营合同、租赁合同的文本,以及各种需要填写的业务单据表格,要求学生打印出需要使用的各种单据表格以及合同,以备下一个阶段的模拟使用。

要求学生分别根据自己所扮演的角色进行零售商与供应商双方谈判模拟,要求有比较详细的相关表格的记录,谈判成功之后双方签约。在谈判的过程中实训指导教师要全程监控,以便最后作点评。

(3) 实训成绩考核

考核采取"过程考核"与"成果考核"相结合的方式,最后按各占50%的比例计入学生学习这个单元实践实训考核成绩。过程考核包括实训态度、出勤情况、自我学习等考核指标;成果考核包括理论运用、结果的正误、思维与创新、实训报告撰写质量等考核指标。

项目六

商品陈列

【能力目标】
- 能正确根据商品配置表进行陈列
- 能按陈列的基本原则将商品正确摆放
- 能正确处理价格标签、标牌的陈列
- 能正确选择最有利陈列位及陈列方式

【知识目标】
- 商品陈列的原则

【案例导入】

专栏 6-1　新课长的陈列思想

某超市最近提拔一名刚毕业的大学生当纸品课课长,新课长认为现行的按品牌分类陈列的做法影响到消费者购买便利性,要求理货员将所有纸品按价格从低到高依次陈列。在试行三个月后,纸品类产品销量大减!很快又恢复为原来的陈列。

分析这个案例,显然新课长的做法有欠考虑,一方面,消费者选购商品时品牌倾向强于价格倾向。他们一般会先考虑品牌因素再考虑价格因素,因此在陈列时要按品牌进行分类陈列。另一方面,新课长大幅度调整陈列位的行为还是一种越权行为,陈列位置是由采购部门确定,由课长监督理货员执行。课长并没有大幅调整陈列的权力。

思考
1. 如何陈列商品才能提升陈列效果,促进产品销售呢?
2. 陈列工作具体涉及哪些部门,具体操作时是怎样分工的呢?

【知识学习】

超市商品陈列是对超市卖场布局的细化,卖场布局将经营面积分配给各商品大类,而商品陈列则是将商品大类的陈列区域分配到各单品,确定各单品的摆放位置。

如果简单去理解商品陈列就是摆商品,将商品放在货架上,这是对陈列的片面理解。商品陈列涵盖了营销学、心理学、视觉艺术等多门学科知识,它是一门综合性的学科,也是终端卖场最有效的营销手段之一。通过对消费者心理、行为的分析,对商品外观、灯光、货架、堆头、海报、顾客通道、价格标记等众多因素的科学规划,达到促进产品销售,提高超市利润,提升品牌形象的目的。

第一节　超市主要陈列设施设备

商品在超市中借助多种设施设备进行陈列展示,货架、堆头、柜台、挂具等是商店最主要的陈列设施。正确使用这些设施设备,不仅可以增加商品的吸引力,而且有助于商品销售,提高效率,便于管理。

1．货架

货架是超市陈列商品的主要工具。货架一般由层板、隔板、立柱、价格滑道、拦网等多个组件构成,它的特点是便于拆装、分层展示,便于移动使用。图 6-1 所示为超市货架结构。

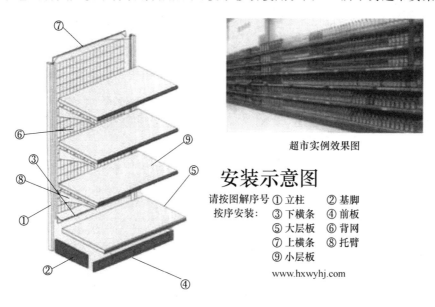

图 6-1　超市货架结构

各类型超市采用的货架规格尺寸有很多种,一般中小型超市在选择货架时多采用长 90 cm×宽 45 cm 的规格,而货架的高度则根据店面的建筑层高选择 160 cm、180 cm、200 cm 等,大型超市的货架一般采取定制。但是用的货架类型也基本与中小型超市相同,只是在工艺和细节上略有不同。

根据隔板的不同,货架分为背网式和背板式两种,背网式的货架隔板采用的是铁网,而背板式采用的是铁板。

超市的类型、面积、采光等条件限制了货架的选择。一般而言,为了让顾客在超市中不感觉到高旷,在每层楼比较高的超市选择高货架;反之,为减少顾客在较矮层高建筑物中的压抑感,这类选址的超市则选择矮货架。采光不好的用背网式货架,反之可用背板式货架。

2．堆头(陈列台)

堆头一般用来摆放特价商品或打折商品,置于商店的入口或显眼的地方,用来吸引顾客。常用的类型有箱型陈列台、吊船型陈列台、阶梯型陈列台。图 6-2 所示为超市堆头。

图 6-2 超市堆头

3. 柜台

柜台即商店售货台,陈列在柜台中的商品以体积小、贵重、易碎为特点,和货架开架自选不同。在我国超市中一般用柜台陈列烟、酒、金银饰品等贵重商品。常见的样式是高度 80 cm,宽度 40~60 cm,长度 90~180 cm 的柜台。另外,还有一种壁面橱柜,它搭设在墙壁上,用板架做成格状,对商品种类的区分与陈列,具有一目了然的作用。图 6-3 所示为超市柜台。

图 6-3 超市柜台

4. 挂具

挂具主要是挂钩,用于将商品悬挂陈列。陈列的商品主要为不便于货架摆放的商品,如衣服、拖鞋、菜锅等。图 6-4 所示为超市挂具。

图 6-4 超市挂具

第二节 陈列位置

[案例 6-1] 买好药,蹲下找

"去药店买药,一定要蹲下来!"网上关于药店买卖"潜规则"的微博引起了不少网民的关注。网友称,朋友多年跟药厂打交道,一药厂老师傅告诫其去药店买药一定要蹲下来,因为站着视线内的药全是提成高的,物美价廉、性价比高的好药都在下面……

为什么药店要将提成高的药放在视线内,而将物美价廉的药放在货架下面?

好的陈列位置,在超市有 3 个含义,一是指在整个"卖场"中销售效果比较好的区域,如面对顾客的入口、主通道的两侧等处;二是指在同一条陈列线中容易引发顾客关注的货架;三是指同组货架中较好的陈列高度,在同一陈列架上较好的层面。

一、卖场中的好区域

(1)主通道附近,在不同通道附近的陈列效果不同,在人流主要通行或较宽通道即主通道附近的陈列效果要强于副通道。

(2)通道的右侧,这是因为大多数人习惯于用右手,喜欢从右边开始拿东西。可将主营商品、新进商品、重要利润商品一般摆放在右侧。

(3)出入口附近,如果营业面积较大,要注意顾客的一进一出,顾客进入卖场区时会有短暂的行进停顿以决定行进方向,在出卖场前也因排队埋单短暂停留,这两个停留时间都使顾客不由自主地留意到周边的商品。所以,一般来说,在超市出入口位置的商品销售情况最好。但具体是出口更好,还是入口更佳,则要根据销售商品的大类、品种而定。

二、陈列线上的货架

在超市中连续的不间断的货架组成的货架组构成陈列线,在这条陈列线上的不同位置陈列效果是不同的,如图 6-5 所示。

图 6-5 超市陈列架示意图

陈列线上的货架根据位置的不同,分为端架、端头、端中 3 个部分。

(1)端架:在整排货架的最前端及最后端,也就是动线的转弯处,所设置的货架即为端架。端架是顾客在卖场来回走动经过频率最高的地方。

(2)端头:靠端架的货架组。

(3)端中:陈列线的中间货架组。

端架陈列效果最好,其次是端头位置,端中是陈列效果最差的位置。每条陈列线都有起点和终点,究竟是起点的货架好还是终点的位置好,这就要考虑高端的问题。

(4)高端:陈列线上销售量高的一端,如在某个城市 A 洗发水销量远高于 B 洗发水,陈列线上摆放 A 洗发水的一端称为高端,尽量将商品靠近高端陈列会有更好的销量。

三、货架陈列高度

顾客购物便利性的需要决定了和视线平行、双手易于拿取的高度是商品陈列最佳的位置。如有 4 层隔板的陈列架,(由上至下计)第一层是最上层,高度在 160 cm 以上;第二层高度为 120~160 cm,被称为黄金段;第三层高度为 50~120 cm;第四层离地面约 15 cm。图 6-6 所示为超市的 4 层陈列架。

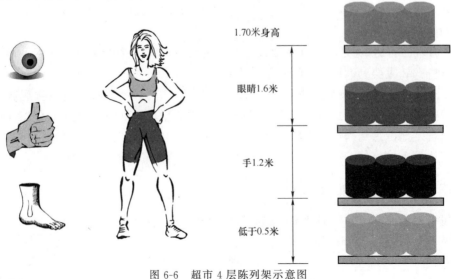

图 6-6 超市 4 层陈列架示意图

很显然,第二层的位置是顾客最容易看到的地方,又是伸手拿取商品最方便的位置,所以是最佳陈列位置,应陈列那些周转快或利润高的商品,自有品牌的商品,独家代理的商品等;第一层(一般称为上段)也有一定的优势,可陈列推荐性商品或潜在的高利润商品;第三层(一般称为中段)虽然略逊于第二层和第一层,但要好于第四层,适宜陈列那些顾客必需的、不得不买的、利润较低的或为了保证商品品种齐全度的商品;第四层(一般称为下段),既不便于观察,又不便于拿取,是较差的陈列段,通常用于陈列较大、较重、易碎、不宜置于高处的商品,也有的超级市场将其用于陈列顾客认定的、习惯性经常购买的商品。

当然在具体情况时也要适当调整,如在女性用品、儿童商品陈列时就要注意女性和男性的身高差异,成年人和儿童的身高差异。

第三节　陈列原则

陈列的目的是促进消费者购买商品,创造更多销售机会及销售利润。要保证陈列效果实现,必须在遵从陈列原则的前提下进行陈列技巧的展现。陈列的原则就是确定单品具体陈列位置,陈列排面数量的要求。

1. 容易选购的原则

超市所采用的是自助式的销售方式,是由商品本身来向顾客最充分地展示、促销自己。超市在进行商品陈列设计时,必须从消费者的角度考虑问题,把容易选购作为根本出发点,必须使商品一目了然,排列简单明了,便于顾客了解,使顾客能够在短时间内找到自己所要购买的商品。

2. 品牌纵向为主、横向为辅原则

品牌纵向陈列是指将同一品牌的商品在货架上从上到下进行陈列,横向陈列是指在同一层货架上进行陈列。随着各类商品品牌形象塑造越来越深入人心,品牌选择已经成为顾客挑选同类商品时最初的考量因素,由于顾客在超市行进时多习惯于平视,所以在进行横向陈列时,消费者最多注意1~2个品牌,而纵向陈列是将更多不同类的商品展现在消费者眼前的保证。

3. 关联性陈列原则

关联性陈列原则是超市商品陈列中特别需要强调的一个重点问题。所谓关联性要求是指把分类不同但有互补作用的商品陈列在一起,如把肥皂和肥皂盒陈列在一起,其目的是使顾客能够在购买了A商品后,也顺便购买陈列在旁边的B商品或C商品。关联陈列法可以使超市的卖场整体陈列活性化,同时也增加顾客购买商品的欲望。如曾有一家超市在啤酒边上摆上婴儿尿裤,增进了尿裤的销量。

4. 比较陈列原则

比较陈列原则是指把相同类型的商品按不同的规格、品牌、价格等加以分类,然后陈列在一起,让消费者进行更为充分的比较选择。比较陈列的目的在于,通过比较陈列,使消费者理解超市薄利多销的特点,从而更多地购买商品。如降低标志性商品价格,而同类的非标志性商品陈列在附近,这样消费者在购买标志性商品的同时会关注或购买非标志性商品。例如,一瓶2升的饮料4.5元,而2.5升的饮料5元,将它们陈列在一起会带动2.5升饮料的销售。

5. 丰富陈列原则

丰富陈列要求给予顾客商品品种多的感觉。

规定 1 米长的普通陈列位货架,至少陈列 3 个单品;如果按营业面积计算,每平方米的平均陈列单品数要达到 11~12 个;端架每 1 米长的陈列货架不能超过 2 个单品,每平方米的陈列单品数不能超过 4 个;堆头每平方米陈列单品数不能超过 2 个。

6. 业绩优先原则

超市货架宝贵,商品陈列不可能平均分配。销售好的商品排面大,陈列段位好,销售差的相反,这样才能实现销售最大化;同时,销售陈列是个动态过程,要不断分析销售情况,对陈列进行调整。让陈列排面及位置与销售量画上等号。

7. 整齐原则

整齐美观是商品陈列最重要的指导思想之一,是指整个货架从上到下,从左到右,商品品类、色泽、大小陈列整齐有序;商品陈列整齐,不凌乱,不凹凸不平。如图 6-7 所示。

(1) 从上到下,商品从小到大依次陈列。

(2) 同一层货架上从左到右,商品大小一致。

(3) 从上到下,商品应尽量保持同一色系。

(4) 同一层货架上从左到右,商品色泽应呈渐进变化。

图 6-7 整齐陈列的商品

第四节 商品配置表

超市卖场内的商品陈列的具体位置和陈列面积是通过商品配置表来进行管理的。商品配置表是把商品陈列的排面及排面数在具体货架上作最有效的分配,并以书面表格形式表现出来。

商品配置表由采购部门按陈列原则制定,对商品的具体陈列位置进行设定;并由营运部门执行。

一、商品配置表的管理功能

1. 商品定位管理

超市卖场内的商品定位,就是要确定商品在卖场中的陈列方位和在货架上的陈列位置。严格执行商品配置表以保证商品的有序有效的定位陈列,便于消费者按规律寻找商品,便于理货人员有序补货、理货;同时也可以对畅销商品的陈列面积有效保护。

2. 有效控制商品品项

每一个超市的卖场面积是有限的,所能陈列的商品品项数目也是有限的,为此就要有效地控制商品的品项数,这就要使用商品配置表,才能获得有效的控制效果,使卖场效率得以正常发挥。

3. 商品利润的控制管理

商品配置表对陈列面积的有效规范,有利于比较各种商品之间的利润,通过调整不同商品的陈列位置和陈列面积,把利润高的商品放在好的陈列位置销售,提高超市的整体盈利水平。

二、商品配置表的编制

商品配置表是以一座货架为制作的基础,一张配置表代表一座货架。商品配置表格式的设计,只要确定货架的标准,再把商品的品名、规格、编码、排面数、售价表现在表格上即可。运营部门只要找到配置表上的相应的货架就可以进行陈列工作。

1. 货架编号

货架编号采用5位分级编码,每组货架为每个编码的最小单位。例如,可设为区域(大类)、陈列线、货架,则第1位为区域号,第2、3位为陈列线,第4、5位为货架号。图6-8是生鲜部(代号A)的1号陈列线货架示意图,第6组货架的货架号编为A0106。

1	2	3	4	5	6	7	8	9
11	12	13	14	15	16	17	18	19

图6-8 生鲜部(代号A)的1号陈列线货架示意图

端架的编码方式:端架用字母G表示,第2～4位码为端架的流水码。例如,食品课第12号端架的编码即为BG012。

堆头的编码方式:堆头用字母D表示,第2～4位码为堆头的流水码。例如,食品课第9号堆头的编码即为BD009。

2. 决定每个单品排面数量

在规划整个大类商品的配置时,每一个中分类商品所占的营业面积和陈列排面数首先要决定下来,结合单品的规格资料,这样能进行单品的商品配置,初步确定每个单品的排面数量。例如,食品要配置长90 cm单面货架一座,有3个单品要上架,每个单品宽10 cm,这样决定后,可计算出每个单品的排面数量为3。

3. 决定单品的陈列顺序

根据陈列原则对单品陈列顺序进行调整。

4. 设置商品配置实验架对单品陈列效果进行检测，最终确定商品配置表

商品配置表的制作必须要有一个实验阶段，即采购人员在制作商品配置表时，应先在实验货架上进行试验性的陈列，从排面上来观察商品的颜色、高低及容器的形状是否协调，是否具有对顾客的吸引力，缺乏吸引力可进行调整，直至协调和满意为止。

5. 商品配置表的修正

任何一家超级市场开业之后，商品的配置并不是永久不变的，必须根据市场和商品的变化作调整，这种调整就是对原来的商品配置表进行修正。商品配置表的修正一般是固定一定的时间来进行，可以是一个月、一个季度修正一次，但不宜随意进行修正，因为随意进行修正会出现商品配置凌乱和不易控制的现象。表 6-1 所示为某超市商品配置表。

表 6-1 某超市商品配置表

分类编号：日化类　　　　货架编号：L01　　　　制表人：李鹏

店内码	品名	排面	规格	卖价	位置	最小库存	最大库存	厂商代码
10025	雕牌	2F	350 克		D1	1	3	
					B1			

说明：最下一层为 A，第二层为 B，依次类推，一个排面为 1F。最小库存为一天的安全库存，最大库存为满排面陈列量。

从上表可知，350 克雕牌洗衣粉陈列在 L01 号货架第 4 层左起第一个位置两个排面。

第五节　商品陈列的基本要求

单品的具体位置在商品配置表中已经固定，但运营部门仍需要掌握商品具体陈列要求。恰当地使用陈列技巧会使顾客的精神为之一振，产生极大的兴趣，购买欲望就会提高。

一、丰满

俗话讲"货卖堆山"，货架、地堆、端头上的商品必须丰满陈列。商品不丰满，会降低货架空间利用率，导致仓库库存压力增大；商品不丰满，容易给顾客留下这些是"卖剩下来的商品"的不好印象；商品不丰满，影响商品自身的表现力，影响销售。尤其是地堆、端头等特殊陈列的商品更要丰满，这些特殊陈列犹如超市的画龙点睛之笔，是超市的亮点。即使商品放满了货架，但若是东倒西歪、凌乱不堪，仍然给顾客留下不好印象。如果商品没有足够的库存量，不能保证货架放满，就要把商品前置陈列，以保证商品丰满，整齐。如果商品前置陈列也不足以将货架摆满，这时有两种处理方法：在空缺的地方，放置"此货暂缺"标志；或者把其他关联性的同时销售比较好的商品填补上。进行这两种操作一定要作好记录，跟踪要货，不然容易使该商品在店里消失。不能简单地把旁边的商品拉大排面，除非旁边的商品畅销。图 6-9 所示为超市商品陈列丰满与否对比图。

图 6-9　超市商品陈列丰满与否对比图

据美国一项调查资料表明,把做不到满陈列的超级市场和放满陈列的超级市场相比较,前者销售量按照不同种类的商品可分别降低 14%～39%,平均可降低 24%。

二、便利

陈列的商品要方便顾客的拿取,并且容易放回(图 6-10),要根据商品适应对象选择陈列高度(如儿童用品)。

图 6-10　商品与上层层板间留一定空隙

根据商品特性设计商品在每层层板上陈列的层数及陈列饱满程度,如听装可乐因为重量较大、体积较小,如果在一层层板上进行两听或两听以上的叠放陈列,可能会导致层板受重压变形,或导致消费者拿取时带倒其他商品。

> 小技巧:陈列商品时与上隔板之间留有 3～5 cm 的空隙(二指原则)让顾客的手容易进入。

三、清洁

不要连包装箱一起陈列到货架上,对于一些挑选性强、易脏手的商品,应事先进行简单包装,并配有拿取工具,只有完整、清洁的商品才能陈列出来(商品在上架陈列前须进行挑选,剔除包装损坏、外观不好的商品)。例如,陈列架后排听装商品的倒置陈列,要保证商品陈列的整洁干净,无论什么情况下都不要把商品直接放在地面上,随时打扫货架,注意货架上的锈迹、污迹,要随时保持店堂卫生。

四、先进先出

顾客习惯拿走靠近自己的前排商品。理货员在补货时要注意将老货放到前排,把新货放在后排。

对流动性不强的商品,要通过减少陈列量、调整陈列位等方法,保证老货先被销售出去。

五、商品正面朝向消费者

所有陈列在货架上的公司产品,必须统一将中文商标正面朝向消费者,可达到整齐划一、美观醒目的展示效果,如图 6-11 所示。

图 6-11 超市商品正面陈列效果图

六、推陈出新

任何陈列都应有调整及变化,以经常给人新鲜的刺激。商品推陈出新一方面是配合促销、专题、换季等主题;另一方面是对商品陈列位进行调整,以适应平均地效的经营原则。方法包括调整陈列位,试用新色彩、新包装、新价格等。

第六节　价格标识管理规范

一、价格标识分类

单品陈列工作结束后,还必须对价格标识进行整理、规范,让顾客直接有效地了解商品对应的售价。超市中所有用来传达和表示商品销售价格的标识,为价格标识,主要有货架价格标签、POP 广告、价格标牌 3 种。

1. 货架价格标签

货架价格标签是超市中最基本的价格标识,它用在陈列商品的货架上,一般是可以活动的,放置在价格轨道中,上有指示方向。用于表示在正常销售的货架上的商品的价格。如果同一单品有不同的销售价格,价格标签多采用多种不同的颜色以示区别。图 6-12 所示为货架价格标签。

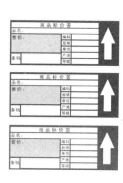

图 6-12 货架价格标签

2. POP 广告

超市中还有大小不一、形状各异的由门店企划部人工手写的 POP 广告。广告纸的规格标准,字体标准,信息也比较丰富,除必要的商品品名描述、规格和价格外,还包括其他内容,形式活泼幽默,极富吸引力,如图 6-13 所示。

图 6-13 超市 POP 广告

3. 价格标牌

价格标牌是一种放大的价格标签,是指服装、鞋类等商品,由于很难采用同一商品的标价方式,必须采用单品标价的方式,因此每一个商品上都必须有含有价格信息的价格标牌。标牌的价格可以印刷或用打价枪粘贴,但所有的价格要与系统的扫描价格一致。

二、价格标识管理规范

1. 货架价格标签内容管理规范

（1）标签内容规范

商品名称、产地、等级、规格、含税价格、计价单位、售价、大组号/小组号、条形码、货号、供应商编号等。

所有的价格标签都是标准的,不同颜色用来表示不同的价格类型。如红色代表快讯广告商品的价格,绿色代表正常商品的价格,蓝色代表清仓商品的价格等。

进口商品应贴有中文标识。

（2）标签位置规范

连锁超市的商品价格标签位置对顾客挑选商品会产生一定的影响。因此,规范打贴价格标签的位置,就显得十分重要。同时,价格标签位置的规范化,为收银员提高收银速度创造了有利条件。

1）在价格轨道上的规范

价格标签是对在货架上所陈列商品价格的标识。一般粘贴在货架的层板上或放置价格轨道（或价格托牌）里,位置在该商品排面的最左端；标签的方向优先选择向上,只有在某些商品的价格标签无法向上或不方便顾客观看时,才使用向下的方向进行标示。商品价目牌应与商品相对应,位置正确。

2）在商品自身上的规范

商品价格标签的打贴位置应在商品正面的右上角,如遇右上角有商品说明文字,可打贴在右下角。

罐头商品价格标签打贴在右下角,绝不允许打贴在罐盖上方,因为罐盖上方容易积灰尘,不便理货员整理清洁商品,不畅销的商品（罐装、盒装商品）更应注意这点。

瓶装商品价格标签打贴在商品正面的右上角,如酱油、酒等。

高档商品、礼品的价格标签要打贴在商品正面右上角的侧面。

（3）管理标准

价格标签必须经过当地的物价管理政府机关批准才可以使用。

1）价格标签只能由电脑中心办公室打印,不能用手写。

2）商品的一个陈列位置只能有一个正确的价格标签。

3）价格标签必须是正确的价格,规格与价格类型一致,数据与系统、广告的价格随时保持一致。

4）价格标签必须是清楚的、干净的、完整的、可扫描的。

5）价格标签在货架上的位置不允许随意移动,必须遵照陈列图进行。

6）价格标签必须在收银系统新价格执行前的非营业时间,进行打印和更换。

2. POP 广告管理规范

（1）内容规范

主要是商品的品名、简单的描述、原价格、现售价、限售时间、广告语、插图等。

（2）位置规范

POP 广告不能放置在端架、货架上，只能陈列在规定的位置。

3. 价格标牌管理规范

（1）内容规范

商品名称、商品的型号和规格、商品的原价、商品的现售价、商品的价格日期等。

（2）规格规范

标牌的尺寸是标准的，纸张和颜色以及印刷的字体均有明确的规定。如将标牌分为小、中、大3种，小标牌用于高度低于1.2 m的货架的端架；中标牌用于高度低于2.3 m的货架的端架和两个卡板面积以下（含两个）的堆头；大标牌用于高度在2.3 m以上的货架的端架和两个卡板面积以上的堆头。根据实际的营运要求，价格标牌可以是单面的或双面的，按价格的不同，可以设计出不同的标牌抬头，如特价商品、惊爆商品、清仓商品等。

（3）位置规范

放在端架的价格标牌的位置，吊挂或置于不锈钢的支架上，优先选择商品的上方50 cm处；如有需要，也可放置在商品的旁边或正中间等。

[案例6-2]　**家乐福的价签戏法**

自2011年1月中旬以来，经济之声《天天315》节目连续报道家乐福玩价签戏法的行为：价签上标低价，结账时却收高价；明明是打折，促销价却和原价相同。家乐福超市虚假促销，被消费者质问却百般狡辩。

此次家乐福欺诈消费者一事后，引起国家发改委的高度重视，经查实，家乐福在一些城市的部分超市确实存在多种价格欺诈行为。目前，国家发改委已责成相关地方价格主管部门依法予以严肃处理，没收违法所得，并处违法所得5倍罚款；没有违法所得的或无法计算违法所得的，最高处以50万元的罚款。

部分超市确实存在多种价格欺诈行为，但为什么另一部分超市没有进行价格欺诈也会导致顾客在购买商品时结账价和标牌价不符呢？

【实训教学】

1. 判断分析训练

（1）在每层楼比较高的超市选择高货架；反之，为减少顾客在较矮层高建筑物中的压抑感，这类选址的超市则选矮货架。（　　）

（2）超市中，货架是超市陈列商品的主要工具。（　　）

（3）陈列线上的货架根据位置的不同，可分为端架、端头、端中3个部分。端中的陈列效果最好。（　　）

（4）陈列线上的高端是指最高的一层货架。（　　）

（5）顾客最容易看到的地方，又是伸手拿取商品最方便的位置，是最佳陈列位置。（　　）

(6) 一瓶 2 升的饮料 4.5 元,而 2.5 升的饮料 5 元,将它们陈列在一起会带动 2 升饮料的销售。( )

(7) 商品的配置并不是永久不变的。( )

(8) POP 广告不能放置在端架、货架上,只能陈列在规定的位置。( )

(9) 价格标签只能由电脑中心办公室打印,不能用手写。( )

2. 混合选择训练

(1) 超市的陈列设施包括( )。
  A. 货架   B. 堆头   C. 柜台   D. 挂具

(2) 卖场中的好区域主要在( )。
  A. 主通道附近   B. 通道的右侧   C. 通道的左侧   D. 出入口附近

(3) 商品陈列的基本要求有( )。
  A. 丰满   B. 便利   C. 先进先出   D. 清洁

(4) 生鲜部(代号 B)的一号陈列线货架,第 6 组货架,则它的货架号编为( )。
  A. A0106   B. B0106   C. B106   D. B16

(5) 陈列商品时与上隔板之间留有( )厘米的空隙能够让顾客的手容易进入。
  A. 4～6   B. 2～3   C. 3～4   D. 10

(6) 端架每 1 米长的陈列货架不能超过( )个单品。
  A. 2   B. 3   C. 4   D. 5

(7) 整齐原则是指整个货架从上到下,从左到右,商品( )陈列整齐有序;商品陈列整齐,不凌乱,不凹凸不平。
  A. 品类   B. 色泽   C. 大小   D. 图案

(8) 品牌陈列以( )。
  A. 纵向为主   B. 纵向为辅   C. 横向为辅   D. 横向为主

3. 案例分析训练

问题在哪里?

请根据所学理论知识,判断下面两个图片显示的陈列存在哪些问题,并提出解决的方法。

产品关联性陈列案例

某大型超市的经理对超市的销售数量进行设定跟踪,有一次他发现了一个很奇怪的现象,啤酒与尿不湿的销量在周末总会出现成比例地增长。他们立即对这个现象进行了分析和讨论,并且派出专门的人员在卖场内进行全天候的观察。最后,谜底终于水落石出,发现啤酒和尿不湿多为男人在周末采购,而且购买这两种产品的顾客一般都是年龄在25~35周岁的青年男子,由于孩子尚在哺乳期,多数男人都接到了夫人的"圣旨",下班后带尿不湿回家,而周末正是美国体育比赛的高峰期,边饮啤酒边看比赛是多么惬意的事!这位营销经理从中受到启发,他对超市的物品摆放进行了调整,将卖场内原来相隔很远的妇婴用品区与酒类饮料区的空间距离拉近,减少顾客的行走时间,将啤酒与尿不湿摆放在一起,同时将牛肉干等一些简便的下酒食品也摆放在一起,这样全年下来,营业额增加了几百万美元。

案例讨论与思考

(1) 将啤酒与尿不湿摆放在一起可以增加销售量的原因是什么,增加的是哪类产品的销量。

(2) 请举几个关联性产品陈列的例子。

某国际品牌产品陈列案例

某国际知名A品牌的洗发水产品价格超过宝洁公司产品。根据市场定位,A品牌产品的消费群体应该是高端的客户,因为有一定经济能力的人群才有可能选择这个价位的产品。然而在某超市它却与很多国内三线低价产品放在一起,而宝洁等一线产品都在这个洗化陈列区的另一端。A品牌和国内三线品牌陈列在一起很自然可以听到消费者的疑问——这真的是A品牌的产品吗?消费者无法理解国际品牌为何沦落到与廉价产品为伍。品牌优势荡然无存。其次这个卖场的主要消费群体是周边的固定人群,所以他们非常清楚自己需要的那个档次的产品在哪个地方,因此买中高价位产品的人大多不会注意低价格区,同样在低价区即便有些廉价产品销售非常好,那也与A品牌无关,因为A品牌的价格是旁边产品价格的2~3倍。所以导致A品牌产品销售不利的尴尬局面。

在咨询了相关专业人士后,A品牌厂家代表积极与卖场协商,将陈列区域调整到一线品牌沙宣旁边。增加主推品种的陈列面,将大容量产品及市场反应冷淡的品种的陈列面减小。并且注意陈列的色彩搭配及摆放整齐,达到整体陈列面的统一。经过一系列的调整,A品牌产品销量由最初的数百元每月很快提高到月销售万元左右。

案例讨论与思考

陈列调整后,销售量会有大幅度的提高的原因是什么。

4. 实习实训操练

项目1:最佳陈列位的判断,教师根据项目四实训获得的超市布局图,请学生为货架编号。

项目2:请学生分析判断各商品大类货架位置的优劣。

项目3:有条件的学校可安排学生执行特定商品配置表的陈列,或对指定商品进行商品配置表的制定。

（1）目标

项目 1 的实训操练，让学生基本掌握超市货架的编号方法及规律。

项目 2 的操作，可让学生能从超市众多陈列位置中选择最有利的货位。

项目 3 的操作，目的是让学生能读懂并执行商品配置表。

（2）方法和步骤

项目 1、2 可以在本章结束后，由教师安排学生以课堂作业的形式进行。教师对学生的作业应认真批改并给足意见。

项目 3 可在配置表讲解结束后，在实习场所上安排学生用真实货架进行该项目的实训，教师对操作知识进行讲解。

（3）实训要求

1）精心准备，保证超市布局中货架数据的完整，保证配置表操作时货架和货物的齐备。

2）教师要认真点评，保证学生能全面掌握知识要点。

3）学生在进行项目 3 实训时，要保证让不同学习表现的学生都能进行操作。

（4）实训成绩考核

项目 1、2 成绩考核以成果考核为主。

项目 3 考核采取"过程考核"与"成果考核"相结合的方式进行。过程考核主要是考核出勤情况，成果考核包括理论运用、结果的正误。

最后实操项目成绩按比例计入学生学习这个单元实践实训考核成绩。

项目七

超市商品定价管理

【能力目标】
- 能合理运用不同定价方法制定商品零售价格
- 能针对不同市场环境对商品价格进行调整
- 清楚价格变动调整的各级职责

【知识目标】
- 定价目标
- 成本导向定价方法
- 心理定价方法
- 产品生命周期与价格关系

【案例导入】

专栏 7-1　这样定价对吗？

某区域娃哈哈纯净水销量远好于农夫山泉,两种水的指导零售价都为 1.5 元/瓶。A 超市将娃哈哈纯净水设定为 1.0 元/瓶,农夫山泉设为 1.5 元/瓶。

为什么 A 超市的管理人员这样定价?这种做法合理吗?要想创造足够的利润应该怎么做?

【知识学习】

第一节　超市商品定价步骤

一、商品定价

超市商品定价是指超市企业根据经营目标,分析各类影响价格的因素,采用科学的方法制定商品零售价格的过程。

二、定价步骤

1. 确定定价目标

定价目标是超市在对其经营的商品制定价格时,要求达到的目的和标准。它是指导企业进行价格决策的主要因素。定价目标取决于企业的总体目标。不同行业的企业,同一行业的不同企业,以及同一企业在不同的时期,不同的市场条件下,都可能有不同的定价目标。

2. 预测需求

产品需求的预测是指通过充分利用现在和过去的历史数据,考虑未来各种影响因素,结合超市的实际情况,采用合适的科学分析方法,对产品在未来一段时间里的需求期望水平进行推断。需求预测为企业的计划和控制决策提供了依据。

3. 估算成本

成本是商品经济的价值范畴,是商品价值的组成部分。人们要进行生产经营活动或达到一定的目的,就必须耗费一定的资源(人力、物力和财力),其所费资源的货币表现及其对象化称为成本。定价过程中的成本估算,不但要考虑商品的采购单位成本,还应包括平均运营成本。

4. 分析竞争者成本、价格和提供物

竞争者在这里主要是指商圈范围内的同类型超市,要分析竞争者的商品价格情况,成本运营情况以及经营的商品特点。

5. 选择定价一般方式

6. 价格修正

用定价方法确定的价格还只是一个基准价,必须要从竞争、心理、促销等多方面进行考量、修正。

7. 制定最终价格,通知运营部门执行

第二节 超市商品定价整体目标

定价是实现超市整体经营目标的手段,定价的目标应服从于超市整体的经营目标。商品价格定价权由采购员掌握,定价整体目标是超市整体经营利润的保障,在制定商品零售价格时,采购员应根据定价整体目标保证整批商品定价后整体利润合理。

同时,企业对竞争者的行为都十分敏感,尤其是对竞争者的价格变动状况。在市场竞争日趋激烈的形势下,企业在实际定价前,都要广泛收集资料,仔细研究竞争对手产品价格情况,通过自己的定价目标去对付竞争对手。根据企业的不同条件,一般有以下决策目标可供选择。

1. 以获取利润为目标

获取利润是企业从事生产经营活动的最终目标,具体可通过产品定价来实现。企业可根据市场环境选择合适的利润目标。

(1)以获取合理利润为定价目标

合理利润定价目标是指企业为避免不必要的价格竞争,以适中、稳定的价格获得长期利润的一种定价目标。采用这种定价目标的企业,往往处于比较稳定的市场环境,竞争没有明显变化,企业有长期经营的准备。临时性的企业一般不宜采用这种定价目标。

(2)以获取最大利润为定价目标

最大利润定价目标是指企业追求在一定时期内获得最高利润额的一种定价目标。利润最大化并不意味企业要制定最高零售单价,而是利用合理单位定价或组合定价推动销售规模,追求整体利润的最大化。

2. 以提高市场占有率为目标

即以提高企业的市场占有率作为一定时期的定价目标。市场占有率是一个企业经营状况和企业产品在市场上竞争能力的直接反映,较高的市场占有率,可以保证企业产品的销路,巩固企业的市场地位,从而使企业的利润稳步增长。许多企业都希望用较长时间的低价策略来扩充目标市场,尽量提高企业的市场占有率。

3. 维护企业形象目标

超市在消费者心目中也有着固定的形象,质优价优、质优价廉、价格公道等,轻易去改变整体零售价格,会对消费者感观产生影响,造成消费者认识上的混乱。为了维护超市形象,在经营过程中不能随意进行大面积的零售价格调整,即使有必要调整也应从消费者价格不敏感的商品开始,小批量逐步调整到位。

> [案例 7-1] 供应方提价,超市如何应对
>
> 2001年由于原材料价格的上涨,某纸品提高超市供货价,大部分的超市接受了最新供价,并将其成本转嫁到零售价中去,也有少数超市最初拒绝提价,如果你是超市方,你会怎么做?

第三节　超市单位商品定价原则

一、符合超市类型原则

超市整体零售价格应与超市的类型一致。各类型超市零售价格是有区别的,便利店价格高于社区超市,社区超市又高于大型综合超市。零售价格最低的是仓储式超市。

二、标志商品低价原则

大多数成功的超市都给消费者一种商品价格低廉的感觉,这种感觉来自于消费者对部分商品零售价的横向比较判断,消费者比较的只是部分商品。一项调查表明,法国家乐福超市 1/3 的商品价格比国内超市低,1/3 的商品价格比国内超市高,1/3 的商品价格与国内超市持平。然而消费者通常认为家乐福的商品更便宜,这就是标志性商品定低价的效果。标志商品低价原则,就是要求寻找出消费者心目中的价格标杆商品,给这些商品制定比同类超市略低的零售价。如许多超市的宣传海报大多会标榜肉类的价格、某种大米的价格。

三、符合产品生命周期原则

一种产品进入市场后,它的销售量和利润都会随时间推移而改变,呈现一个由少到多再由多到少的过程,它的零售价格也应随之改变。

在投入期,顾客对产品还不了解,只有少数追求新奇的顾客可能购买,销售量很低。为了扩展销路,需要大量的促销费用,对产品进行宣传。这时应定高价。

在成长期,顾客对产品已经熟悉,大量的新顾客开始购买,市场逐步扩大。竞争者纷纷

进入市场参与竞争,为抢占市场份额,价格逐步回落。

在成熟期,市场需求趋向饱和,销售额增长缓慢直至转而下降,市场份额基本稳定,制定合理价位,维持正常利润,或降低价格争取更多消费群体。

在衰退期,消费需求发生改变,产品的销售额和利润额迅速下降。可成本价销售或低于成本销售以清理库存减少损失。超市采用此方法处理的主要是保质期将到的商品、无法退货处理的商品。

第四节　一般定价方法

在对需求预测、成本及竞争情况分析的基础上,企业制定商品价格的方法一般主要依靠成本导向定价方法。

成本导向定价方法是最常见的基本定价方法,即按商品单位成本加上一定预期利润来确定价格的定价方法。根据预期利润计算方法的不同,成本导向定价法又衍生出了成本加成定价法、目标收益定价法、盈亏平衡定价法等几种具体的定价方法。

1. 平均成本加成定价法

平均成本加成定价法是在单位成本的基础上加上一定的毛利的定价方法。不同种类的商品,其毛利的加成比例不同。美国一般百货商场的商品的零售价的加成比例为烟草类约20%,照相机约28%,服装约41%,女帽约50%。这种计算方法很简便,但忽视了竞争与需求的反弹影响。采用这种定价方式,一要准确核算成本,二要确定恰当的利润百分比(即加成率)。

平均成本是企业在生产经营一单位产品时所花费的固定成本和变动成本之和,单位产品的平均成本加上一定比例的单位利润,就是单位产品的价格。用公式表示为

单位产品价格＝单位产品成本＋单位产品预期利润

2. 边际成本加成定价法

边际成本加成定价法也称为边际贡献定价法。即在定价时只计算变动成本,而不计算固定成本,在变动成本的基础上加上预期的边际贡献。用公式表示为

单位产品价格＝单位产品变动成本＋单位产品边际贡献

该方法以变动成本作为定价基础,只要定价高于变动成本,企业就可以获得边际收益(边际贡献),用以抵补固定成本,剩余即为盈利。

边际成本加成定价法的优点是计算简便,特别是在市场环境基本稳定的情况下,可以保证企业获得正常利润。缺点是只考虑了产品本身的成本和预期利润,忽视了市场需求和竞争等因素。因此,无论在短期或长期都不能使企业获得最佳利润。

3. 盈亏平衡定价法

盈亏平衡定价法即根据盈亏平衡点原理进行定价。盈亏平衡点又称保本点,是指一定价格水平下,企业的销售收入刚好与同期发生的费用额相等,收支相抵、不盈不亏时的销售量,或在一定销售量前提下,使收支相抵的价格。

单位产品价格＝(固定总成本＋变动总成本)/商品销售量

这种制定价格的方法要以科学地预测销量和固定成本、变动成本已知为前提。

第五节　价格修正方法

一般的价格方法会指引经营方计算出商品基准价格,在此价格的基础上,采购员还应根据需求及竞争环境修正最终商品售价。

一、需求导向定价

需求导向定价是依据购买者对产品价值的理解和需求强度来定价。百货商场由于附加服务和环境气氛为产品增加了价值,其商品价格可以高于小商店。另外,百货商场可以对一些世界知名品牌实行高价策略。

1. 心理定价策略

(1) 尾数定价策略

尾数定价,即给产品制定一个最小价格单位为非整数的价格。例如,汽车售价为99 999元/台,土豆售价为2.45元/斤。这种定价策略是充分利用消费者的求廉心理。

大多数消费者在购买产品时,尤其是购买一般的日用消费品时,乐于接受尾数价格,如0.99元、9.98元等。消费者会认为这种价格经过精确计算,购买不会吃亏,从而产生信任感。同时,价格虽离整数仅相差几分钱或几角钱,但给人一种低一位数的感觉,这种策略在超市定价中被普遍使用。例如,某种糖果用成本加成定价法计算得出结果为19.00元/斤,采用尾数定价策略考量可制定最终售价为19.98元/斤,18.99元/斤等。

(2) 整数定价策略

整数定价与尾数定价正好相反,将产品最小价格单位定为整数,以显示产品具有一定质量,它考量的是消费者求方便的心理。整数定价多用于频繁购买品以及消费者对质量较为重视的商品。这些商品往往容易让人产生"一分价钱一分货"的感觉,通过整数定价来满足消费者这种心理需要。例如,矿泉水定价2元/瓶,香烟定价10元/包。

(3) 声望定价策略

声望定价即针对消费者"便宜无好货、价高质必优"的心理,对在消费者心目中享有一定声望,具有较高信誉的产品制定高价。不少高级名牌产品和稀缺产品,如豪华轿车、高档手表、名牌时装、名人字画、珠宝古董等,在消费者心目中享有极高的声望价值。购买这些产品的人,往往不在乎产品价格,而最关心的是产品能否显示其身份和地位,价格越高,心理满足的程度也就越大。

(4) 习惯定价策略

有些产品在长期的市场交换过程中已经形成了为消费者所适应的价格,成为习惯价格。对这类产品定价时要充分考虑消费者的习惯倾向,采用"习惯成自然"的定价策略。对消费者已经习惯了的价格,不宜轻易变动。例如,打火机1元/只、槟榔10元/包,不能为了加强竞争降价或提价销售。降低价格会使消费者怀疑产品质量是否有问题;提高价格会使消费者产生不满情绪,导致购买的转移。在不得不需要提价时,应采取改换包装或品牌等措施,减少抵触心理,并引导消费者逐步形成新的习惯价格。

2. 差异化价格策略

差别定价可以满足顾客的不同需要,能够为企业谋取更多的利润,因此,在实践中得到了广泛的运用。

(1) 顾客细分定价策略

顾客细分定价策略是指企业按照不同的价格把同一产品或劳务以不同的价格卖给不同的顾客。超市按会员价和忠实消费群体结算货款就是这种定价策略的代表形式。消费者为超市提供的贡献不同,享受的价格也应有差异。

(2) 分档差异定价

分档差异定价是指企业对不同花色、品种、式样的产品制定不同的价格,以简化交易手续,节省顾客时间,虽然这个价格相对于它们各自的成本是不成比例的。例如,经营鞋袜、内衣等商品,就是从XX号到XX号为一档,一档一个价格。有时甚至简单到一款为一档,如同款式的鞋不论大小同一售价。

(3) 地区差异定价策略

地区差异定价策略是对连锁超市企业有特殊意义的定价策略,是指企业对于处于不同地区的同一商品制定不同的零售价格,即使在不同地点提供的商品成本是相同的。不同地区市场环境也不相同,各店可根据自身所处的竞争情况给商品赋予不同的价格。

二、竞争导向定价

竞争导向定价是依据竞争者的价格来定价——可相同,可高,也可低。价格调整主要看竞争者是否变动,随市场定价。这种方法可在竞争中减少风险,并协调同行业间的关系。

1. 高价取脂策略

高价取脂策略是指在市场竞争不激烈的环境中为迅速收回投资,并取得丰厚盈利而制定远高于成本的价格策略,它是一种以短期盈利为目标的定价策略。其名称来自从鲜奶中撇取乳脂,含有提取精华之意。

这种策略只在一定条件下才具有合理性。第一,产品的质量和形象必须能够支持产品的高价格,并且有足够的购买者想要这个价格的产品。第二,生产较小数量产品的成本不能够高到抵消设定高价格所取得的好处。最后,竞争对手不能够轻易进入该产品市场和压下高价。一般用于新产品上市阶段。

2. 低价渗透策略

低价渗透策略与取脂定价策略相反。初期把价定得低些,以便迅速和深入地进入市场,从而快速吸引来大量的购买者,赢得较大的市场份额。当占领市场后再提高价格。

沃尔玛、家乐福和其他许多零售商都是采用这种方法,逐步扩大它们在零售市场中的版图。

3. 通行定价策略

通行价格策略,是介于取脂定价和渗透定价之间的一种定价策略。由于取脂定价法定价过高,对消费者不利,既容易引入新的竞争者,又可能遇到消费者拒绝,具有一定风险;渗透定价法定价过低,对消费者有利,但对企业最初收入不利,资金的回收期也较长,若企业实力不强,将很难承受,而且会遭遇竞争对手的相应回击。而通行价格策略是竞争定价方法中最为常见的策略,该策略的指导思想是使所销售的商品价格与竞争者保持一致。这样定价在一定程度上可以避免与同行的恶性竞争,又能维持同行之间适度的盈利水平。

三、促销定价策略

促销定价策略是指为了达到促销目的,对产品暂定低价,或暂以不同的方式向顾客让利的策略,目的是为引导或刺激消费者大批量即时性购物行为。

1. 招徕定价

这是促销定价的主要方式,适应消费者"求廉"的心理,将产品价格定得低于一般市价,个别的甚至低于成本,以吸引消费者、扩大销售的一种定价策略。采用这种策略,虽然几种低价产品不赚钱,甚至亏本,但从总的经济效益看,由于低价产品带动了其他产品的销售,企业还是有利可图的。

2. 数量折扣

指按购买数量的多少,分别给予不同的折扣,购买数量越多,折扣越大。其目的是鼓励消费者大量购买。

数量折扣包括累计数量折扣和一次性数量折扣两种形式。累计数量折扣规定顾客在一定时间内,购买商品若达到一定数量或金额,则按其总量给予一定折扣,其目的是鼓励顾客经常向本企业购买,成为可信赖的长期客户。一次性数量折扣规定一次购买某种产品达到一定数量或购买多种产品达到一定金额时,则给予折扣优惠,其目的是鼓励顾客大批量购买,促进产品多销、快销。

3. 现金折扣

现金折扣是对在规定的时间内提前付款或用现金付款者所给予的一种价格折扣,其目的是鼓励顾客尽早付款,加速资金周转,降低销售费用,减少财务风险。

由于现金折扣的前提是商品的销售方式为赊销或分期付款,因此,有些企业采用附加风险费用、治理费用的方式,以避免可能发生的经营风险。同时,为了扩大销售,分期付款条件下买者支付的货款总额不宜高于现款交易价太多,否则就起不到"折扣"促销的效果。

提供现金折扣等于降低价格,所以,企业在运用这种手段时要考虑商品是否有足够的需求弹性,保证通过需求量的增加使企业获得足够利润。此外,由于我国的许多企业和消费者对现金折扣还不熟悉,运用这种手段的企业必须结合宣传手段,使买者更清楚自己将得到的好处。

4. 时间定价策略

时间定价策略是指企业对于不同季节、不同时间的产品或服务分别制定不同的价格。超市经营活动是连续的,但部分商品的消费却具有明显的时间周期性。这就发生商品热销时超市服务能力不足,工作人员工作繁忙;商品滞销时超市服务能力过剩,工作人员工作空闲的问题。为解决商品供需不平衡和经营过程中服务能力供给不平衡的问题,需采用时间定价策略进行促销,让淡季不淡。

季节定价方式,对在淡季购买商品的顾客给予一定的优惠,使企业的生产和销售在一年四季均能保持相对稳定。例如,超市到了春季对羽绒服进行大规模低价促销,在冬季对啤酒给予大幅度让利等。

时点定价方式,对超市经营时销售量较小的时段进行部分特定商品的特价促销,以达到均衡分配服务能力目的。例如,超市早上 7:00 到 9:00 人流量很少,可对生鲜产品 9 折销售,以吸引消费者在这一时段进店消费。

四、产品组合定价策略

各种商品的利润贡献是不一样的,有的利润高、有的利润低、有的销量小,有的销量大,超市方要谋求利润最大化,有时就得借助商品的组合定价手段,对相互关联、相互补充的产品,采取不同的定价策略,寻求整体利润的平衡或增加。

1. 大类产品定价策略

产品大类定价策略是超市定价灵活性和竞争优势的体现。超市的商品管理组织结构一般以大类来划分,管理者为了自己部门的绩效往往选择给本部门负责的商品定高价,而忽略对超市整体利益的影响。经营活动中应将超市商品看作一个整体,先要从整体利益角度去制定各大类商品的竞争定价策略。例如,外资超市不会将所有商品的定价都是加15％以上的毛利,它们可能生鲜类加10％毛利,日用百货加20％毛利,而一般食品可能只加5％。通过这种大类分别加成的方式帮助整体经营竞争。

2. 互补产品定价策略

对这类产品定价时,一方面要有意识地降低互补产品中购买次数少、消费者对降价反映又比较敏感的产品价格。另一方面,又要有意识地提高互补产品中消耗最大、需要多次重复购买、消费者对其价格提高反映又不太敏感的产品价格。例如,相机和电池为一组互补产品,可降低相机的价格,提高电池的价格。

3. 副产品定价策略

在肉类、石油产品及其他化学制品的生产过程中,往往有大量的副产品。如果副产品没有用就得花钱处理它们,这样就会影响主要产品的定价。因此,制造商和销售商都必须为这些副产品寻找市场,并制定相应的价格,只要能抵偿副产品的储运等费用即可。这样,制造商和销售商就可以降低主要产品的价格,提高自身的竞争力。

4. 系列产品定价策略

对于既能单个购买,又能配套购买的系列产品,可实行成套购买价格优惠的做法。如仅仅一件西服上衣,可按原价出售;而一套带领带、背心的西服套装,则可以减价优惠。由于成套销售可以节省流通费用,而减价优惠又可以扩大销售,这样一来流通速度和资金周转大大加快,有利于提高店铺的经济效益。

第六节 价格调整

超市商品的价格并不是一成不变的,价格受到很多因素的影响,在多数情况下,必须对事先制定的价格进行调整,以更好地发挥价格杠杆对经营的积极影响。

一、价格调整原因

(1)定价失误,各种原因导致的定价失误,造成销售不畅或利润损失,必须对价格进行调整。

(2)供应商价格调整,供应商对商品供应价调整,造成进货成本的改变。

(3) 商品短期促销的需要。为刺激需求,对部分商品进行短期的降价促销行动。

(4) 供给矛盾需要通过调价来平衡。供过于求,要降价来刺激商品快速销售;供小于求,需要涨价来控制需求。

二、价格调整策略

1. 调价幅度

心理学研究表明,刺激达到一定的程度才会产生反应。商品价格调整需要注意幅度问题,降价幅度过小,就不能引起消费者的注意和兴趣,降价幅度过大、频率过多又会让消费者望而却步。对于降价,可采用短期大幅降价的形式,如 7 天的鸡蛋特卖。降价受到消费者欢迎,而商品提价对广大消费者的经济利益总是不利的,因为商品价格上涨意味着购买同一商品需要支出更多的货币,所以,消费者心理上自然对商品提价有不愉快反应。因此,超市提价幅度要尽可能小,不超出消费者的感觉极限,必要时可分若干次提价。

2. 调价时机

调价时机选择得好,会大大刺激消费者的购买欲望;选择得不好,就会达不到预期效果。流行商品的降价时机最好选择在流行高峰刚过;库存较大的季节性商品的降价时机最好选择在季中;一般性商品,则应在商品成熟期的后期开始降价,等等。而调高售价则可以选择逢年过节,人们的心情好,购买欲望旺盛,承受能力较强,这样,就能在一定程度上缓解人们对提价的心理反应。另外,当相关商品,特别是同类商品纷纷降价时,也是提价的好时机,它往往通过顾客的"逆反心理"和"比值比质"等心理而奏效。

3. 调价流程

调价流程涉及收银系统信息更新及陈列架价格标签更换的衔接问题,如果价格标签未更换、收银系统已经更新,消费者购买商品的过程可能会产生误会,反之一样,或者会发生商品在货架上有标价收银机中却无法销售的情况。这些都会损失超市的信誉及销售机会。

(1) 调价过程应由理货员负责协调及具体落实。当采购员完成新价格的设定,调价行为激发,理货员接收调价指令后,需报告电脑房并跟踪系统信息更新,而后完成价格标签的更换。

(2) 电脑操作员应在打烊后或在营业前更新系统信息,或设定新价格的启用时间为第二天营业开始后。

(3) 理货员在下班前应做好更换价格标签准备,在打烊后或第二日营业前更换好价格标签。

(4) 旧的标签应妥善保管或处理。

总之,商品价格调整事关消费者的利益,事关企业的经济效益和社会声誉,一定要慎之又慎。

第七节 价格带调研寻找标志性商品

一、价格带概念及研究

商品价格带(Price Zone)指同类商品中销售价格的上限与下限之间的范围。价格带的宽度决定了门店所面对的消费者的受众层次和数量。价格带宽则受众面广，数量多。可以通过商品价格带分析判断超市的定位，并由此推测超市为该商圈消费群体拟定的商品对策。例如，大型综合超市价格带很宽，目的是满足绝大部分商圈顾客的需求。在店铺内，为了满足顾客对既丰富又有效的商品构成的需要，有必要减少销售格层，并缩小价格带。如果销售价格的种类很多，则必然导致顾客不需要的商品增加，使顾客选择商品成为困难，并失去了商店的特性。

在进行竞争门店商品结构的对比分析时，商品价格带分析方法可为市场调查提供简单而明确的分析结果。例如，红葡萄酒，对方有5种规格，分别是5元、10元、20元、30元、50元，共计5种价格；我们也有5种规格的红葡萄酒，分别是8元、10元、15元、20元、30元，共计5种价格，经过价格带的对比后发现，①对方的价格带（5元～50元）比我们宽（8元～30元）；②对方的价格比我们便宜；③如果我们增加4.5元和45元规格价格，那就会改变一些我们的品类定位；④如果同一种商品我们的价格偏高时，需要查看该商品的销售排名，如果销售不好，就可以考虑放弃这种商品；如果销售比较好，消费者也需要，那就可以把它作为牺牲商品对待。

二、寻找标志性商品

标志性商品是消费者心目中的价格标杆商品，消费者根据这类商品来判断该门店所售商品是贵还是便宜，价格带中品类的商品价格点（Price Point，简称PP点）是对于超市或业态的某类商品而言，最容易被顾客接受的价格或价位。所以超市通过确定品类商品价格点附近的商品以决定出品类的商品定位以及应当引入和删除哪些商品。

寻找品类的商品价格点的步骤如下。

（1）零售商需要选择分析对象，其对象要求为门店商品某一个小分类；

（2）展开商品品类中的单品信息（如酱油），罗列出其价位（格）线（Price Line，指该品类单品的销售价格）。

（3）归纳该品类中单品的最高价格和最低价格，进而确定该品类目前的价格带分布情况。

（4）判断其价格区（Price Range，指价格带中陈列量比较多且价格线比较集中的区域）。

（5）确定商品品类的价格点。确定了PP点后，备齐在此PP点价位附近的商品，就会给顾客带来商品丰富、价格便宜的感觉和印象。

第八节　定价与陈列

商品的价格制定和陈列位置安排由采购员负责。采购员在陈列安排时应考虑零售价格的影响。根据陈列目的的不同，一般有3种受价格影响的陈列手法。

（1）招徕式陈列。将定低价的标志性商品或海报商品陈列在显著的位置，达到吸引消费者的目的。

（2）盈利式陈列。将高利润商品陈列在显著位置。

（3）隐藏式陈列。将海报中低利润或无利润商品隐藏在卖场区的死角，吸引消费者寻找,进而达到增加逗留时间、间接促进其他商品销售的目的。

【实训教学】

1. 判断分析训练

(1) 定价过程中的成本估算只需考虑商品的单位采购成本。(　　)

(2) 盈亏平衡点是指一定价格水平下,企业的销售收入刚好与同期发生的费用额相等,收支相抵、不盈不亏时的销售量。(　　)

(3) 时点定价方式是对超市经营时销售量较小的时段进行部分特定商品的特价促销,以达到均衡分配服务能力目的。(　　)

(4) 取脂策略是一种以长期盈利为目标的定价策略。(　　)

(5) 产品组合定价策略是指对不同的产品采取不同的定价策略,寻求整体利润的平衡或增加。(　　)

(6) 招徕定价是促销定价的主要方式,适应消费者"求廉"的心理,将产品价格定得低于一般市价。(　　)

(7) 理货员在下班前应做好更换价格标签准备,在打烊后或第二日营业前更换好价格标签。(　　)

(8) 标志性商品是消费者心目中的价格标杆商品,消费者根据这类商品来判断该门店所售商品是贵还是便宜。(　　)

2. 混合选择训练

(1) 购买西服上衣按原价,而购买成套西服,则可以减价优惠,属于(　　)。

A. 数量折扣定价　　　　　　　　B. 系列产品定价策略
C. 副产品定价策略　　　　　　　D. 心理定价策略

(2) 时间定价策略包括(　　)。

A. 季节定价　　B. 时点定价　　C. 黄昏定价　　D. 小时定价

(3) 心理定价策略包括(　　)。

A. 整数定价　　B. 尾数定价　　C. 习惯定价　　D. 声望定价

(4) 在产品生命周期中,定高价的时期是(　　)。

A. 投入期　　　B. 成长期　　　C. 成熟期　　　D. 衰退期

(5) 价格调整原因有(　　)。

A. 定价失误　　　　　　　　　　B. 供应商价格调整
C. 商品短期促销　　　　　　　　D. 供给矛盾

(6) 对调价幅度正确的理解是(　　)。

A. 提价幅度要尽可能小　　　　　B. 提价幅度要尽可能大
C. 降价幅度要尽可能小　　　　　D. 降价幅度要尽可能大

(7) 价格带宽则(　　)。

A. 受众面广　　B. 消费者数量多　　C. 受众面窄　　D. 消费者数量少

(8) 受价格影响的陈列手法有(　　)。

A. 招徕式陈列　　　　　　　　　B. 盈利式陈列
C. 隐藏式陈列　　　　　　　　　D. 普通式陈列

3. 案例分析训练

超市平均刷卡率达到35% 降低银行卡刷卡手续费呼声高起

2012年国家发改委制定的降低银行卡刷卡手续费方案正在银行方面征询意见的消息，再次引发社会各界的关注。众所周知，商家与银行方面的刷卡手续费之争由来已久，2004年曾经引发深圳零售商罢刷事件。

目前，一方面消费者刷卡消费比例以每年30%的速度在递增，超市行业平均刷卡消费比例达到35%，百货、家电行业已超过60%，企业每年承担的刷卡手续费少则几百万元，多则上亿元。另一方面，商家经营成本每年递增超过15%，利润水平逐年下滑。根据中国连锁经营协会多年的调查显示，零售行业平均利润率只有2%左右，而银行的刷卡手续费就高达0.5%~1%。这种不合理的收费格局，银行既与商家产生利益之争，也与当前"拉动内需，扩大消费"、"减少流通环节收费"的国家政策要求显得很不协调。

早在2011年5月，国务院领导批示由国家发改委牵头，会同商务部、人民银行、银监会共同研究制定降低银行卡刷卡手续费方案。在中国商业联合会的组织下，中国连锁经营协会、中国烹饪协会、中国百货协会和中国饭店协会共同参与了降费方案的调研和银行方面的谈判。经过近一年的商讨，降费方案终于获得各方主管部门的同意并报送国务院，2012年5月国务院批准了该方案，8月国务院出台《关于深化流通体制改革加快流通产业发展的意见》，再次明确要降低刷卡手续费。但降费方案至今迟迟不能出台，让越来越多的商家对盼望已久的利好政策失去信心。

刷卡手续费最高降37% 大超市每月省几十万

2013年，银行卡刷卡手续费新标准正式实施。刷卡新标准出台后，零售商刷卡手续费大幅下降，一些大型超市体现得更为明显，每月甚至能省下几十万元，月营业额在10万元左右的中小型饭店每月可省两三百元。

据了解，这次调整除了房产、汽车、批发类商户的刷卡封顶费有所提高外，刷卡手续费全线下降，总体下调幅度在23%~24%，其中餐饮娱乐类降幅高达37.5%。按照新标准，刷卡手续费的商户类别主要包括餐饮娱乐类、一般类、民生类和公益类这4大类，前3类的收费标准分别由原来的2%、1%、0.5%下降到1.25%、0.78%和0.38%，公益类仍然没有手续费。中小商家无形中减负。

邮电路富海通信广场一商户也称，卖场里几乎每户商家都安装了POS机，但刷卡手续费一直是消费者承担。"卖一部5 000元的手机，才赚50元。如果还要上交刷卡手续费，就别赚钱了。"该商户还无奈地表示，有很多消费者不愿意支付凭空多出的手续费，都会到就近银行取现金来支付。他透露，刷卡手续费从1%降到0.78%，如果按一个月营业额3万元来算，近7成消费者选择刷卡，一个月可省下近50元。

案例讨论与思考

(1) 超市为何要推出信用卡刷卡服务，可不可以取消？

(2) 银行业可不可以不降低刷卡手续费，如果不降，超市方又该怎么处理？

外媒:高价路线使苹果(iPhone)在中国不再受宠

据中国经济网北京2012年8月22日报道,虽然许多人将iPhone4S智能手机销量大幅下降归结于季节性因素,并且有传闻说苹果即将于下个月发布新款iPhone5,这显然也是iPhone4S在中国销量下降的又一个原因。

不过,分析人士说,iPhone4S在华销量下降还有另外一个原因。它作为高端智能手机王者的地位已经摇摇欲坠,许多中国消费者已经不再将拥有一款iPhone手机作为彰显身份的象征。换句话说,拥有一款苹果iPhone手机在中国公众眼里已经不再那么"酷"了。

瑞银集团分析师Steven Milunovich说,iPhone在北美和西欧的市场占有率已经达到60%,2012年第一季度销量同比增幅已下降至15%~20%。相比之下,iPhone在亚太市场的占有率不足30%,今年第一季度销量同比增幅仍高达77%。他说,这意味着苹果在亚太市场还有巨大增长潜力。瑞银估计iPhone在中国的拥有量已经从2010年的不足200万部增加到2 500万部。

Steven Milunovich指出,对苹果来说中国市场也有一个不好的消息,定价长期高高在上已使iPhone成为奢侈品,许多人为购买一部iPhone不得不节衣缩食。他说,这种奢侈品形象已经影响公众对苹果的好感。许多人开始觉得,苹果产品华而不实。虽然拥有一款iPhone手机仍然能带来某种不切实际的优越感,但在一些人眼里,iPhone手机已经成为虚荣和浮夸的象征。

随着千元智能手机在中国的大量上市,iPhone所展现的卓越性能已经不足为奇。而且,三星盖世系列智能手机(Galaxy S,又译作银河系列)也给iPhone带来了巨大挑战。新款Galaxy手机不仅拥有更大的屏幕,更高的分辨率,而且也有更快的速度和更优异的性能。

现在中国消费者对智能手机性能追求已经不再那么狂热,"够用就好"的理念开始深入人心。中国本土一家新兴智能手机厂商小米公司也可能给苹果带来威胁,小米手机不仅性能卓越而且售价低廉,性能与iPhone类似的小米手机售价仅为iPhone的一半。面对如此大的价格差距,消费者似乎很难找到继续追捧苹果的理由。

案例讨论与思考

(1) iPhone在中国市场采用的是哪种定价策略?

(2) 面对市场低价机的旺盛需求,苹果公司是否应推出低价机?

4. 实习实训操练

超市某品类商品价格带调查

(1) 目标

引导学生通过该实训锻炼,掌握价格带调查分析基本内容;基本能对标志性商品进行判断;能对品类的商品构成提出自己的建议。

(2) 方法和步骤

在授课教师指导下,全班分成若干小组,各小组设计价格带市场调研表格。实训指导教师指定每个小组需要作价格带调研的不同小分类商品,并要求各小组设计自己的市场调研表(在该表格上要能够体现出该小分类的价格带,以及在不同价格区间带中不同零售商分别有哪些品牌、该区间的单品数、陈列空间、陈列量、品项等分析所需要的资料)。各小组做好市场调研表之后,由实训指导教师进行审核。因为很多学生的市场调研表会出问题,而且对具体调研项目的理解上也会出现偏差,所以在此处需要实训指导教师把关。

学生按组进行市场调研。实训指导教师指定 2～3 家操作比较规范的大卖场(标准超市或者便利店),学生以组为单位对自己小组的小分类进行比较详细的调研。

(3) 实训要求

此处一定要注意安全,企业出于商业机密的考虑是不允许这样详细的调研的,所以要求学生调研行动必须比较隐秘,同时一定要携带学生证,避免不必要的误会。这也是为学生以后走上工作岗位而需要进行市场调研的一个提前的锻炼。

收集调研数据之后可以进行企业之间的比较。

如果学校能够与企业进一步沟通,从而取得企业相应小分类的销售数据的话,就可以进行进一步分析。

(4) 实训成绩考核

考核采取"过程考核"与"成果考核"相结合的方式,最后按各占 50% 的比例计入学生学习这个单元实践实训考核成绩。过程考核包括实训态度、出勤情况、自我学习等考核指标;成果考核包括理论运用、结果的正误、问题思维与创新、实训报告撰写质量等考核指标。

项目八

超市商品销售管理

【能力目标】
- 能正确执行理货员的工作职责
- 能在正确的时机对商品进行补货作业
- 掌握一定的推销技能
- 能正确执行收银员的工作职责
- 能正确处理收银中常见的问题
- 能把握顾客偷窃行为的揭发时机
- 能正确处理顾客偷窃行为

【知识目标】
- 熟悉理货员的工作职责和工作流程,掌握理货员的考核标准
- 收银员工作职责
- 收银员工作纪律
- 熟悉防损员的工作职责和工作流程

【案例导入】

专栏 8-1　收银工作马虎不得

某日,收银员小李为一名顾客结算完货款后,将购物袋递给顾客,顾客伸手去接购物袋时,小李在顾客未完全拿稳时松了手……

某日,两位外国顾客买了一些商品,结账时,其中一位以需换取特定号码的人民币或换钱为由(利用收银员不懂外语并感到困惑时),在收银员打开钱箱,拿出一沓现金让顾客自行挑选后,顾客在收银员的注视下,迅速将人民币翻找一番,然后将钱还给收银员,离开收银台。等收银员醒悟过来核对现金时,发现已经少了数千元。

某超市洗化课有两名不同洗发水公司的促销员,其中一位很认真努力,只要是顾客经过洗发水柜台就上前推销产品;另一位就显得懒得多,不是每个顾客都去推销,甚至有顾客询问产品情况时都不会全心投入,但是每次月末总结都是不努力的促销员销量高,这是为什么?

【知识学习】

理货员是公司在超市终端的业务代表,必须能够代表公司的形象和维护公司的利益;收银员直接面对广大顾客并涉及货物收费,是超市应该严格控制的环节,也是顾客在超市最后一站是否满意离开的重点;超市的商品大多是快速消费品,而且客流量极大,由此造成的货

物因为变质、损坏、丢失等损失巨大，是超市主要成本之一，因此超市防损员工作的好坏，直接决定了超市损失额的大小。这3个工作岗位，是超市在卖场的日常工作重点，需要合理规划和安排。

第一节　理货员管理

理货员是一种新的工作形式，其岗位层次类似于柜台式服务的营业员，但又具有自身的职业特征。

一、理货员的工作职责

1．陈列

（1）理货员有对商品进行分类，并按商品陈列方法和原则进行商品陈列（包括补货）的工作职责。根据商品毛利率高低或商品物理特性，采用有效合理的陈列方法和手段。

（2）理货员有对商品按编码进行标价和价格标签管理的工作职责。

2．推销

（1）理货员有对商品进行推销，促进商品销售的职责。

（2）理货员有对顾客的咨询导购提供服务的工作职责。

（3）理货员要熟练掌握本岗位所经营商品的性能、用途、使用方法。

3．清洁

理货员有对超市内卫生进行保洁及商品防损管理的工作职责，对商品和货架每间隔5～7天必须进行一次清洁，地面用具必须实行每天清洁一次。

4．补货

理货员要经常性记录所经营商品的缺货情况，制订补货计划。

5．调查

（1）参加月度、年度盘点。一年两次，6月及12月底，如有必要，在两次正式盘点期间可作检查性盘点，一般为一周一次。

（2）按公司要求参加市场调查，掌握消费者需求，及时上报主管，制订新产品购销计划。

二、理货员工作流程

超市理货员一般按照超市作息时间上下班，一般作业流程如下。

1．营业前

（1）参加晨会（店长主持；检查仪表，进行前一天工作总结，布置当天工作及有关注意事项，传达营销促销活动）。

（2）检查过夜商品（对柜台及货架上商品进行检查或清点；对重点商品清点数量，包括库存商品），如有异常及时向组长或部门经理汇报。

（3）整理货架（清洁、拖洗地面，擦抹柜台、货架、商品及有关设施，做到干净、整洁、无尘）。如发现破损、弄脏商品应及时处理。

（4）整理商品（将商品归类、整理，做到整齐、丰满、美观大方、无空位）。

（5）检查商品标签（逐个检查商品价格，要求做到货价相符、标签齐全、货签到位、一货一签）。对品种复杂，挑选性大的商品，应做到一件一签，标签要与商品的编号、品名、产地、规格、单位、单价相符。

（6）补货（尽量补充商品至货架丰满）。

（7）准备及检查售货用具是否正常及充足。

1）电子秤（计价是否正常，电力是否充足，打价纸是否充足）。

2）包装材料（包装袋是否准备充足，捆扎胶带是否充足）。

一般可以通过统一包装袋大小来降低费用。

3）宣传资料、赠品是否齐备。

注意，距开店还有两分钟时，营业员应停下手中工作，面对主通道迎接顾客。

2. 营业中

（1）整理商品（理货）。

归位整理（把完好的商品归位，注意按类别（如肉食）、生产批号归位，做到能先进先出）。

挑选整理（把顾客随意丢放的包装以及已经不合格的商品剔除出去）。

陈列整理（要把被顾客弄乱的陈列整理好，把后排的商品放到前排来，以保证丰满美观）。

（2）补货（及时添补已经售完商品，不要出现缺货情况）。

（3）打包及分装商品。

（4）检查商品标签。

（5）为顾客的咨询提供服务（包括推销商品）。

（6）对可疑人员进行随机观察。

（7）交接班规范。

1）参加班前会（传达晨会内容，总结上班工作，做好工作交接）。

2）各柜台交接班记录本（记录柜台每日交接工作中一些重要的工作动态，提醒下一班接着处理的事务）。

3）具体交接内容（商品，贵重商品交接人双方应共同清点无误后签字认可。货款、发票、待处理问题）。

4）交接地点（应在各自柜台或工作地点进行，不得影响正常的营业秩序），交接完毕后，上班次人员应立即离开柜台，不得影响下班次人员的工作。

5）交接的责任问题

因交接手续不清而造成的工作失误由过失方负责，不能确认责任归属的由双方共同负责。

小贴士：补货的基本原则

（1）货物数量不足或缺货时补货。

（2）补货以补满货架或端架、促销区为原则。

（3）补货的区域先后次序为端架—堆头—货架。

（4）补货的品项先后次序为促销品项、主力品项、一般品项。

(5) 补货必须遵循先进先出的原则。

(6) 补货以不堵塞通道,不影响卖场清洁,不妨碍顾客自由购物为原则。

(7) 补货时不能随意变动陈列排面,依据价格卡所示陈列范围补货,否则会影响商品陈列,违反者将按规则处罚。

(8) 补货时,同一通道的放货卡板,同一时间内不能超过3块。

(9) 补货时,所有放货卡板均应在通道的同一侧放置。

(10) 货架上的货物补齐后,第一时间处理通道的存货和垃圾,存货归回库存区,垃圾送到指定点。

(11) 补货时,有存货卡板的地方,必须同时有员工作业,不允许有通道堆放卡板但无人或来不及安排人员作业的情况。

3. 营业结束时

(1) 送客(提示顾客营业将结束,营业员照常接待顾客,没有接待顾客的营业员可以开始清扫地面)。

(2) 安全检查。

1) 清点贵重商品数量。

2) 检查货架空档情况,及时通知仓管或采购。

3) 认真做好贵重商品的收藏保管工作。

4) 关闭各类应关电源。

(3) 整理和清扫(清扫地面,清倒垃圾,不留死角,拖洗地面)。

小贴士:理货中问题商品的处理

1. 破包商品的处理

判断商品破损包装可否修复。食品的包装破损后必须退货,不得进行修复;卫生用品包装破损无法保证卫生要求的不得修复;商品包装破损严重无法修复的应放弃修复。

商品包装破损较小,且不影响销售质量,理货人员应及时进行修复。

① 对可修复包装商品应以简便易行的方法,用透明胶带进行修补,不可采用黄色或有印刷公司标志的胶带进行修复。

② 对散落商品应进行调整、组合新的包装箱,将不够一个销售单位的个品聚集到一起,将单个商品按原包装进行排列,用封塑机进行封包。

③ 属于复合包装损坏的,可重新用封塑机进行修复,不能使用胶带捆绑修复。

破包装修复后,要检查原条码是否完好,并粘贴店内码。

2. 临近保质期商品处理

对临近保质期的商品要及时采取措施,不能在商品过期后才进行处理。

临近保质期商品的控制原则如下。

① 生鲜商品保质期控制。商品保质期为1~3天的,最后1天为临近保质期;商品保质期为1~4天的,最后期前1天为临近保质期;商品保质期为8~15天的,最后期前2天为临近保质期;商品保质期为16~30天的,最后期前5天为临近保质期;商品保质期为30天以上的,最后期前10天为临近保质期。

② 非生鲜商品保质期控制。一般都在最后期前10天,作为临近保质期处理。

临近保质期商品控制措施如下。

① 检查商品保质期。对货架上每件商品的保质期都必须进行严格把关,尤其要重点检查那些销售周期长、销售量小的商品和保质期短的商品,如贵重的糖果和保鲜的饮料等。做出是否要处理的判断,以保证消费者的消费安全。登记临近保质期的商品,包括保质期的日期、商品数量等。

② 正确处理临近保质期的商品。与采购部门或供应商联系,协商退货或换货。协商成功,办理退货手续,或换新货。不能退货、换货时,则必须在商品能完全使用或食用完毕的时间内,通过改变陈列方式等方法进行促销。有些商品可根据情况进行降价处理。当临近保质期的商品尚未售完,则应通知采购部门或供货商根据库存的多少,采取控制订货措施。当架上商品临近保质期时,也可采取新货暂时不上货架陈列等措施。

3. 缺货的处理

在理货、补货过程中,经常会出现缺货的情况,理货员应能够及时调整货架,进行恰当处理,以保证货架美观,不影响商品的正常销售,同时协助控制缺货,以避免或减少损失。

货架临时措施如下。

① 存货不足。当商品存货不足,一时无法补满陈列货位时,可临时改变商品陈列方向,采取纵向变横向的排列方法,将后面的商品暂时向前排,即将商品拿到前方,与货架的边缘平齐摆放,使陈列看起来相对充实。但这只是库存不足时采取的权宜之计,不可长时间采用,一旦有货就应立即恢复原来的陈列。

② 缺货。正常销售的商品由于缺货而导致的空位,应放置暂时缺货标签,同时维持其原有排面。绝不允许随意挪动价签位置或拉大相邻商品的排面以遮盖缺货。若某一商品补货次数频繁,需要改变陈列面的大小,应按陈列图的更改程序进行,只有新陈列被书面批准后,才可以更改陈列。

及时反映缺货情况,建议进行追货;对重点、主力商品应催促立即补进货源。

当重点商品缺货时,应采取对可替代的类似商品补货充足或进行促销等措施,以减少缺货带来的损失。

4. 报损商品的处理

商品报损就是把失去销售价值的商品进行报废处理。报损必然影响企业效益,因此应严格把握。

判断商品是否需要报损,报损的一般标准如下。

① 超过保质期的商品。

② 虽具备使用价值,但包装破损已不能销售的商品,如严重瘪罐的罐头,不能再销售或降价销售。

③ 被污染或使用过的化妆品、卫生用品等。

④ 不能再销售的被污染或使用过的商品,如真空包装损坏的食品,被顾客修改过的服装,穿过有磨损痕迹的鞋等。

⑤ 失去使用价值,不能再销售的被损坏商品,如曝光的胶卷、被打碎的瓷器等。

⑥ 经过维修后,依然不能恢复质量要求的商品,如电子产品、照相机等复杂商品,在维修后依然不能恢复质量标准要求的。

商品报损操作。确定报损商品后应及时进行处理,一般不要积攒。

① 整理报损商品，包括装箱、集中等。
② 由经手人填写库存更正单，注明报损原因，经库存更正人、部门经理签字同意。
③ 经管理层对库存更正单进行审核。
④ 由商品部将单据和商品与退货组进行交接，由退货组进行报损的执行程序。

三、理货员的工作考核

1. 工作追踪

（1）通过对条码、排面、价格、促销、服务 5 要素的检核，针对发现的各种问题，列出清单——工作进度追踪表。

（2）把每项工作分配到具体的执行人、执行时间、考核指标、检核人、检核时间以及奖罚手段。

（3）每天、周、月会议追踪相关人员的工作进度。

（4）严格按商超工作进度追踪表进行奖罚，不讲任何客观理由。

2. 考核要素

（1）业务表现

1）进店率

进店率指的是在单位时间内，从店铺门口经过的客流量与进入店铺内的客流量的比率。例如，单位时间内经过店铺门口的客流量是 100 人，其中有 35 人从店铺门口经过时进入了店铺，进店率就是 35％。计算公式如下。

$$进店率＝进店客流数量/经过店铺门口的客流数量$$

对于大型超市，可以用进入本公司的客流量除以超市当日总的客流量。

进店率是提高销售率的核心，可以通过日常统计来考核，统计表如表 8-1 所示。

表 8-1 某服装品牌超市进店率统计表

终端名称：　　　　　年　　月进店率、试穿率、成交率统计表

日期	8:00～12:00			13:00～17:00			18～结业			日销售件数	销售总金额/元	日平均单价/元
	进店人数	试穿人数	成交率	进店人数	试穿人数	成交率	进店人数	试穿人数	成交率			
1												
2												
3												
4												
5												
6												
7												
8												
9												
10												
...												
16												

通过表 8-1 可以调查不同时间段的进店率,从而考核理货员的作业绩效,时间段可以根据实际营业的高峰期不同进行灵活划分。

2) 单店日均销量

单店日均销量是指某一时间内(一周、一月等),超市本商品平均一天的销售量。该指标可以考核理货员促销业绩。

3) 回款率

超市理货员的销售回款率是指理货员实收的销售款与销售收入的总额的比率,用于衡量理货员在超市的经营能力。计算公式如下。

$$销售回款率 = \frac{实际收到的销售款}{销售总收入} \times 100\%$$

$$= \frac{现销收入 + 本月应收账款收回数}{销售总收入} \times 100\%$$

$$= \frac{销售总收入 - (应收账款期末数 - 应收账款期初数)}{销售总收入} \times 100\%$$

4) 费用率

费用率是指理货员在工作中,尤其是超市台面工作中所花费的费用与收入的比率,是反映盈利水平和业绩的重要指标。计算公式如下。

$$费用率 = \frac{成本费用}{销售总收入} \times 100\%$$

(2) 终端表现

终端表现是指理货员所负责超市中本公司商品区域的管理情况,具体包括以下几个方面的表现。

1) 陈列维护

陈列的清洁;陈列的饱满;规定排面的维护;商品维护。

2) 商品的补货、订货

保证商品在货架上的陈列数量,做到商品先进先出,没有超过保质期的商品陈列在货架上。

3) 售后维护

换残次、补破损;丢失补货;临过期商品处理。

4) 信息维护

促销信息;价位信息;竞品信息。

终端表现与业务表现的相互联系,如图 8-1 所示。

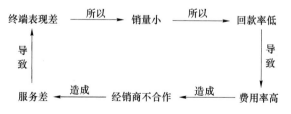

图 8-1 终端表现与业务表现的逆循环关系

如图 8-1 所示,理货员的工作直接关系到企业业绩,所以理货工作,虽然是以主观行为为主的工作,但同样可以进行客观评价,也就是说理货的考核可量化。有了科学的考核内容,接下来就要设计各项工作的合理占比。每项工作依据其在理货员工作中的重要程度不同而设置不同的比例,总和为100%。之后,根据公司考核需要,再设置理货员的"达标分值"和"优秀分值"。各项工作占比设定后,再及时整理理货的原始信息和数据套入占比,得出各个理货员的所得分值,进行考评排名。有了专业、量化的考核机制,才有了理货员优胜劣汰的依据以及让理货员必须坚守的"底线指标"。但是,一旦考核开始残酷,结果就必须准确,所以就需要良好的监督机制同样跟进,发挥作用。

四、商品推销技巧

超市采用的是顾客自选式服务,一般顾客通常不需要理货员更多的服务,但这并不等于可以取消或减少服务。相反,更需要超市理货员具有更高的服务水平,具备更好的观察力与判断力,能够及时发现需要提供服务的顾客,并针对顾客的实际需求提供最佳的服务。

1. 接近技巧

超市开始营业后,顾客浏览商品或接近货架的时候,理货员可边巡视、整理货物,边等待接触顾客的机会。一般等待时间长短与商品价格高低、消费周期长短成正比。商品价格越高、消费周期越长,其等待时间越长。这主要是因为顾客需要更多的时间来判断思考。理货员在这一阶段,主要是注意观察顾客,寻找需要帮助的顾客,随时做好迎接顾客的准备。

(1) 心理准备:理货员对顾客应当热诚、微笑、心胸宽阔、一视同仁,站在顾客的立场上考虑问题。

(2) 行为准备:理货员应努力树立良好的外部形象,做到"四美",即服饰美,服饰样式大方,穿戴整洁合体符合职业要求;修饰美,注意自身的仪容仪表,做到健康、美观、大方、典雅;举止美,站立的姿势要自然、端正,形态风度高雅、礼貌、得体;情绪美,要亲切热情,精力充沛,能化不利情绪为有利情绪。

(3) 初步接触

初步接触就是可主动与顾客打招呼。超市理货员把握好时机,发现需要帮助的顾客主动与之接触也是很关键的。人们在实践中通过观察顾客的行为特点,总结出下述7个打招呼的较佳时机,可以大大提高打招呼的成功率。

1) 当顾客注视特定的商品时;
2) 当顾客接触商品时;
3) 当顾客表现出寻找某商品的状态时;
4) 当顾客停下脚步,驻足观看时;
5) 当与顾客视线相遇时;
6) 当顾客把视线从商品上移开,抬起头来时;
7) 当顾客与同伴评价议论某商品时。

在此还应强调一点的是,招呼可以分为两类,一类是出于礼貌的招呼,如"您好,欢迎光临";另一类则是为了销售商品,两类招呼必须区别清楚。打招呼的方式也可以多种多样,可以用语言,也可以用眼神、微笑、点头等。并非都要说出来,只要让顾客感到你已经注意到他,并时刻准备帮助他就够了。

2. 商品展示与介绍

商品展示与介绍的作用一方面是让顾客充分了解商品的性能、价值和使用方法;另一方面要激发顾客的购买欲望。高明的商品展示,可以让顾客对商品"一见钟情"。理货员要有意识地诉诸顾客的感官,激发其产生兴趣,方能起到理想的展示效果。商品展示与介绍一般要求从以下几方面进行。

(1) 介绍商品

1) 介绍商品的步骤

(公司→品牌→产品→属性→用处→利益)

销售人员在推荐商品时,如果对所销售的商品充满了感情和热爱,往往可以通过语言来吸引顾客,让顾客对商品产生更多的兴趣和欲望。销售过程中,首先要介绍公司和品牌,其目的是让顾客信任商品是货真价实的;接下来再去介绍商品,包括介绍商品的一些功能和组成材料;最后再用获取利益的方法来说服顾客购买商品。

2) 介绍商品时可以从以下几方面入手

① 展示介绍商品本身的情况;

② 介绍商品的市场行情;

③ 介绍商品时可以引用例证;

④ 介绍商品的使用保修和日常维护方法;

⑤ 介绍商品的原料、材质、工艺流程及性能和用途;

⑥ 介绍与商品有关的历史典故、民间传说和人文趣事。

(2) 说明诱导

经过上述环节,顾客虽已对商品有了初步认识,但并不一定立即拿取,还要进行比较分析与判断。因此,理货员的进一步说明与诱导能起到消除顾虑激发潜在需求的作用。在进行说明诱导时,一般应注意以下几点:要对不同顾客的需求做出商品说明;介绍商品不能夸大与欺骗;要让顾客了解商品的特点;让顾客进行商品比较;注意调动顾客的情绪,不能强迫推销;介绍语言要简洁、流利,避免口头禅。

理货员在经过一般商品说明后,要能够根据顾客需要将商品各种属性中的精华加以提炼和强化,形成销售要点,以此突出重点坚定顾客购买信心。销售要点的抓取应注意掌握好以下 5W1H 原则。

"5W1H"原则。即 WHO(谁使用);WHERE(何处使用);WHEN(何时使用);WHAT(需要什么);WHY(为什么使用);HOW(如何使用)。理货员在接待顾客时应尽早搞清商品对顾客的利益,以便拟定正确的销售要点。

3. 促成购买

促成购买是整个销售过程中的关键性环节,虽然经过前面若干环节顾客已经形成了购买意向,即将大功告成,但如果这一环节处理不当仍然会前功尽弃,所以促使顾客下决心的时机把握十分重要。俗话说心急吃不了热豆腐。实践中常见到由于理货员成交心切,催促顾客购买,反而导致顾客心生疑虑最终放弃购买。因此,只有找准成交时机才能获得成功。一般而言,选择最佳时机主要是通过观察顾客的言行来判断。通常有以下 8 个较佳时机可供参考。

1) 当顾客不再继续发问时;

2）顾客的话题主要集中在某个商品上或某一方面；
3）顾客表现出若有所思的神态；
4）顾客对理货员的回答频频点头,表示赞同；
5）顾客开始注意价格问题；
6）顾客反问同样的问题；
7）顾客开始询问购买数量的问题；
8）顾客关心售后服务的问题。

此时,及时鼓励促成顾客决定购买最为有利。

4. 送别顾客

送别顾客虽然是顾客离开的最后阶段,但也不能草率从事。礼貌告别不仅可以给顾客留下良好的印象,还为以后顾客的光顾作好铺垫。告别的方式除一般用语之外,还应有一些更灵活的方式。

(1) 以关切的提醒告别。例如,对老年人可以说"您拿好东西,慢点走"。
(2) 以真诚的祝福告别。例如,"祝您春节快乐,全家幸福"。
(3) 以热情的指点告别。例如,"请您向右走,往前10米,1号收款台付款"。

还要注意向顾客表示谢意,应感谢顾客的光临。特别是对没买商品的顾客更要真诚地表示歉意,因为没能满足顾客的愿望。

5. 顾客异议的处理

顾客异议形成的原因十分复杂,但通常,顾客的异议均与商品或服务有关。不管你的销售能力多么出色,应变能力多么强,但在交易过程中总会发生一些异议。因此,事先规划好一个处理异议的方案将非常重要,具体方法如下。

(1) 倾听顾客异议

销售过程就是一个信息的交流过程,也就是相互理解的过程。这一过程的大部分内容是倾听,在交流中潜在顾客将向你提供大量信息,这些信息非常有助于解决问题。

(2) 证实你理解了顾客的异议

面对一个异议,在做出反应以前,应证实你完全理解了它,最简单的方式是重复一遍这个异议的大致内容。这样做一方面可以保证你的思想与潜在顾客一致；另一方面也让你有更多的回旋余地。

(3) 不要争论

在对潜在顾客的异议做出反应时,应注意措辞。即使是顾客错了,也应尽量避免直接争论,否则会令顾客不满,也给别的顾客造成不良印象。

(4) 答复异议

对一个异议做出反应,正确的方法要取决于潜在顾客当时的情况和异议本身的特点。只有完全满足了潜在顾客的要求,异议才会消失。例如,在交易即将达成,顾客异议可能解除的情况下可以问"您对我的回答满意吗"。

(5) 努力成交

在整个销售过程中,达成交易的机会有很多次,特别是在圆满处理了顾客异议后。如果已得到解决的顾客异议是他拒绝购买产品的唯一原因,那么很显然会达成交易；如果潜在顾客仍有顾虑,那么在达成交易之前,还必须进行进一步的沟通。只有真正消除了顾客的异议,才能使交易顺利进行。

在每次销售活动中,必然会出现异议,这时既不要贬低它们,也不要夸大它们。理货员对待顾客异议的态度直接影响着顾客的情绪。顾客产生异议本身就说明他对产品已有一定兴趣,只是还存在疑虑,需要更多信息的补充。大部分的异议是源自对产品或服务缺乏足够的认识。因此,如果理货员能完全了解产品并非常熟悉顾客心理,能够态度诚恳、热情友善地与顾客沟通交流,做出合理的解释,帮助顾客正确认识商品或服务,那么他就一定能成功处理各种异议,并最终达成交易。

第二节　收银员管理

收银员是超市必不可少的一个角色,是商场销售服务管理的一个关键点。超市的形象、货款的安全都与收银员的认真工作分不开。一般人看来,收银员的工作很简单,就是把顾客所选物品的价款结清。但实际上,为顾客提供结账服务只是收银员的基本工作,超市收银员的工作职责还包括现金管理、推广促销以及防损等工作。

一、收银员工作职责

(1) 接收顾客购物所付款项,凭现金、信用卡、购物券等。
(2) 在收银主管的授权协助下解决前区问题。
(3) 做好损失防范工作。
(4) 提供给顾客有关商品与服务的信息。

二、收银员作业规范及流程

每日的工作流程可分为营业前、营业中和营业结束后3个阶段,以此作安排。

1. 营业前

(1) 参加晨会(仪表,进行前一天工作总结,了解当日促销活动)。
(2) 检查收银工具(零钞是否充足,电脑小票是否充足,购物袋是否充足,收银机是否正常,刷卡设备是否正常)。
(3) 清洁收银台卫生及附近商品。

2. 营业中

在收银结账过程中,一般情况下分为7个步骤,5句话。

(1) 欢迎顾客	欢迎光临(询问是否有会员卡)
(2) 商品扫描	商品扫描价格(可拆包商品需拆包检查)
(3) 结算商品金额	报总共多少钱
(4) 收取顾客货款	报收您多少钱(对钱币真假应识别)
(5) 找零	报找您多少钱(应拿取零钱后关钱箱再将零钱给顾客,零钱放上方,小票放下方,递到顾客手心放稳)

(6) 装袋打包(不同性质商品分开装袋,易碎和较轻的放中间、有规则的放两侧、重的放下面)

(7) 感谢　　　　　　　　欢迎下次光临

> **小贴士：收银员在工作中重点注意事项**
>
> (1) 若顾客付现金，应检查是否伪钞；若顾客未付款，应礼貌重复一次，不可表现出不耐烦态度，顾客交款时应当面点清。
>
> (2) 收款及找兑应当着顾客面点清，避免发生误会。如一时零钱找不开，应客气地询问顾客身上是否有零钱，当顾客拿出零钱，要礼貌致谢，或让顾客稍等马上去领班处兑换。
>
> (3) 为了应付找零及零钱兑换的需要，每天开始营业之前，每个收银机必须在开机前将零钱准备妥当，并铺在收银机的现金盘内。
>
> (4) 收银员在营业过程中应随时检查零用金是否足够，发现不足时应及时找收银领班兑换。零用金不足时切勿大声喊叫，也不能随意和其他的收银台互换，更不能因零用金不足而拒绝收银服务。
>
> (5) 在收银期间要礼貌询问顾客是否有零钱，如结算金额是21.2元，应礼貌询问顾客是否有1.2元的零钱，当顾客拿出零钱，要礼貌致谢。
>
> (6) 如果钱箱中有硬币和纸币两种零钱，先用纸币找零，当纸币使用完后再找硬币。
>
> (7) 在给顾客找零时，一般而言是小票放在零钞的下方；但也有例外，部分超市打印的电脑小票比较小，可根据这一情况将小票放在硬币和纸币之间。总之，找零时最下方应为最大面积的纸制品，或纸币或小票。

3. 营业后

(1) 清点核对现金，打印出收银总金额小票，移交现金并签字。

(2) 整理收银区物品，保管好发票、收据。

(3) 正确关闭电脑、电源。

(4) 盖上收银机防尘布。

> **小贴士：收银员装袋技巧**
>
> (1) 硬与重的商品垫底装袋。
>
> (2) 正方形或长方形的商品装入包装袋的两侧，作为支架。
>
> (3) 瓶装或罐装的商品放在底部与侧部，起到支撑作用。
>
> (4) 易碎品或重量轻的商品放在购物袋的上方。
>
> (5) 冷冻品、豆制品等容易出水的商品和肉、菜等易流出汁液的商品，先用包装袋装好后再放入大的购物袋中或经顾客同意可不放入大的购物袋中。
>
> (6) 装入袋中的商品不能高过袋口，以避免顾客提取不方便，一个袋装不下的商品应装入另一个袋中。
>
> (7) 超市在促销活动中所发的广告页或赠品要确认已放入购物袋中。
>
> (8) 装袋时要避免不是一个顾客的商品放入同一个袋中的现象。
>
> (9) 对包装袋装不下的体积过大的商品，要用绳子捆好，以方便顾客提拿。

三、收银员对商品及价格的管理规范

（1）收银员应熟悉商品的价格及价格变动情况,在收银计价时,经常有能扫进POS机的商品,如果收银员熟记商品的价格就不会耽搁顾客太多的时间。

（2）收银员如果发现商品价格标错,应立即通知当班经理或带班长。

（3）收银员发现商品标价低于正确标价时,应婉转地向顾客做出解释。如果顾客不接受解释,坚持按标价结账,应尊重顾客的意愿,因为这是超市本身工作失误造成的。

（4）收银员发现商品上有两个不同标签时应立即进入卖场核实,并向顾客解释清楚。

（5）若顾客购物量较大且价格有误时,应立即查清楚是超市工作失误还是顾客交换标签的偷盗行为,不论是哪一种情况都应通知带班长或值班经理进行纠正和处理。

四、收银员工作纪律

（1）在岗期间不能身带现金,以免引起不必要的误解和可能产生的公款私挪的现象。

（2）当班时收银员不得擅自离开收银台,以免造成钱币损失或引起等候结算顾客的不满与抱怨。

（3）收银台不可放置私人物品,因为收银台上随时都会有顾客退货的商品或临时决定不购买的商品,如果私人物品也放在收银台上,很容易与这些商品混淆,引起他人误会。

（4）不为自己的亲朋好友结算货款,以免造成不必要的误会。避免可能产生的收银员利用职务之便以低于原价的收款登录至收银机,以企业利益换取他人私利,或可能产生内外勾结的"偷盗"现象。

（5）不随意打开收银机抽屉查看数字和清点现金,随意打开抽屉既造成可能的不安全因素,又会使别人怀疑收银员营私舞弊。

（6）不在岗位上做与收银工作无关的事情,收银员在营业时间不可谈笑,要随时注意收银台前和视线所及的卖场内的情况,以免怠慢顾客,并防止不利于企业的异常情况发生,各种松懈行为都会给顾客不良的印象或造成企业的损失。

五、收银员离开收银台作业规范

（1）离开时,要将暂停营业的牌子放在收银台上。

（2）不启用的收银通道必须用链条拦住,开放不启用的收银通道会造成一些不良顾客不结账就将商品带出。

（3）将现金全部锁入收银抽屉。

（4）将离开原因和回来时间告诉临近收银员。

（5）待收银台没有顾客时再离开。

六、收银员营业款管理规范

（1）当日款必须当日清。

（2）结算后必须与值班经理签名作为入账依据。

（3）长款没收、短款赔偿、假币赔偿。

小贴士：真假币辨识技能

总的来说，可以通过4种方法综合判断来识别假币：一看、二摸、三听、四测。

(1) 一看

① 看点

固定人像水印、白水印、光变油墨面额数字、胶印对应图案、隐形面额数字。

② 观察方法

迎光透视。固定人像水印有立体感，非常清楚，白水印高透光反光性比较强，胶印对应图案组成了一个圆形方孔钱的图案。这3处均可通过迎光透视看见。隐形面额数字与眼睛平行上下抖动，看到有100的阿拉伯数字字迹。

③ 假钞的几个表现

固定人像水印和白水印不迎光透视，平放在桌面上就可以看见迎光透视的时候人像没有立体感，白水印不高透光，胶印对应图案荧光透视对应得参差不齐。如图8-2所示。

透光下，假币的100字样几乎看不清楚。

透光下，假币的水印头像轮廓清晰得很不自然。

来源：新浪财经

图8-2 假币透光识别

如图8-3所示，假币光变油墨面额数字在光源角度改变后没有任何颜色改变，均为绿色。

假币在平放和斜放时，100字样均呈现绿色。

来源：新浪财经

图8-3 假币数字识别

如图8-4所示，假币隐形面额数字与眼睛平行上下抖动，看不到数字的痕迹。

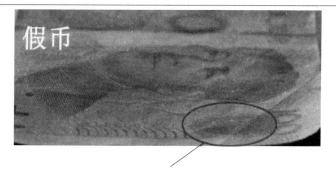

假币从这个角度看,看不到"100"的字样。

来源:新浪财经

图 8-4 假币的隐形面额数字识别

(2) 二摸

摸的地方:中国人民银行的汉字、毛主席头像、凹印手感线、盲文标记以及背面人民大会堂的图案。真钞摸起来会有凹凸感,假钞摸起来这些地方非常的光滑。

(3) 三听

轻轻地抖动,真钞的声音清脆;假钞的声音发闷。

图 8-5 所示为假币识别方法。

图 8-5 假币识别

> （4）四测
>
> 简单的小工具进行检测，如紫光灯，或者用验钞机进行检测。
>
> 真钞："中国人民银行"下面，会有一个金色的阿拉伯数字100。通过验钞机时没有声音。
>
> 假钞：在紫光灯的照射下什么也没有。通过验钞机检测的时候，验钞机发出警报声，可以检测出来。
>
> "HD90"开头并不一定是假钞。
>
> "假钞票印刷质量低劣，与真钞区别明显，只要采用正确识别方法，完全可以判别真伪。

七、收银员损失防范工作内容

损失防范是收银员工作职责之一，在收银柜台很多时候由于注意力不集中，没有规范作业造成部分商品漏过扫描，给超市带来不必要的损失，当然也不排除顾客有意偷窃。收银员应把商品安全放在一个重要的位置。

损失防范主要有以下几方面措施。

（1）顾客将购物车的商品拿到收银台，要留意购物车或购物篮的商品是否拿完。

（2）已经扫描的商品和未扫描商品放在不同位置，以免混淆。

（3）留意特殊人群，如小孩，他们手里的东西是外带的还是本超市的，若是后者，应礼貌提醒家长付账。

（4）在服务顾客的同时，要留意其他的顾客从收银通道过去是否夹带商品。

（5）有的顾客将商品拿在手上没有放在收银台上，也会造成漏扫。

（6）对易调包或大包装商品应拆包检查。

（7）收银员负有对商品管理的责任，这是超市集中结算的性质决定的；也就是说，凡是通过收银区的商品都要结账，收银员要控制商品的出入。

无特殊情况时，商品进入超市不会经过收银通道。有些商品的出店，如对配货中心退货等应经指定通道，这样就可以避免职工擅自将商品带出超市造成损失。对于厂商人员，要求以个人工作证换领超市识别卡，离开时才能换回。

> **小贴士：如何防诈骗**
>
> 在收银过程中，要特别注意诈骗现象，妥善处理。一般情况下，有以下几种情况出现。
>
> 案例1
>
> 两位顾客在结账时，故作熟识，给收银员造成一种二人认识、一起结账的假象。当扫描了一半时，前一位顾客将一部分已装袋的商品拎走，当收银员结束扫描正要收钱时，后一位顾客说收银员多结账，他与前一位顾客根本就不认识，他没买过账单上的部分商品。
>
> 如何制止：收银员在结账时，已扫描但尚未付款的商品千万不能离开自己的视线。
>
> 案例2
>
> 两位顾客买了一推车的物品，乘过节商场拥挤，要求使用信用卡结账，但这张卡是坏卡，无法结算。顾客提出先将账单打出，然后去ATM取款，留下一人帮忙看商品。当一人去"取款"时，看商品的顾客乘收银员忙时不注意带着商品离开。
>
> 如何制止：收银员必须执行一手交钱一手交货的原则，让门卫或其他员工照看商品。

> 案例 3
> 一位顾客拿了一件 10 元的商品来结账,当他付给收银员 100 元整钞并在收银钱箱打开时,说有零钱并将这张百元纸币拿了回去。经过一番寻找后,该顾客说不好意思,没有零钱,那你找吧。然后就等收银员找零。如果收银员一大意,就会在没有收到钱款的同时,又"找零"。而顾客会说他钱已给了收银员。
> 如何制止:首先收银员应该保持清醒的头脑;其次,当发生该类事情时,在顾客零钱没有找出来之前,不要将整钞交给顾客。
> 案例 4
> 一位顾客买了很多商品,结账时,他先点了一遍现金然后交给收银员,当收银员也点了一遍且辨别了真伪后,该顾客又说好像不能确认,要求自己再点一遍。当他再次清点时,乘收银员不注意,迅速换了一张假钞进来或抽调一张,而后装作很不好意思的样子说对的。当收银员再次收到这笔钱款时,误以为没问题,刚刚才点过无须再复点,便将这笔有问题的钱款大意地收下了。
> 如何制止:收银员当然不能拒绝顾客再次清点的要求,但一定要记住:已清点的钱款一旦离手,再次收到时一定要不怕麻烦,再次清点。

第三节　防损管理

据统计,每年超市中各种商品损耗占到超市营业额的 1.4% 左右,而超市的利润只有营业额的 3% 左右,因此可见防损工作的重要性,防损就是要用各种设施设备规章制度,减少因人为因素造成的商品损失,并对造成商品损失后果的行为人进行处罚。

一、防损设施设备

(1) 监控设备。
(2) 防盗磁条、感应门。
(3) 悬挂张贴相应标志。
(4) 防损人员(便衣及着装)。
(5) 规范陈列(丰满陈列)。
(6) 完备制度。
(7) 完备服务设施(存包处等)。

二、顾客偷窃行为

(1) 将高价商品换到低价商品包装袋中。
(2) 直接将商品穿在身上或拿在手中未付款带出超市。
(3) 将商品藏在衣服或行李中未付款带出超市。
(4) 撕毁商品标签,破坏防盗磁条。
(5) 大量损毁商品外包装。
(6) 直接使用商品(如喝酒)。

(7) 偷盗收银机现金。
(8) 混入仓库,通过收货区转移商品。

三、对顾客偷窃行为的揭发时机

(1) 未支付货款,顾客就携带商品走出大门,可在门口将其揭发。
(2) 顾客将商品放入自己的衣服口袋,且经收银台未付款,应立即揭发。
(3) 顾客将衣服直接穿在身上,过收银台未付款,直接揭发。

四、对顾客偷窃行为的揭发技巧

(1) 以暗示性的语言,暗示对方将商品拿出来结账。如"先生,是否所有商品都进行了扫描"。
(2) 较严重者,请到办公室处理。不要和对方在营业场所进行理论,容易造成围观,导致场面混乱,给不良分子造成机会。
(3) 以较和气语言要求对方配合检查。
(4) 部分顾客态度恶劣,拒不配合检查,而且无理取闹,这种情况应通知上级处理或直接拨打报警电话。

五、防损员业务流程

1. 偷窃案件处理

(1) 抓获嫌疑人员立即带至防损部进行处理,并请求同事协助。
(2) 对小偷的处理应由班长以上人员负责。女性须有女防损员在场。
(3) 认定偷窃性质,礼貌动员嫌疑人自己拿出赃物。切勿搜身或殴打,如嫌疑人拒绝合作,可晓之以理并明确告之不得存在侥幸心理。
(4) 嫌疑人承认偷窃后,填写《商品偷窃处理登记表》,由嫌疑人在认罚书上签字。
(5) 通知其亲属或朋友带罚款到商场交款领人。
(6) 对未成年人通知其家长,轻处理,重教育。
(7) 罚款准则为"偷一罚十",即按商品销价的10倍进行罚款。
(8) 到财务部交罚款。
(9) 把偷窃处理资料统一归类,对偷窃人员实行照相,填写特征资料。
(10) 对拒不承认或不认罚人员交派出所处理。
(11) 对确定没有作案的,要对其做到认错快、道歉快、补偿快。

2. 商品报损处理流程

报损是指非人为因素造成的商品自然损坏,如因冷冻柜问题造成的冷冻品损坏,鼠噬咬商品及超市购销商品超过保质期限。非报损原因是指那些人为因素造成的损坏,此类报损须追究当事人责任并予以赔偿。处理流程如下。

(1) 柜台填写《商品报损申请单》。
(2) 区域主管和业务人员予以审验确定责任。
(3) 防损员予以证明确认签字。
(4) 非报损原因的由防损员填写《报损商品责任处理单》一式三联,交行政部、财务部及营业部。

(5) 由经营部、业务部及防损部监视销毁或内部处理。

六、超市防损员各岗位工作职责

1．收银进出口岗

(1) 引导顾客从超市入口处进入超市。

(2) 制止顾客将未付款的物品带出超市。

(3) 按公司规定监管购物车(篮)。

(4) 制止顾客带饮料、食品以及其他超市内出售的同类商品进入超市,对于携带大包(袋)和公司购物袋的顾客,建议其存包。

(5) 当防盗报警器报警时,按下列方式处理。

1) 进超市报警。进超市报警一般是因为顾客所穿服装或所带物品上带有磁性,防损员应礼貌地向顾客说明情况,并询问顾客是否需要为其将磁性消除。如果顾客不同意并执意要进入超市,防损员应放行,并报告助理或主管。

2) 出超市报警。如顾客未购买商品,请其到办公室交助理或主管处理。如已购买商品,防损员应将购物袋通过防盗门测试,发生报警,将商品交给收银员处理;未发生报警,则请顾客通过防盗门。如果顾客通过防盗门时发生报警,将顾客请到办公室,交由助理或主管处理;如未发生报警,应向顾客致歉并将商品送还。

(6) 对超市内开单销售的商品,在顾客出超市时要查验购物单和电脑小票。核实无误后,在电脑小票上注明"已验"字样及日期。

(7) 商场出现突发性事件时,迅速到指定位置待命。

2．大门岗

(1) 维护超市入口的正常秩序,劝阻顾客带包、宠物和商场内所售商品入内。

(2) 礼貌回答顾客的提问。

(3) 制止卖场员工上下班从大门出入。

(4) 制止供应商从大门送货入商场。

3．收货部内外岗

(1) 负责指挥该区域的车辆停放。

(2) 禁止员工、顾客和供应商从收货部出入(收货组人员和生鲜供应商除外)。

(3) 积极配合收货组人员清点进入商场的物品,发现问题及时通报收货组。

(4) 对退货的商品和报损的商品必须有部门主管的签字,检查后方可放行;对清洁部的清除纸片要一一检查,确认无商品在内方可放行。

(5) 对顾客购买的大件商品,在收货处送出时,要仔细核对电脑小票或送货单;退货必须有部门主管的签字,防损员必须查问登记后方可放行。

4．便衣岗

(1) 劝阻顾客在商场内拍照(经公司同意的除外)、抽烟、吃食物(促销除外)。

(2) 巡视卖场,防止内盗和外盗,抓获小偷应及时送交主管处理。

(3) 监督员工的工作情况,发现问题及时报告部门主管。

(4) 仔细观察环境,发现可疑人员要进行跟踪,防止商场物品的流失。

5. 仓库岗

（1）对出入仓库的人员要严格登记，禁止一切无关人员进出仓库。

（2）对出入仓库的商品要一一登记清单编号及物品数量，让工作人员在记录本上签名。

（3）要随时观察仓库四周的环境，发现可疑情况及时报告主管。

6. 监控岗

（1）上岗前要清点、整理监控室内的办公用品，然后打扫监视屏幕的卫生。

（2）打开录像机，检查运作情况，安装录像带并定时换带。

（3）保持坐姿端正，密切注视监视屏幕，观察商场的动态。

（4）通过监视屏幕发现商场内的异常情况时，要立即用对讲机通知助理或主管。

（5）对当班期间发生的问题作好详细的交接班记录。

7. 员工通道岗

（1）检查下班员工随身携带的物品。

（2）禁止当班员工无故离开商场，因工作需要离开的要作好登记。

（3）对从员工通道拿出商场的物品要认真检查。

（4）制止员工带包（袋）和与工作无关的物品从员工通道进入商场。

（5）制止未穿工衣、未戴工牌的员工从员工通道进入商场。

（6）禁止员工从商场携带商品进入员工通道。

（7）禁止员工上下班代打卡，一旦发现，应立即记录其工牌号并向人力资源部反映。

（8）禁止顾客、送货人员和其他无关人员进入员工通道。

（9）负责来访人员的登记，通过电话通知被访人员，维护办公区域的工作秩序。

（10）夜班执勤时检查办公区的门窗和照明灯是否关闭。

（11）对夜间办公区因工作需要而值班的人员，要核实登记名单，未登记的人员不得进入。

8. 夜班岗

（1）协助晚班人员进行营业结束后的商场清场工作。

（2）负责对清场后需要在商场内工作的人员进行登记，并在工作现场设置岗位。

（3）清场结束后，由助理负责开启商场的红外线报警系统。

（4）值班期间，如果红外线报警器发生报警，助理带领防损员对报警区域进行检查，并视不同情况分别处理。

1）如发现盗窃情况，立即向上级和公安机关报告并控制保护现场。

2）经检查确定属于误报的，应向来电询问的公安机关说明原因。

（5）值班人员必须每隔半小时到商场巡视一次。

七、防损员值班流程

（1）7:30 开班前例会，检查防损员的精神面貌，并了解上一个晚班工作情况，解决晚班遗留下来的问题，同时班长要把值班人员分配到位。

（2）7:45 准时打开员工通道，放清洁工进入，并注意清洁工打扫卫生时行动情况。检查消防通道是否畅通，消防器材是否完好。

（3）8:00 营业员开始打卡，员工通道的防损员要检查员工是否穿工装、戴工牌。

(4) 8：15 各岗位员工开始点名，安排注意事项后就位，楼层经理开始全面巡查。员工通道留一人监督和检查。

(5) 8：30 准时打开全部大门做好迎接顾客准备。放顾客进场，打开所有安全出口。

(6) 监督接班员考勤。

(7) 15：30 监督下班员工离场，检查下班员工随身携带物品，协助督促早班收银员及时向财务部交纳营业款，收银员凭交款单放行。

(8) 18：45 晚班人员在班长的带领下对商场进行全面巡查并做好接班准备。早班人员把遗留没来得及解决的问题交给晚班，晚班人员没有到时，一律不准下班。

(9) 19：00 准时交接班，并做好值班日记，双方班长签字。

(10) 19：00 值班，班长对商场进行安全消防检查，协助督促晚班收银员及时向财务部交纳营业款。

(11) 20：15 禁止顾客入内，参加清场队员全部到位。

(12) 20：30 准时锁好通道门、所有安全通道口。协助各收银员交纳当班营业款。员工通道岗检查下班员工随身携带的物品，监督员工离场，收银员凭交款单放行。

(13) 20：35 准时清场(清场人员除当天休息的以外，每天员工准一人有事请假，可不参加清场)其余的必须提前 10 分钟到商场参加清场工作。

(14) 20：40 全面清场时注意商场死角，清场完毕，全部人员从员工通道撤出，关闭员工通道。

(15) 监控室 24 小时不能断岗，注意监控商场外部及内部的情况，发现情况及时用对讲机与各岗位当班防损员取得联系，迅速反应，查明原因，及时处理。

(16) 加强夜间对商场的巡查，不间断地对周边进行巡视，发现情况及时协同处理。

注：19：00 后属于晚班阶段。

八、防损员的常规考核

对防损员进行考核量化，细化成考核表，实施经常性考核。防损员的考核分为两个部分，其一为个人工作能力及行为考核(表8-2)，其二为汇总防损部门成绩后防损员最终的绩效(表8-3)。

表 8-2　超市防损员工作能力及行为考核表

工作能力及行为分解	权重	评分标准	考核得分
业务能力	30%	防损防盗意识强，能主动及时发现偷盗并予以妥善解决。	
执行力	30%	保证公司、门店各项规章制度、通知在本部门的执行；服从工作安排，能严格按照岗位职责、工作流程完成工作；主动监督门店员工进出岗、在岗情况。	
服务意识	20%	服务意识强，接待客户积极主动、耐心热情。	
员工管理与沟通	20%	加强对本部门员工的管理与沟通，增强部门凝聚力，及时发现、反馈问题；加强对员工防损、防盗培训；协调好与其他部门的工作。	
附加1：合理建议	10%	提出的合理建议被公司采纳加 5 分/次。	

续表

工作能力及行为分解	权重	评分标准	考核得分
附加2:防损防盗奖励		每发现和处理一起偷盗事件,给予10%罚款金额的奖励。	
考核等级评定	考核得分合计		
考核结果及面谈确认	被考核人签名:	考核人签名:	

表8-3 超市防损员最终绩效考核表

考核指标	权重	评分标准	考核得分
损耗率	40%	损耗率按门店指标0.3%进行控制,0.3%以内满分,每上升0.1%扣10分。	
突发事故、安全隐患	15%	未及时抑制突发事故发生一次扣5分,发生一次安全隐患扣5分。	
工作能力及行为评价	45%	具体见表8-2目标分解	
考核结果及面谈确认	被考核人签名:	考核人签名:	

【实训教学】

1. 判断分析训练

（1）只要发现商品短缺，随时可以进行补货。（   ）

（2）补货操作时可以改变原有陈列位置及陈列大小。（   ）

（3）收银员应关闭钱箱后再将找零递给顾客。（   ）

（4）当班过程中收银员不需要将离开原因和回来时间告诉临近收银员。（   ）

（5）介绍商品时先介绍用处再介绍公司。（   ）

（6）防损员可以不负责指挥管理区域的车辆停放。（   ）

（7）揭发顾客偷窃行为时应直接叫对方将商品拿出来结账。（   ）

（8）收银台不可放置私人物品。（   ）

2. 混合选择训练

（1）理货员的工作职责包括（   ）。

A. 陈列   B. 推销   C. 清洁   D. 补货   E. 调查

（2）整理商品工作包括（   ）。

A. 归位整理   B. 挑选整理   C. 陈列整理   D. 一般整理

（3）以下属于接触顾客的时机的是（   ）。

A. 当顾客注视特定的商品时

B. 当顾客接触商品时

C. 当顾客表现出寻找某商品的状态时

D. 当顾客停下脚步，驻足观看时

（4）对顾客偷窃行为的揭发时机包括（   ）。

A. 未支付货款,就携带商品走出大门,可在门口将其揭发
B. 顾客将商品放入自己的衣服口袋,且经收银台未付款,应立即揭发
C. 顾客将衣服直接穿在身上,过收银台未付款,直接揭发
D. 顾客直接从货架拿取商品食用时,直接揭发

(5) 收银员工作职责包括(　　)。
A. 接收顾客购物所付款项,现金、信用卡、购物券等
B. 在收银主管的授权协助下解决前区问题
C. 做好损失防范工作
D. 提供给顾客有关商品与服务的信息

(6) 防损设施设备包括(　　)。
A. 监控设备　　　B. 防盗磁条　　　C. 张贴相应标志　　　D. 防损人员

3. 案例分析训练

李小姐是一家超市的收银员,今天对她来说是个很倒霉的日子,她因为"漏收"而被处罚。事情经过是这样的:上午有位妇女购买了一手推车的商品,出门的时候,防损员发现手推车最下面放着一条毛巾,没有收款,便问这位女士是怎么回事。这位妇女非常不高兴,说:"我买了500多元的商品,怎么会偷你一条毛巾?这是你们收银员的失误!"并大吵大闹,引来很多人围观。

防损员找到为该顾客收款的收银员王小姐,王小姐一口咬定,收银台上根本没有看到毛巾,双方越闹越僵,女顾客要投诉收银员,并退货。这时,值班经理赶来,再三调解,这位顾客才离开。为此,王小姐在下班时受到了处罚。

案例讨论与思考

(1) 在这个案例中,超市的工作人员犯了哪些错误?
(2) 如果你在他们的岗位上会如何处理?

4. 实习实训操练

某超市收银员岗位、理货员岗位、防损员岗位实训

(1) 目标

引导学生通过实训锻炼,掌握收银员、理货员、防损员3个岗位的基本工作内容;基本能独立进行3个岗位的操作。

(2) 方法和步骤

1) 授课教师积极联系超市企业,争取安排学生到超市进行实训,超市安排好带学生的员工。

2) 学生按照超市方的要求,分为3个小组分别在3个不同的岗位进行轮训。

(3) 实训成绩考核

考核采取"企业考核"与"教学考核"相结合的方式进行,最后按各占50%的比例计入学生学习这个单元实践实训考核成绩。企业考核由超市企业对学生在实训过程中的表现进行考核(包括出勤、任务完成情况、执行力等),教学考核主要针对学生理论运用、问题思维与创新、实训报告撰写质量等考核指标。

参考文献

[1] 操阳,李卫华. 连锁经营实训[M]. 大连:东北财经大学出版社,2008.
[2] 周文. 连锁超市经营管理师操作实务手册[M]. 长沙:湖南科技出版社,2003.
[3] 黄福华,田野,周文. 连锁超市经营管理实训[M]. 长沙:湖南科技出版社,2005.
[4] 马瑞光,李鸿飞. 连锁选址密码[M]. 广州:南方日报出版社,2010.
[5] 范征,石兆. 连锁企业门店营运管理[M]. 北京:电子工业出版社,2010.
[6] 赵越春. 连锁经营管理概论[M]. 北京:科学出版社,2010.
[7] 陈文汉. 零售学[M]. 北京:北京大学出版社,2009.
[8] 姜登武,张梅. 连锁超市经营管理[M]. 北京:科学出版社,2008.
[9] 戴国庆. 便利店经营管理实务[M]. 沈阳:辽宁科学科技出版社,2003.
[10] 闻学,张毅. 超市经营基础[M]. 合肥:中国科学技术大学出版社,2009.
[11] 杭忠东. 超市经营管理[M]. 北京:中国商业出版社,2008.
[12] 迈克尔·贝里达尔. 沃尔玛策略[M]. 北京:机械工业出版社,2008.
[13] 王先庆. 沃尔玛零售方法[M]. 广州:广东经济出版社,2008.

本书图片引自互联网

[1] http://www.daban5.com
[2] http://www.baidu.com/link?url=_HvRghZATZ92HQUwsIniN1A0XRkb88RosLr67q0kFky
[3] http://www.lajiw.com/down/show-815.html
[4] http://games.21tx.com/2008/11/24/11325.html
[5] http://nanjing.edushi.com/hy/1-9144.shtml
[6] http://www.aibang.com/detail/16425528-420703277/bizimgs/p1
[7] http://0760.home77.com/news/24187-2.html
[8] http://www.nipic.com/show/1/48/5704265kcf9d2d31.html
[9] http://map.baidu.com/?newmap
[10] http://www.nipic.com/show/3/88/7173086k0b1e50bc.html
[11] http://www.hxwyhj.com
[12] http://www.chinaqishi.com/zswz/2007-4-2/GeKouGeLeZhongDuanZhanQiSheJiZhiZuo.htm
[13] http://image.baidu.com/i?tn=redirect&word=j&juid=96018B&sign=cgwiozbioe&url=http%3A%2F%2Fnew.fjycw.com%2FNews%2F201101%2F2011010795291.shtml
[14] http://wenku.baidu.com/view/cecdb1bc1a37f111f1855ba2.html
[15] http://wenku.baidu.com/view/cecdb1bc1a37f111f1855ba2.html
[16] http://wenku.baidu.com/view/cecdb1bc1a37f111f1855ba2.html
[17] http://wenku.baidu.com/view/cecdb1bc1a37f111f1855ba2.html
[18] http://www.hefei.com
[19] http://www.nipic.com/show/3/84/8daaafe663fcd8eb.html